도서출판 홍릉

2쪽 75주제로 연습하는 파이썬

구본근 지음

저자소개

구본근

경북대학교 대학원 컴퓨터공학과 박사
현 한국교통대학교 컴퓨터공학과 교수

저서:
- JAVA 프로그래밍 기초
- 창업과 정보보호
- 컴퓨터 구조와 ARM 프로세서 프로그래밍

2쪽 75주제로 연습하는 파이썬

인 쇄: 2023년 2월 22일 초판 1쇄
발 행: 2023년 2월 28일 초판 1쇄

저 자: 구본근
발행인: 송 준
발행처: 도서출판 홍릉
주 소: 01093 서울시 강북구 인수봉로 50길 10
등 록: 1976년 10월 21일 제5-66호

전 화: 02-999-2274~5, 903-7037
팩 스: 02-905-6729
e-mail: hongpub@hongpub.co.kr
http://www.hongpub.co.kr
ISBN: 979-11-5600-092-1(93000)

정 가: 19,000원

머리말

'파이썬' .

파이썬은 많은 라이브러리가 공개되어 있으며, 소프트웨어 개발 중 발생하는 문제에 대한 다양한 해결 방법을 찾을 수 있다는 점에서 인공지능, 기계학습, 빅데이터 처리 등 다양한 분야에서 사용되고 있다. 또한, 파이썬은 다른 프로그래밍 언어에 비해 프로그래밍 학습에 대한 진입 장벽이 높지 않아 경험이 없거나 이제 막 시작한 초보자도 어렵지 않게 학습할 수 있는 프로그래밍 언어이다. 초보자뿐만 아니라 파이썬을 소프트웨어 개발에 활용하고 있는 개발자도 개발 과정 중에 발생하는 문제를 해결하기 위해 관련 서적을 찾거나 인터넷 검색을 하지만 너무 많은 자료로 인해 오히려 무엇이 자신에게 필요한 내용인가를 판단하는 것도 일이 되었다. 이럴 때마다 본 저자는 초보자와 더불어 개발 경험이 있는 사람도 필요한 내용을 쉽게 찾을 수 있는 교재가 있으면 좋겠다는 생각을 하게 되었다. 또한, 영화 또는 TV 드라마의 전체 영상 자료를 보는 것 보다 소위 '짤'이라는 아주 짧은 영상 자료를 보는 것이 익숙한 세대들도 쉽게 파이썬을 학습할 수 있는 교재가 있으면 학습할 때 많은 도움이 될 수 있겠다고 본 저자는 판단을 하였다.

이러한 계기와 목적에 따라 저자는 파이썬을 비교적 수월하게 학습할 수 있도록 75개의 주제로 분류를 하고, 각 주제당 단 2 페이지로 설명할 수 있도록 하였다. 2 페이지라는 분량은 주제에 따라 부족할 수도 있고, 충분할 수 있지만 짧은 시간의 학습에 도움이 될 것으로 기대가 된다. 그리고, 본 서는 한 주제에 대한 2 페이지의 설명 다음에 대부분 2 페이지의 연습 과제를 제시하여 실습에 활용할 수 있도록 하였으며, 연습 과제 제시가 어려운 –주로 아주 기본적인 개념 설명– 주제를 제외한 70여 개의 주제에 대한 연습 과제가 있다. 본 서에서 제시하는 연습 과제는 연습 문제와 달리 문제를 제시하고, 직접 해결할 수 있도록 하였으며, 바로 같은 페이지에 본 저자가 작성한 프로그램을 제시하여 학습자가 참고할 수 있도록 하였다. 따라서, 연습 과제 대부분은 참고할 수 있는 소스 코드가 제시되어 있지만 일부는 직접 고민을 해서 프로그램을 작성할 수 있도록 코드가 제시되지 않은 것도 있다. 또, 책을 펼쳤을 때 왼쪽의 짝수면, 오른쪽의 홀수 면을 고려하여 편집을 하였다. 따라서, 책을 펼친 그대로 한 주제에 대한 설명을 읽을 수 있으며, 연습 과제도 동일한 구성을 갖고 있다. 교재의 편집이 학습 효율에 영향을 많이 주지 않지만 조금이라도 도움이 될 수 있도록 구성하였다.

최근 출판되는 파이썬 관련 교재와 달리 본 서는 화려한 그림이 많지 않아 본 저자가 보아도 별로 재미없어 보이긴 하지만, 필요한 내용을 비교적 빠르게 찾고, 각종 개념을 2 페이지로 이해할 수 있다는 점에서 파이썬에 관심이 있는 누군가에게는 도움이 될 것이라는 기대를 갖는다.

2023년 2월.
저자씀.

차례

그림 차례

표 차례

표 차례

Part I

파이썬 기초

1

첫 번째 파이썬 프로그램

1.1 프로그램 작성 과정

프로그램(program)은 작업 또는 데이터 처리를 위해 컴퓨터가 실행해야 하는 명령문을 나열한 것이며, 프로그램 실행은 첫 번째 명령문부터 마지막 명령문까지 프로그램에 나열된 순서대로 명령문을 실행하는 것이다. 이를 위해 개발자는 작업 또는 처리 목적에 맞게 명령문을 나열하여 프로그램을 작성해야 한다. 프로그램 작성은 그림 1.1에 나타낸 것과 같이 분석, 설계, 코딩, 테스트 단계 등의 단계가 필요하다.

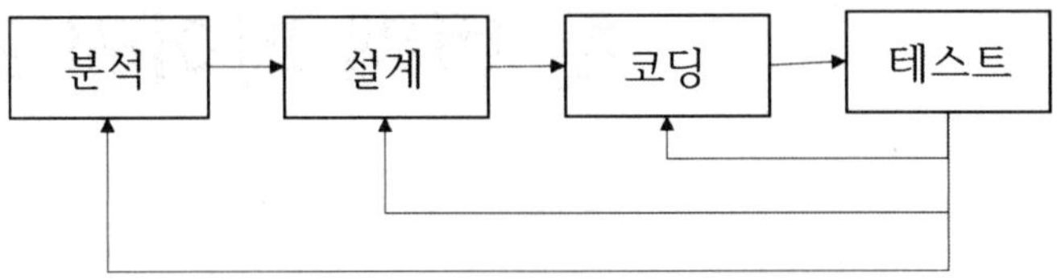

그림 1.1: 프로그램 작성 과정

분석 단계는 프로그램의 입력 데이터가 무엇이며, 요구되는 출력 결과가 무엇인가를 결정하는 과정으로, 프로그램 실행을 통해 해결하고자 하는 문제를 도출하는 단계이다. 이 단계에서는 입력 데이터와 출력 결과를 명확히 정의해야 하며, 필요한 처리가 무엇인가를 결정해야 한다. 설계 단계는 입력 데이터를 이용하여 요구된 출력 결과를 얻기 위한 처리 절차, 방법을 개발하고 결정하는 단계이다. 이 단계에서는 데이터 표현, 저장 방법 및 처리 방법 등을 도출한다. 코딩 단계는 설계 단계의 결과를 바탕으로 파이썬 등의 프로그래밍 언어를 이용하여 프로그램을 작성하는 단계이다. 프로그램 작성은 프로그래밍 언어에서 정의한 심볼 또는 텍스트를 이용하여 표현한 명령어를 편집기를 이용하여 나열하는 과정이다. 프로그래머는 개발환경[1]에서 제공하는 편집기를 이용하여 프로그램을 작성[2], 저장한다. 파이썬 소스 프로그램을 저장하고 있는 파일의 확장명은 *.py*이다. 작성된 프로그램이 정상적으로 실행되고, 그 결과가 분석 단계에서 도출된 출력과 동일한가를 검사하는 단계가 테스트 단계이다. 만약, 프로그램이 정상적으로 실행되지 않거나 결과가 분석 단계에서 제시된 결과와 동일하지 않으면 그 원인에 따라 앞 단계로 되돌아 가야 한다.

특정 연도가 윤년인지를 결정하여 출력하는 예를 이용하여 프로그램 작성 과정을 살펴보자. 분석 단계에서 도출해야 하는 내용은 입력이 연도, 출력이 'leap year' 또는 'common year'이며, 입력 연도를 이용하여 윤년 여부를 결정한다. 설계 단계에서는 입력된 연도가 윤년이

[1] 개발환경 설치에 대한 내용은 부록을 참고하라.
[2] 이것을 소스 코드(source code) 또는 소스 프로그램(source program)이라고 한다.

되기 위한 조건을 도출하는 것이다. 윤년이 되는 조건은 입력된 연도가 4로 나누어 지면서 100으로 나누어 지지 않거나, 100과 400으로 나누어 지는 것이다. 설계 단계를 바탕으로 프로그램한 파이썬 프로그램은 코드 1.1에 나타낸 것과 같다. 코딩은 개발 환경에서 제공하는 편집기를 이용하여 코드 1.1을 입력한 후 확장자를 *.py*로 하여 저장한다. 이 예제는 파일 이름 *first.py*으로 저장한다고 가정한다. 테스트 단계는 코딩 단계에서 작성하고 저장한 소스 프로그램을 실행하고, 그 결과가 분석 단계에서 요구한 결과와 동일한가를 확인한다.

코드 1.1: 윤년 여부를 결정하는 파이썬 프로그램

```python
year = int(input('input year : '))
if year % 4 != 0 or (year % 100 == 0 and year % 400 != 0) :
    print('common year')
else:
    print('leap year')
```

개발 환경에 따라 실행하는 방법이 다소 다르지만 그림 1.2는 윈도즈의 명령 프롬프트에서 실행한 것을 나타낸 것이다. 첫 번째 실행 예는 *2002*를 입력한 경우를 나타낸 것으로 이 해는 윤년이 아니므로 'common year'이 출력되었다. 입력 연도 *1900*이 100으로 나누어 지지만 400으로 나누어 지지 않아 평년이므로 이 프로그램은 'common year'을 출력한다. 반면, 입력 연도 *1600*는 100과 400으로 나누어지므로 윤년이다.

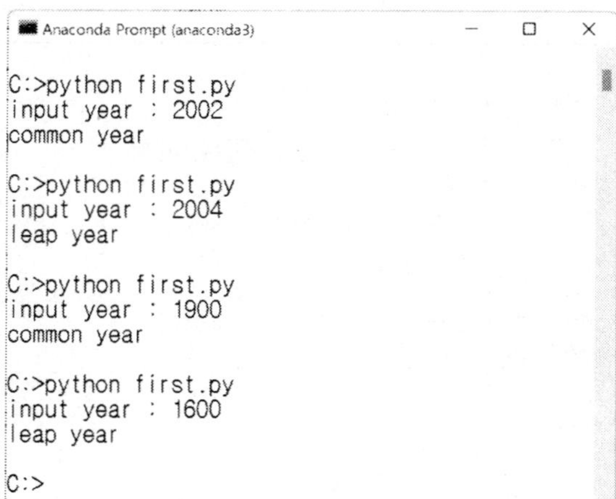

그림 1.2: 첫 번째 프로그램 실행

✓ 연습 과제

- PyCharm을 이용하여 프로그램 작성 및 실행을 해 보자. 이를 위한 순서는 아래와 같다.

  1. 프로젝트 생성하기

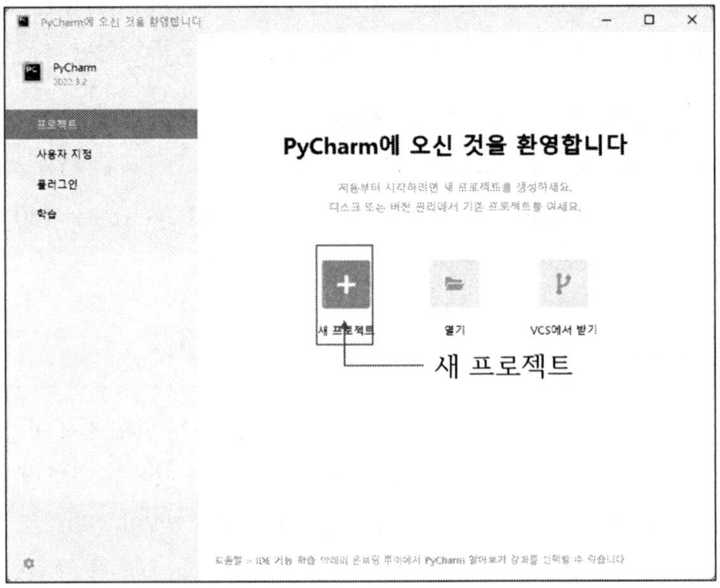

PyCharm 실행 후 화면

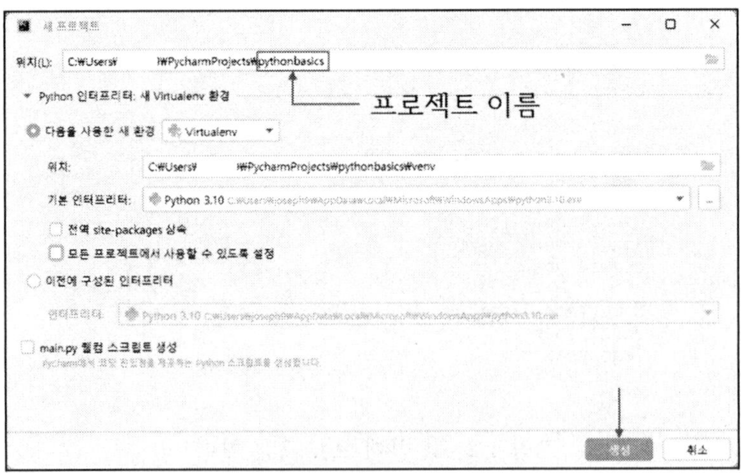

프로젝트 이름 입력

2. 파이썬 프로그램 파일 생성하고, 작성하기

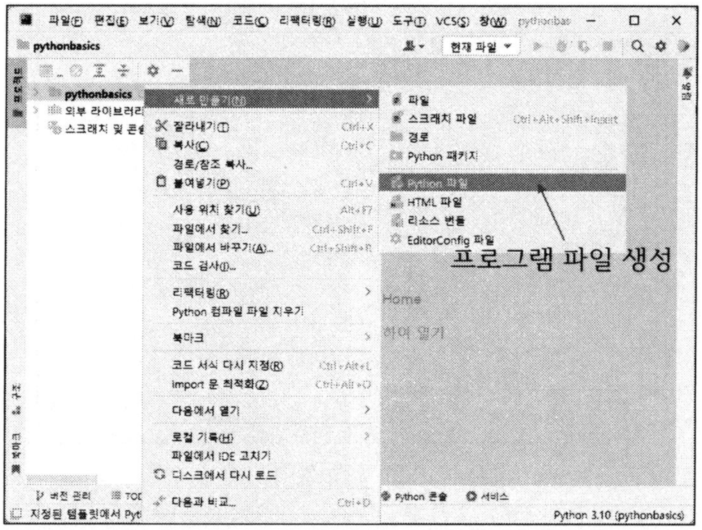

프로젝트에 파일 생성

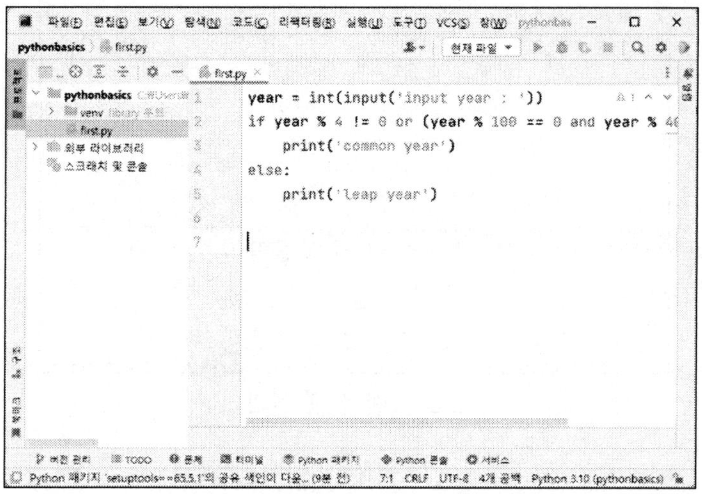

프로그램 작성

3. 프로그램 실행 하기

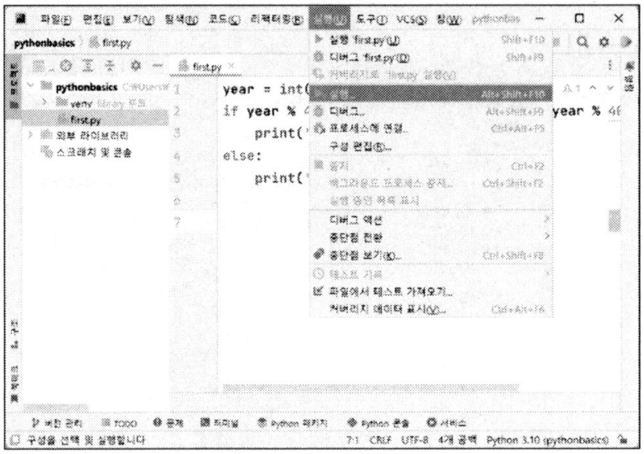

프로그램 실행

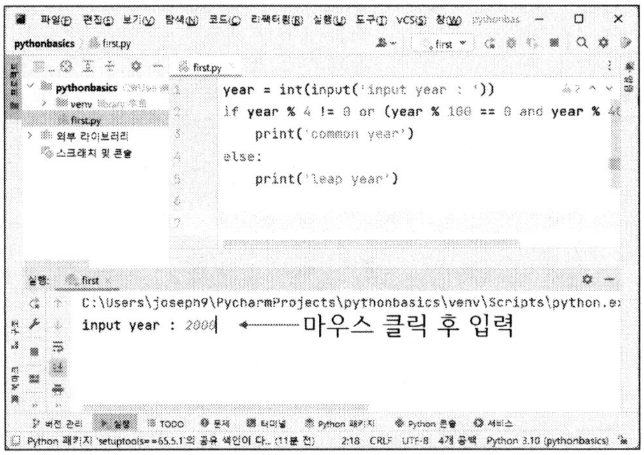

프로그램 실행 결과

- Python .IDLE을 이용하여 프로그램 작성 및 실행을 위한 순서는 아래와 같다.

  1. MS윈도즈에서 Python IDLE를 찾아 실행하여, 새 파일(프로그램 파일) 생성하기.
  2. 편집기를 이용하여 프로그램 작성 및 저장하기.
  3. 프로그램 실행하기.

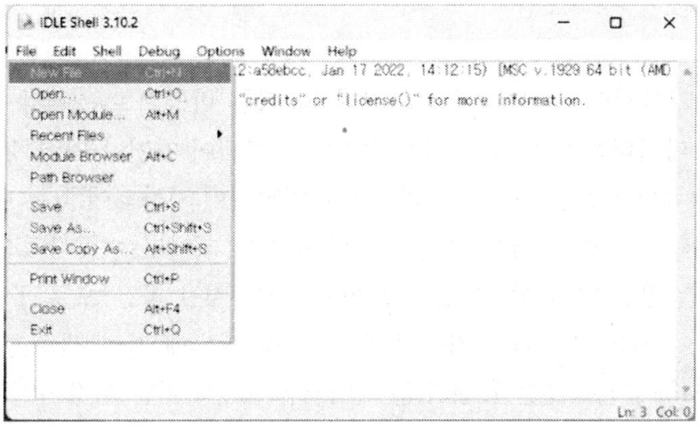

IDLE 실행 및 새 파일 만들기

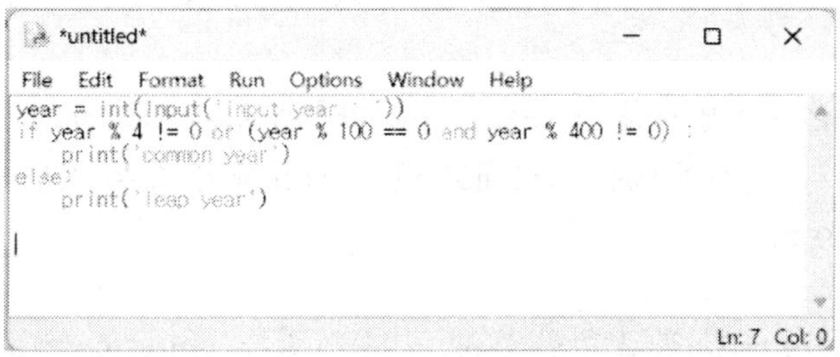

편집기 이용하여 프로그램 작성

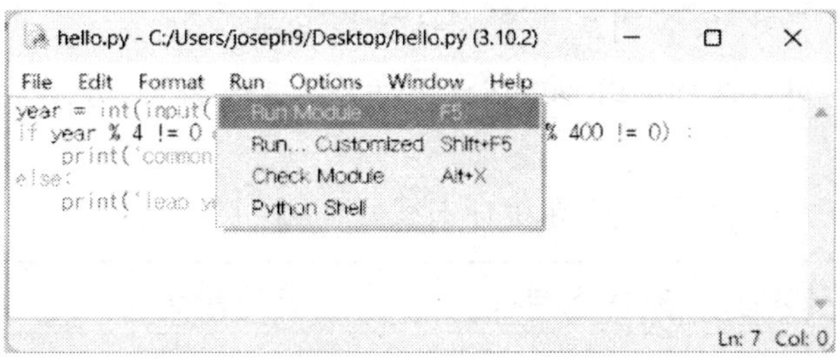

프로그램 실행하기

- 자신이 사용하는 편집기를 이용하여 프로그램을 작성한 후 저장하고, 이를 '명령 프롬프트'에서 실행하라. 단, 편집기에서 프로그램을 저장할 때 확장명은 반드시 '.py'이어야 한다.

1.2 변수

프로그램 실행의 기본적인 목적은 데이터 처리 및 이를 바탕으로 결과를 생성하는 것이다. 처리 대상이 되는 데이터는 디스크 등 저장 장치에 저장되어 있거나 입력 장치를 통해 입력될 수 있다. 하지만 컴퓨터 시스템의 처리 장치는 주기억장치에 저장되어 있는 데이터를 대상으로 처리하므로 입력에 의해 또는 저장 장치로 부터 준비된 데이터는 주기억장치에 저장되어야 한다. 주기억장치는 많은 양의 데이터를 저장할 수 있는 저장 공간[3]으로 구성되어 있다. 저장 공간은 처리 대상이 되는 데이터를 저장할 수 있으며, 필요에 따라 새로운 데이터를 저장할 수 있어 변수(variable)라고 불린다. 새로운 데이터를 저장하거나 저장되어 있는 데이터에 접근하기 위해 각 저장 공간 즉, 변수를 식별할 필요가 있으며, 이를 위해 변수 이름을 사용한다. 즉, 데이터 저장 또는 접근을 위한 목적으로 주기억장치의 저장 공간에 이름을 붙여 사용하는 것이 변수이다.

변수 이름 등과 같은 식별자를 만드는 규칙은 다음과 같다. 표 1.1은 사용할 수 있는 식별자와 사용할 수 없는 식별자의 예를 나타내고 있다. 사용할 수 없는 식별자는 사용할 수 없는 이유도 함께 표기하였다.

- 영문자(대·소문자 구별)를 포함한 문자, 숫자, _(밑줄, underscore)로 구성함.
- 식별자의 첫 글자로 숫자를 사용할 수 없음.
- 식별자에 공백 문자, 특수 기호 등을 사용할 수 없음.
- **for**, **if def** 등 파이썬 언어의 예약어는 식별자로 사용할 수 없음.

표 1.1: 식별자의 예

사용할 수 있는 식별자	잘못된 식별자
a , _init, point1, good_job	1st ← 숫자로 시작 my$bc ← 특수 기호 $ 사용 good job ← 공백 문자 포함 for ← 파이썬 예약어

그림 1.3은 주기억장치에 두 데이터가 저장된 예를 나타낸 것이다. 변수 이름 *score*에 해당하는 주기억장치 공간은 95를 저장하며, *point*는 98을 저장한다. 변수 이름을 이용하여

[3]이를 메모리 워드(memory word)라고 한다.

주기억장치에 데이터를 저장하거나 그 데이터에 접근할 수 있으므로 식별자로서 변수 이름을 구분할 필요가 있는 경우가 아니면 간단히 변수라고 표기하고 사용한다.

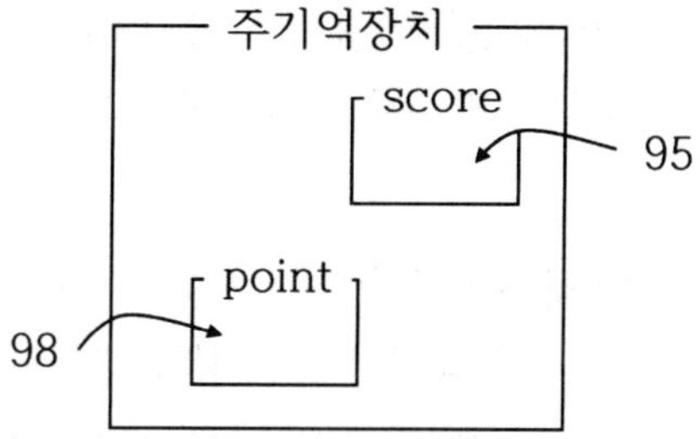

그림 1.3: 변수의 예

변수에 값을 저장 방법은 표 1.2에 나타낸 것과 같이 사용하며, 그 의미는 심볼 =의 오른쪽에 있는 값 *value*가 왼쪽에 있는 변수 *variable*에 저장된다. 파이썬은 변수를 선언할 필요없이 사용하므로 변수에 저장되는 데이터 종류에 제한이 없다. 변수에 값을 저장하는 표 1.2의 예는 변수 *score*와 *point*에 각각 값 95와 98을 저장한다. 심볼 =의 왼쪽이 아닌 곳에 변수 이름이 있는 것은 그 변수에 저장된 값 사용을 의미한다. 코드 1.2는 두 변수에 값을 저장하고, 합과 평균을 계산한 후 출력하는 예이다. 줄 번호 1, 2의 명령문은 두 변수 *kScore*, *mScore*에 각각 95와 98을 저장한다. 줄 번호 3의 명령문은 변수 *kScore*, *mScore*에 저장된 값을 이용하여 합을 계산하고, 그 결과를 변수 *total*에 저장한다. 이 명령문에서는 변수 *kScore*, *mScore*이 심볼 =의 오른쪽에 있어 그 변수에 저장된 값을 이용한 것이다.

표 1.2: 변수에 값을 저장 방법 및 예

variable = *value*	score = 95 point = 98

코드 1.2: 변수에 값 저장 및 사용의 예

```
1  kScore = 95
2  mScore = 98
3  total = kScore + mScore
4  average = total / 2
5  print('Total = ', total, 'Average = ', average)
```

✓ 연습 과제

1. 사과, 오렌지의 가격이 각각 800원, 500원이라고 하자. 마트에서 사과와 오렌지를 각각 2, 3개 구입했을 때 지불해야 하는 총 금액을 계산하는 프로그램을 작성하라. 과일의 금액과 구입 수량은 각각 별도의 변수에 저장하여라.

2. 국어, 영어, 컴퓨터 교과목의 학점이 각각 3, 2, 3 학점이고, 각 교과목에서 취득한 성적이 각각 4.5, 3.5, 4.0이라고 하자. 각 교과목의 학점과 취득한 성적을 각각 변수에 저장하고, 전체 평균 평점을 출력하는 프로그램을 작성하라. n개의 교과목 중 어떤 교과목 i의 학점을 $credits_i$라 하고, 그 과목에서 취득한 성적을 $point_i$라고 할 때 평균 평점은 다음과 같이 계산된다. 단, 데이터를 저장할 변수명은 저장된 데이터의 의미를 짐작할 수 있는 것으로 작성하고, 각 데이터를 저장하라.

$$average = \frac{\sum_{i=1}^{n} cridits_i \times point_i}{\sum_{i=1}^{n} credits_i}$$

3. BMI는 몸무게와 키를 이용하여 지방의 양을 추정하는 것으로 다음과 같이 계산된다. 몸무게는 $weight$, 키는 $height$로 표현되었다. 이 식을 자신의 키와 몸무게를 변수에 저장하고, 변수에 저장된 값을 이용하여 bmi 지수를 계산하고 출력하는 프로그램을 작성하라.

$$bmi = \frac{weight}{height^2}$$

1. 과일 구매 금액 계산 프로그램.

```
apple_price = 800
orange_price = 500
apple_quantity = 2
orange_quantity = 3
total_price = (apple_price * apple_quantity) + \
(orange_price * orange_quantity)
print(total_price)
```

2. 평균 평점 계산 프로그램.

```
credits_kor = 3            # 국어 교과목 학점
credits_eng = 2
credits_com = 3
point_kor = 4.5            # 국어 교과목 성적
point_eng = 3.5
point_com = 4.0
average = ((credits_kor * point_kor) + \
    (credits_eng * point_eng) + \ # \는 다음 줄과 연결됨을 의미
    (credits_com * point_com)) / \
        (credits_kor + credits_eng + credits_com)
print(average)
```

1.3 수와 논리값 표현

리터럴(literal)은 데이터의 값을 표현하기 위한 표기법이다. 파이썬에서 처리할 수 있는 기본적인 데이터의 종류는 수, 문자열, 논리값 등이 있으며, 값을 표현하는 방법 즉, 리터럴은 데이터의 종류에 따라 각각 별도로 정의되어 있다.

파이썬이 처리할 수 있는 수는 소수점이 없는 정수와 소수점이 있는 실수가 있다[4]. 파이썬에서 정수 표현은 표 1.3에 나타낸 것과 같이 수 시스템(number system)에 따라 네 가지 방법이 있다. 수 표현 형식은 부호, 진법, 숫자 나열의 순서이며, 부호를 생략할 경우 양수를 의미한다. 진법 표현은 *0b*, *0x*, *0o*을 이용하여 각각 이진수, 십육진수, 팔진수를 표현하며, 생략하면 십진수 표현이다. 진법에 따라 수 표현에 사용할 수 있는 숫자(digit)가 다르다. 표 1.3에 나타낸 사용 예는 십진수 30, +30, -30을 각 진법에서 표현한 것을 나타낸 것이다.

표 1.3: 진법에 따른 수의 표현

진법	표현 형식	사용 가능한 숫자	사용 예
십진수	+/- *digits*	0 ~ 9	30, +30, - 30
이진수	+/- 0b*digits*	0, 1	0b11110, +0b11110, -0b11110
십육진수	+/- 0x*digits*	0 ~ 9, a, b, c, d, e, f	0x1e, +0x1e, -0x1e
팔진수	+/- 0o*digits*	0 ~ 7	0o36, +0o36, -0o36

소수점이 있는 수를 실수라고 하며, 파이썬에서 실수를 표현하는 방법은 표 1.4에 나타낸 것과 같이 두가지가 있다. 기본 표기법은 부호, 소수점을 포함한 숫자의 나열로 구성되어 있으며, 부호 생략은 양의 실수를 의미한다. 지수 표기법은 부호, 유효숫자, e, 지수의 부호, 지수로 구성되어 있으며, 지수를 이용하여 유효숫자의 소수점의 위치를 이동시킬 수 있다. 표 1.4에서 *disits.digits*는 수의 정확도에 영향을 주는 유효숫자이며, 소수점을 포함하거나 하지 않을 수 있고, 유효수자 다음에 나오는 문자 *e*(또는 *E*)는 뒤에 지수가 존재함을 나타내는 것이다. 지수는 유효숫자에 있는 소수점의 위치를 옮기는 역할을 한다. 양수의 지수는 요효숫자에 있는 소수점의 위치를 지수 값에 해당하는 만큼 오른쪽으로 이동시키며, 음수의 지수는 왼쪽으로 이동시킨다. 예를 들어, 지수 표기법 +314e-2에서 소수점이 표기되어 있지 않은 유효숫자 314는 소수점이 가장 오른쪽에 있다고 가정하며, 지수값 -2는 유효숫자에 있는 소수점을 왼쪽으로 두 개의 숫자 앞으로 이동시켜, +314e-2은 +3.14를 표현한 것이다. 또,

[4]파이썬에서는 복소수(complex number)를 표현하는 방법도 있지만 본 서에서는 다루지 않는다.

-0.000314e+4에서 지수값 +4는 유효숫자 0.000314의 소수점의 위치를 오른쪽으로 네 개의 숫자 뒤로 이동시키므로, -0.000314e+4은 -3.14를 표현한 것이다.

표 1.4: 실수 표현

표기법 종류	형식	사용 예
기본 표기법	+/- digits.digits	3.14, +3.14, -3.14
지수 표기법	+/-digits.digits e +/- digits	0.314e2, +314e-2, -0.000314e+4

프로그램은 윤년의 여부, 계좌 잔고 기반의 출금 가능 여부, 점수에 따른 등급 결정 등 조건의 충족 여부에 따라 처리 내용을 달리 할 수 있다. 조건의 충족 여부는 변수 또는 계산식의 결과 또는 프로그램 실행 상태가 제시된 조건에 맞는가를 평가한 결과를 이용하여 판단하며, 조건의 평가 결과는 참 또는 거짓이 된다. 논리값은 참 또는 거짓을 표현되는 값이으로 각각 **True**, **False**로 표현된다. **True**, **False**는 논리값을 표현하는 리터럴이므로 문자열 'True', 'False'과 다르다.

코드 1.3은 수 표현을 위한 예를 나타낸 것이다. 코드의 2번 줄에서는 변수 *data0*에 저장되어 있는 값과 십육진수 *0xF*를 덧셈한 결과를 변수 *data0*에 저장하는 것을 나타내고 있으며, 이 덧셈의 결과에 따라 변수 *data0*에는 *25*가 저장된다. 이것은 *0xF*가 십진수 *15*와 같은 값이기 때문이다. 코드의 3번 줄은 팔진수 *0o7*와 이진수 *0b111*을 덧셈한 결과인 *14*를 변수 *data1*에 저장하는 것을 나타낸 것이다. 이때, 두 값 *0o7*, *0b111*은 모두 *7*에 해당하므로 두 값의 합은 14이다. 코드의 4번와 5번 줄은 각각 실수 값을 변수 *f1*, *f2*에 저장한 것이다. 코드 5번 줄의 지수 표기법은 유효숫자 *1*에서 소수점의 위치를 왼쪽으로 두 숫자 앞으로 이동한 것이므로 이 것은 *0.01*을 표현한 것이다. 코드 6번 줄은 변수 *isAlive*에 논리값 **True**를 저장한 것이다.

코드 1.3: 수와 논리값 표현의 예

```
1 data0 = 10
2 data0 = data0 + 0xF
3 data1 = 0o7 + 0b111
4 f1 = 3.14
5 f2 = 1e-2
6 isAlive = True
7 print(data0, data1, f1 + f2, isAlive)
```

✓ 연습 과제

1. 자신의 나이를 십진수, 십육진수, 팔진수, 이진수 형태로 변환하여 각각 변수에 저장하며, 이 변수에 저장된 값들의 합을 출력하고, 그 합을 4로 나눈 결과를 출력하는 프로그램을 작성하라.

2. 지구의 반지름(적도 기준)은 약 6,357km로 알려져 있다. 이 반지름을 m 단위의 지수 표기법으로 변환하여 변수에 저장하고, 원주율 pi 값은 지수 표기법으로 변수에 저장하되 정수 부분은 네 자리가 되도록 하여라. 변수에 저장된 지구의 반지름과 원주율을 이용하여 지구 둘레를 계산하는 프로그램을 작성하라.

3. 앞서 BMI 지수를 계산할 때 몸무게($weight$)와 키($height$)를 이용하였는데, 몸무게와 키를 변수에 저장할 때 지수 표기법을 사용하여 저장하여라. 단, 지수 표기법으로 표현할 때 소수점 왼쪽 정수 부분의 값은 0이 되도록 하여라.

1. 진법을 변환한 나이를 이용하는 프로그램.

```
# 나이가 스무 살이라고 하자.
age_d = 20
age_h = 0x14
age_o = 0o24
age_b = 0b10100
print(age_d, age_h, age_o, age_b)
total_age = age_d + age_h + age_o + age_b
print(total_age, total_age / 4)
```

2. 지구 둘레를 계산하는 프로그램.

```
earth_radius = 6.357e6
pi = 3141.592653589e-3
circumference = 2 * earth_radius * pi
print(circumference)
```

1.4 문자열 표현

문자열(string)은 한 쌍의 인용 부호(' 또는 ") 사이에 문자들을 나열한 것으로, 단일 인용 부호 '의 쌍 또는 이중 인용 부호 "의 쌍으로 문자열을 표현할 수 있다. 단, 단일 인용 부호와 이중 인용 부호를 교차 조합하여 문자열을 표현할 수는 없다. 만약, 문자열 내에 인용 부호를 하나의 문자로 넣어야 할 경우에는 문자로 넣고자 하는 인용 부호와 다른 인용 부호로 문자열을 만들면 된다. 표 1.5는 문자열의 바른 사용예와 잘못된 사용예를 나타낸 것이다. 또 이 표에 있는 바른 사용 예의 세 번째와 네 번째는 각각 인용 부호 "와 '를 문자열 내에서 해당 문자를 글자로 사용한 예이다.

표 1.5: 문자열의 예

문자열 표현의 바른 예	잘못된 문자열 표현 예
'good morning'	'good morning"← 인용 부호가 다름
"안녕, 난 철수야!"	"안녕, 누구?' ← 인용 부호가 다름
'안녕, 난 "철수"야'	← 인용 부호 "를 문자열 내 문자로 취급
"안녕, 난 '철수'야"	← 인용 부호 '를 문자열 내 문자로 취급

여러 줄의 한 개의 문자열로 표현하는 방법은 ' ' ' . . . ' ' ' 또는 " " " . . . " " "과 같이 세 개의 연속된 인용 부호 쌍으로 표현하는 것이며, 여러 줄의 문자열의 시작과 끝을 나타내는 인용 부호는 같아야 한다. 표 1.6은 세 줄의 글을 한 개의 문자열을 표현한 예를 나타낸 것이다.

표 1.6: 세 줄의 글을 문자열로 표현한 예

단일 인용 부호 사용 예	이중 인용 부호 사용 예
' ' '여러 줄의 글을 한 개의 문자열로 표현할 수 있다.' ' '	" " "여러 줄의 글을 한 개의 문자열로 표현할 수 있다." " "

문자열은 문자를 나열한 것이므로 각 문자는 그 위치에 따라 순서를 갖는다. 예를 들어, 문자열 '철수와 친구들'이 있다고 가정하자. 이 문자열의 첫 번째 문자는 '철'이며, 두 번째와 세 번째 문자는 각각 '수', '와'이다. 이처럼 문자열을 구성하고 있는 문자는 그 위치에 따라 순서가 있으므로 첫 번째, 두 번째와 같이 위치에 해당하는 색인(index)를 이용하여 문자에

접근할 수 있다. 또, 첫 번째부터 네 번째까지의 문자와 같이 색인의 범위를 이용하여 문자열의 부분 문자열에 접근할 수 있다.

색인은 정수 값이며, 0부터 시작을 한다. 따라서, 첫 번째 위치를 위한 색인은 0이며, 두 번째와 세 번째 위치를 위한 색인은 각각 1, 2이다. 색인은 문자열 또는 문자열을 저장하고 있는 변수에 *[index]* 형식으로 나타낸다. 예를 들어, 변수 *data*에 저장된 문자열의 첫 번째 문자를 사용하기 위한 방법은 *data[0]*이다. 또, '프로그램 완료'[3]은 문자열의 네 번째 글자인 '램'을 의미한다.

색인의 범위는 두 색인을 콜론 문자(':')로 구분하여 *[idx0:idx1]*의 형식으로 나타내며, 이것으로 표현하는 색인의 범위는 $idx0 \le index < idx1$임을 주의하라. 예를 들어, '프로그램 완료'[1:4]는 색인의 범위가 1부터 3까지 즉, 두 번째부터 네 번째 글자인 '로그램'이 된다. 색인의 범위 *[idx0:idx1]*에서 *idx0* 또는 *idx1*을 생략할 수 있는데, *idx0*를 생략한 경우에 색인의 범위는 $0 \le index < idx1$이다. *idx1*을 생략한 색인의 범위는 *idx0*부터 문자열의 끝까지를 의미한다. 코드 1.4는 문자열, 인덱스, 인덱스 범위를 이용한 예제이며, 그림 1.4는 이 예제에서 사용한 인덱스와 인덱스 범위를 나타낸 것이다.

코드 1.4: 문자열에 대한 간단한 예

```
data = '철수와 친구들'
print(data)
print(data[0], data[4], data[6])
print(data[2:5])
print(data[:4])
print(data[2:])
```

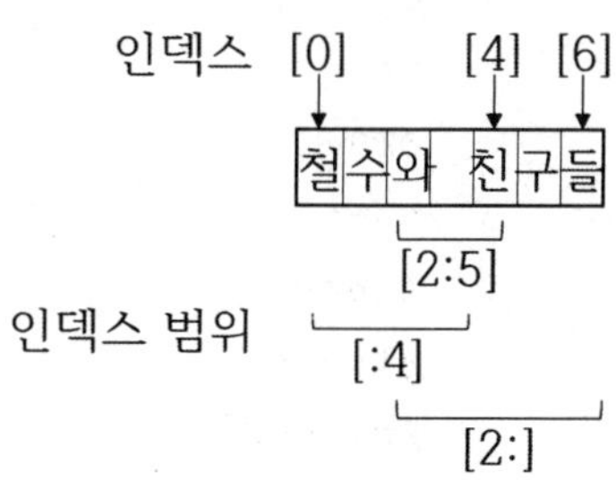

그림 1.4: 예제에서 사용한 인덱스와 인덱스 범위

✓ 연습 과제

1. 변수 spaces에 공백 문자 네 개, 변수 stars에 아홉 개의 '*' 문자로 된 문자열을 저장하고 있다. 두 변수에 저장된 문자열의 색인의 범위를 이용하여 아래와 같이 출력하는 프로그램을 작성하라.

```
    *
   ***
  *****
 *******
*********
```

[5층 파라미드]

2. 두 학생의 이름과 성적을 각각 변수에 저장하고 성적에 맞게 수평 막대 그래프를 출력하는 프로그램을 작성하라. 단, 성적은 0점부터 10점 범위에 있다고 가정하고, 막대그래프는 1점 당 한 개의 '#'를 이용하여 생성한다. 예를 들어, 두 학생의 이름과 성적이 각각 '홍길동', '단백질', 5점과 9점이라면 다음과 같이 출력이 되어야 한다.

```
홍길동 : #####
단백질 : #########
```

[문자열 수평 막대 그래프]

3. 환영 메시지의 문자열을 마지막 글자부터 역순으로 문자열을 출력하는 프로그램을 작성하라. 만약, 환영 메시지가 'Welcome'이라면 다음과 같이 출력이 되어야 한다.

```
e
me
ome
come
lcome
elcome
Welcome
```

[환영 메시지 출력]

1. 파라미드 출력 프로그램(아직 문자열 연산 및 반복문까지 진행이 되지 않았으므로 다음과 같이 함).

```
spaces = '    '
stars = '*********'
print(spaces[:4], stars[:1]) # 문자열 spaces의 인덱스 0부터 3까지 네 개의 공백 글자
print(spaces[:3], stars[:3]) # 문자열 stars의 인덱스 0부터 2까지 세 개의 '*' 글자
print(spaces[:2], stars[:5])
print(spaces[:1], stars[:7])
print(spaces[:0], stars[:9])
```

2. 수평 막대 그래프를 출력하는 프로그램.

```
bar = '##########'
score_studentA = 5
score_studentB = 9
name_studentA = '홍길동'
name_studentB = '단백질'
print(name_studentA, ':', bar[:score_studentA])
print(name_studentB, ':', bar[:score_studentB])
```

1.5 화면 출력과 키보드 입력

프로그램을 이용하여 데이터를 처리한 결과를 출력하는 대표적인 방법은 콘솔(console)이라고 불리우는 화면에 표시하는 것이다. 함수 **print**()는 데이터를 화면에 출력하는 기능을 수행하는 것이다. 다음은 **print**()의 사용법을 나타낸 것으로, '**print**'라는 식별자 다음에 한 쌍의 괄호 (,)가 나오며, 괄호 사이에 화면에 출력하고자 하는 값 *values*를 넣는다. 출력할 값 *values*는 출력할 값들을 콤마 심볼로 구분하여 나열하며, 각각의 값은 한 개의 공백 글자로 구분하여 출력된다. 옵션 *sep*는 코마로 구분된 출력 값을 화면에 표시할 때 구분할 문자열을 지정하는 것으로 생략하면 앞서 기술한 것과 같이 한 개의 공백 글자가 각각의 출력 내용 구분을 위해 사용된다. 옵션 *end*는 *values*에서 나열된 모든 데이터를 출력한 후 마지막으로 출력하는 문자열을 지정하는 것으로 생략하면 줄바꿈 문자를 출력한다.

---

print(values, *sep=None*, *end=None*)

사용법: values - value0, value1, ··· 등과 같이 코마로 구분된 출력 내용.
sep - 각 출력할 내용 구분 문자열. 기본은 공백.
end - 값 출력 후 마지막으로 출력할 문자열. 기본은 줄바꿈 문자.

코드 1.5는 화면에 데이터 출력을 위해 **print**()를 사용한 예이다. 코드의 3번 줄은 변수 *n1*, *n2*에 저장된 값, 덧셈한 결과 및 문자열을 출력한 것이며, 각각 콤마 심볼로 구분되어 있다. 이 명령문에서는 옵션 *sep*를 지정하지 않았으므로 화면에 표시되는 각 데이터는 공백 문자로 구분된다. 반면, 옵션 *sep*를 사용한 4번 줄은 세 개의 데이터를 문자열 '::'로 구분하여 화면에 표시한다. 코드 5번의 **print**()는 옵션 *end*의 값으로 문자열 'END'를 지정하였으므로 세 데이터의 출력 후 문자열 'END'를 출력한다. 이 출력에서는 개행 문자를 출력하지 않았으므로 코드 6번 줄의 출력은 5번 줄의 출력과 같은 줄에 출력한다.

코드 1.5: 화면 출력을 위한 함수 **print**() 사용 예

```
1 n1 = 1
2 n2 = 2
3 print(n1, n2, n1 + n2, 'Good Morning')
4 print(n1, n2, n1 + n2, sep='::')
5 print(n1, n2, n1 + n2, sep='::',end='END')
6 print(n1 + n2, 0.00314e+3)
```

프로그램이 처리할 데이터 입력의 대표적 방법은 사용자가 직접 키보드를 이용하여 입력하는 것이다. 함수 **input**()은 사용자가 키보드를 이용하여 문자열을 입력할 수 있는 기능을 제공하는 것이다. 다음은 **input**()의 사용법을 나타낸 것이다. **input**()을 호출할 때 프롬프트(prompt)라고 하는 입력 유도 문자열을 사용할 수 있으며, 이 문자열은 입력 내용, 종류 등 입력과 관련된 정보를 사용자에게 제공하고, 사용자가 입력을 할 수 있도록 유도한다. 사용자가 입력을 완료한 후 리턴 키를 누르면 사용자가 입력한 문자열을 반환한다. 프로그램은 함수 **input**()이 반환하는 문자열을 변수 등에 저장하여 사용한다. 이때 주의할 것은 사용자가 *123*을 입력했더라도 이것은 정수 123이 아니라 문자열 '123'이라는 것이다. 따라서, 정수 또는 실수 입력을 위해서는 문자열을 정수 또는 실수로 변환하는 과정이 필요하다.

---

variable = **input**(prompt)

사용법:	prompt - 입력을 유도하는 문자열. 생략하면 빈 문자열이 사용됨.
반환값:	문자열.

코드 1.6은 키보드를 이용하여 사용자가 사각형의 폭(width)과 높이(height)를 입력하면 그 사각형의 넓이를 계산하여 출력하는 예를 나타낸 것이다. 코드의 1번 줄은 입력 유도 문자열로 'width of rectangle'을 사용한 **input**()을 이용하여 사용자가 입력한 문자열을 변수 *width*에 저장한다. 만약 사용자가 20을 입력했다면 문자열 '20'이 변수 *width*에 저장된다. 이때 입력된 것은 문자열이므로 넓이 계산을 위해 정수 값으로 변환하여야 한다. 문자열을 정수로 변환하기 위해 2번 줄의 **int**()를 사용하였으며, 이것이 반환하는 정수 값을 변수 *width*에 다시 저장을 하였다. 즉, 심볼 =의 오른쪽에 있는 변수 *width*가 저장하고 있는 문자열 '20'을 정수로 변환한 후 그 값을 다시 변수 *width*에 저장하였으므로 이 변수는 정수 20을 저장한다. 코드의 3, 4번 줄에서는 동일한 과정을 통해 사용자가 입력한 사각형의 높이를 변수 *height*에 저장하였다. 코드의 5번 줄은 문자열과 함께 사용자가 입력한 폭과 높이를 이용하여 사각형의 넓이를 계산한 결과를 출력하고 있다.

코드 1.6: 함수 input()을 이용한 데이터 입력 예

```
1 width = input('width␣of␣rectangle␣??␣')
2 width = int(width)
3 height = input('height␣of␣rectangle␣??␣')
4 height = int(height)
5 print('area␣of␣rectangle␣:␣', width * height)
```

✓ 연습 과제

1. 원의 반지름을 입력받아 원의 넓이와 둘레를 출력하는 프로그램을 작성하라. 단, 원의 반지름은 실수(지수 표기법 포함)이며, 문자열을 실수로 변환하는 것은 **float**()를 이용한다. 예를 들어, 실행은 다음과 같이 되어야 한다.

```
radius ? 1.5e-1
0.0706858347057525 0.9424777960766999
```

[입력된 반지름을 이용 원 넓이와 둘레 출력]

2. 화씨($^\circ F$) 온도를 입력받아 섭씨($^\circ C$)로 변환하는 프로그램을 작성하라.

---

1. 원의 넓이와 둘레를 출력하는 프로그램

```python
pi = 3.141592653589
radius = float(input('radius ? '))
area = radius * radius * pi
circumference = 2 * radius * pi
print(area, circumference)
```

2

연산자, 선택문과 반복문

2.1 산술 연산자와 부정 연산자

우리는 식 1 + 2의 결과가 3이라고 한다. 이 식은 두 개의 수와 함께 심볼 +로 구성되어 있음에도 우리가 덧셈을 한 이유는 두 수 사이에 있는 심볼 +이 덧셈을 의미하기 때문이다. 연산자(operator)는 심볼 *+*가 덧셈을 의미하는 것과 같이 한 개 또는 두 개의 데이터를 대상으로 수행할 연산을 나타내는 심볼이다. 또 연산을 할 때 사용되는 데이터를 피연산자(operand)라고 한다. 연산자가 피연산자를 대상으로 연산을 수행할 때 피연산자의 값을 이용하여 연산 결과를 생성하므로, 피연산자의 값을 변경하지 않는다. 즉, 식 *1 + 2*에서 연산자 +는 두 개의 피연산자의 값을 이용하여 연산한 결과인 3을 반환하지만, 피연산자로 사용된 1 또는 2의 값을 변경하지는 않는다. 연산자는 산술 연산자, 논리 연산자, 관계 연산자, 비트 연산자가 있으며, 각 연산자를 위한 피연산자의 종류가 다르다.

산술 연산자(arithmetic operator)는 두 개의 정수 또는 실수를 피연산자로 하여 연산을 수행하며, 그 결과도 수가 되는 것이다. 표 2.1은 산술 연산자, 사용 예 및 결과를 나타낸 것이다. 산술 연산자는 연산자의 양쪽에 있는 피연산자를 대상으로 연산을 수행한다. 예를 들어, 뺄셈 연산자는 연산자의 왼쪽에 있는 피연산자의 값에서 오른쪽에 있는 피연산자의 값을 뺄셈하여 연산 결과를 생성한다.

표 2.1: 산술 연산자

연산자	심볼	사용법	사용 예	설명
덧셈	+	a + b	3 + 2 → 5	두 피연산자의 값을 덧셈
뺄셈	-	a - b	3 - 2 → 1	두 피연산자의 값을 뺄셈
곱셈	*	a * b	3 * 2 → 6	두 피연사자의 값을 곱셈
나눗셈	/	a / b	3 / 2 → 1.5	나눗셈
나머지	%	a % b	3 % 2 →	나머지
몫	//	a // b	5 // 2 → 2	나누었을 때 몫을 계산
거듭제곱	**	a ** b	3 ** 2 → 9	

양수 표현은 *+ value*와 같이 값 앞에 + 기호를 붙이거나 생략을 한다. 반면, 음수 표현은 *- value*와 같이 값 앞에 - 기호를 붙인다. 이때 사용한 *+*, - 기호는 각각 긍정 연산자(positive operator)와 부정 연산자(negative operator)이고, 이 연산자는 한 개의 피연산자를 요구하므로 단항 연산자(unary operator)라고 한다. 표 2.2에 나타낸 것과 같이 긍정 연산자는 피연산자의 값과 같은 값을 연산 결과로 반환하지만, 부정 연산자는 피연산자의 부호가 변경된 값을 연산

결과로 반환을 한다. 변수 a에 양수 또는 음수가 저장되어 있었다면 이 변수를 피연산자로 한 부정 연산자의 수행 결과는 각각 음수와 양수가 된다.

표 2.2: 긍정 및 부정 연산자

연산자	심볼	사용법	설명
긍정	+	+ a	연산 결과는 a와 같은 값
부정	-	- a	연산 결과는 a와 부호가 다른 값

한 개의 식에 여러 연산자가 나오면 연산자의 연산 수행 순서에 따라 그 결과는 달라 진다. 예를 들어, 식 *1 + 2 * 3*이 있다고 가정하자. 이 식에는 두 개의 연산자가 있으며, 연산 순서에 따라 이 식의 결과는 9 또는 7이 될 수 있다. 따라서, 연산자의 연산 순서를 사전에 설정을 해 두어야 연산 순서에 따라 결과가 달라지는 것을 방지할 수 있다. 연산 우선 순위는 한 개의 식에 여러 연산자가 있을 때 연산 순서를 정해 놓은 것으로 표 2.3에 나타내었다.

표 2.3: 연산 우선 순위(operator precedence)

우선순위	연산자	설명
1	**	지수 연산자
2	+, -	긍정, 부정 연산자
3	*, /, //, %	곱셈, 나눗셈 연산자
4	+, -	덧셈, 뺄셈 연산자

코드 2.1은 산술 연산, 부정 연산 및 연산 우선 순위의 예를 나타낸 것이다. 코드의 5번 줄에서 우선 순위가 가장 높은 연산자 **이 먼저 연산 수행된 후, 부정 연산자가 연산 수행되며, 가장 마지막에 + 연산자가 수행된다. 동일한 연산 우선 순위를 갖는 연산자가 여러 차례 나오면 그 연산자는 출현 순서대로 연산한다.

코드 2.1: 산술 연산의 예

```
1 n1 = int(input('Input the first number : '))
2 n2 = int(input('Input the second number : '))
3 print(n1 + n2, n1 * n2, n1 / n2, n1 // n2, n1 % n2)
4 print( +n1, -n1)
5 print( n1 + - n2 ** 2 + 1)
```

✓ 연습 과제

1. 현금 금액을 입력받고, 이 금액에 해당하는 최소 개수의 지폐 수를 출력하는 프로그램을 작성하라. 지폐는 5만원, 1만원, 5천원, 천원이 있으며, 천원 이하는 제거한다. 이 프로그램은 다음과 같이 실행해야 한다.

```
your cash ? 139290
139000
50,000 won :  2
10,000 won :  3
5,000 won :  1
1,000 won :  4
```

[지폐의 수 계산]

2. 입력된 세 개의 정수 중 그 값이 홀수인 정수의 개수를 출력하는 프로그램을 작성하라. 홀수는 수를 2로 나누었을 때 그 나머지가 1인 정수이다. 단, **if**을 아직 소개하지 않았으므로 산술 연산자만으로 홀수 정수의 개수를 계산하여 출력하라.

```
input integer number : 4
input integer number : 11
input integer number : 7
the number of odd :  2
```

[홀수의 개수 출력]

3. 입력된 세 개의 정수 중 그 값이 짝수인 정수의 개수를 출력하는 프로그램을 작성하라. 단, **if**을 아직 소개하지 않았으므로 산술 연산자만으로 짝수 정수의 개수를 계산하여 출력하라.

4. 두 학생의 이름과 성적을 각각 변수에 저장하고 성적에 맞게 수평 막대 그래프를 출력하는 프로그램을 작성하라. 단, 성적은 0점부터 100점 범위에 있다고 가정하고, 막대 그래프는 10점 당 한 개의 '#'를 이용하여 생성한다.

1. 지폐 수를 계산하는 프로그램.

```
cash = int(input('your cash ? '))
cash = cash // 1000 * 1000 # 1,000원 이하 절삭
n_50thousand = cash // 50000
cash = cash - 50000 * n_50thousand
n_10thousand = cash // 10000
cash = cash - 10000 * n_10thousand
n_5thousand = cash // 5000
cash = cash - 5000 * n_5thousand
n_1thousand = cash // 1000
print('50,000 won : ', n_50thousand)
print('10,000 won : ', n_10thousand)
print('5,000 won : ', n_5thousand)
print('1,000 won : ', n_1thousand)
```

2. 입력된 정수 중 홀수의 개수를 출력하는 프로그램.

```
n1 = int(input('input integer number : '))
n2 = int(input('input integer number : '))
n3 = int(input('input integer number : '))
n_of_odd = (n1 % 2) + (n2 % 2) + (n3 % 2)
print('the number of odd : ', n_of_odd)
```

2.2 시프트 연산자와 비트 연산자

컴퓨터 시스템에서 처리의 대상이 되는 데이터는 여러 개의 비트들로 구성된 비트 열로 표현된다. 피연산자를 정수로 하는 산술 연산은 n개의 비트로 구성된 비트 열이 정수를 표현하며, 이를 대상으로 덧셈 등의 산술 연산을 수행하는 것이다. 반면 시프트 연산 및 비트 연산은 정수 데이터를 구성하는 각각의 비트에 대한 연산이다.

시프트 연산은 각 비트의 값을 왼쪽 또는 오른쪽으로 전달하는 연산이다. 그림 2.1은 n 비트로 표현된 정수를 대상으로 1비트 시프트 연산을 수행하는 방법을 나타낸 것이다. 왼쪽 시프트는 그림 2.1a에 나타낸 것과 같이 각 비트의 값을 왼쪽 비트로 전달을 하며, 오른쪽 시프트는 그림 2.1b에 나타낸 것과 같이 비트의 값을 오른쪽 비트로 전달한다[1]. 이때 왼쪽 시프트는 피연산자에 2를 곱하는 효과가 있으며, 오른쪽 시프트는 2를 나누는 효과가 있다.

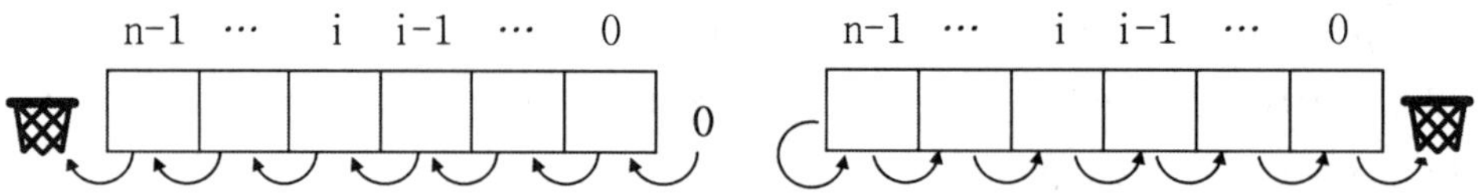

(a) 왼쪽 시프트 (b) 오른쪽 시프트

그림 2.1: 1 비트 시프트 연산

표 2.4는 시프트 연산자, 사용 예를 나타낸 것이다. 시프트 연산은 연산자 왼쪽에 있는 첫 번째 피연산자의 값에서 연산자 오른쪽에 있는 두 번째 피연산자에서 지정한 비트만큼 시프트 연산을 수행한다.

표 2.4: 시프트 연산자

연산자	심볼	사용법	사용 예	설명
왼쪽 시프트	<<	a <<b	n << 3	변수 n의 값에서 3 비트 왼쪽 시프트
오른쪽 시프트	>>	a >>b	n >> 3	변수 n의 값에서 3 비트 오른쪽 시프트

비트 연산(bit-wise operation)은 그림 2.2에 나타낸 것과 같이 두 피연산자의 대응하는 비트 사이에 연산을 수행하는 것이다. 즉, 두 피연산자의 비트-i를 대상으로 연산을 수행하고, 연산 수행 결과는 반환하는 결과의 비트-i의 값이 된다. 표 2.5는 피연산자 a와 b의 비트-i인

[1]파이썬에서 시프트 연산은 산술 시프트 연산이다.

a_i, b_i의 값을 대상으로 AND(&), OR(|), 배타적 OR(Exclusive-OR, XOR, ^) 및 NOT(~) 등 비트 연산자 및 연산 결과를 나타낸 것이다.

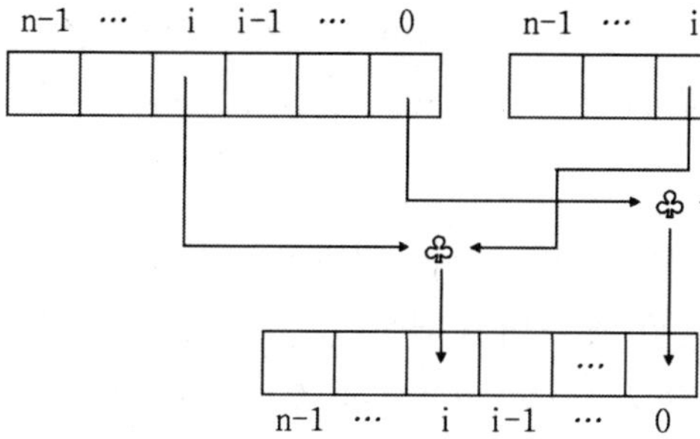

그림 2.2: 비트 연산의 방법

표 2.5: 두 피연산자의 비트 i의 값 a_i와 b_i를 이용한 비트 연산자

		AND	OR	XOR	NOT
a_i	b_i	a_i & b_i	a_i | b_i	a_i ^ b_i	~a_i
0	0	0	0	0	1
0	1	0	1	1	1
1	0	0	1	1	0
1	1	1	1	0	0

코드 2.2는 시프트 연산자와 비트 연산자의 사용 예를 나타낸 것이다. 변수 n, m에 각각 0xFF, 0x07이 저장되어 있을 때 n에 저장된 값을 대상으로 오른쪽으로 4 비트 시프트 연산을 수행하면 연산의 결과는 0x0F가 된다. 또, 두 값을 대상으로 각각 논리곱, 논리합, 배타적 논리합 연산을 수행하면 그 결과는 각각 0x0F, 0xFF, 0xF8이다.

코드 2.2: 시프트와 비트 연산 예제

```
n = 0xFF # 0b1111_1111 , 255
m = 7 # 0b0111
n_r4 = n >> 4 # 0b0000_1111
print( n, n_r4)
print( n & m, n | m, n ^ m , ~n)
```

✓ 연습 과제

1. 원의 반지름을 입력받아 원의 둘레를 출력하는 프로그램을 작성하라. 단, 원의 반지름은 정수이며, 문자열을 정수로 변환하는 것은 **int()**를 이용한다. 원의 둘레를 계산하는 식 $2 \times radius \times PI$ 중 $2 \times radius$ 계산에 시프트 연산자를 사용하라.

2. 정수를 입력받아 그 정수가 홀수이면 1, 짝수이면 0을 출력하는 프로그램을 작성하라. 단, 짝수 또는 홀수 임을 결정할 때 나머지 연산자(%)를 사용하지 않고 시프트 연산자를 사용하여라. 정수를 오른쪽으로 1비트 시프트한 후, 다시 왼쪽으로 1비트 시프트하면 가장 오른쪽 비트의 값이 0으로 되며, 이를 원래의 정수에서 빼셈하면 짝수 또는 홀수인지를 알 수 있다. 홀수는 가장 오른쪽 비트의 값이 1이다.

3. 정수 값 두 개를 입력받아 두 정수의 값이 같으면 0, 그렇지 않으면 0 이외의 수를 출력하는 프로그램을 작성하라. 비교 연산자를 다루기 전이므로 두 정수 값의 크기가 같음을 비교할 때 비트 연산자를 사용하라.

4. 입력된 두 정수 n, m라고 하자. 정수 n의 비트 중 비트-m의 값을 1로 설정하고, 출력하는 프로그램을 작성하라. 즉, 정수 값의 특정 비트를 1로 설정하는 프로그램이다. 이때, 가장 오른쪽 비트는 비트-0이다.

```
input integer number : 16
input bit number : 2
20
```

[특정 비트의 값을 1로 설정하는 프로그램]

1. 원 둘레를 계산할 때 시프트 연산자를 사용한 프로그램.

```
radius = int(input('input radius(integer) : '))
circumference = (radius << 1) * 3.141592653589
print(circumference)
```

2. 입력한 정수가 홀수이면 1을 출력하는 프로그램.

```
n = int(input('input integer number : '))
m = n - ((n>>1)<<1)
print(m)
```

3. 두 정수값의 크기가 같으면 0을 출력하는 프로그램.

```
n1 = int(input('input integer number : '))
n2 = int(input('input integer number : '))

print(n1 ^ n2)
```

2.3 비교 연산자와 논리 연산자

비교 연산자는 수, 문자열, 논리값 등 두 피연산자의 크기를 비교하고, **True** 또는 **False** 등의 논리값을 연산 결과로 반환한다. 표 2.6은 비교 연산자를 나타낸 것이다. 비교 연산자는 정수 값에 2로 나눈 나머지가 0인지 검사하는 등과 같이 프로그램을 실행하는 동안에 특정 값이 조건에 부합하는가를 검사하고, 그 결과에 따라 실행할 명령문 선택을 위한 목적으로 사용된다. 선택문에 대한 것은 뒤에서 기술한다.

표 2.6: 비교 연산자

연산자	심볼	사용법	사용 예	설명
동일	==	a == b	1 == 1 → True	두 피연산자의 값이 같으면 *True*, 아니면 *False*
비동일	!=	a != b	1 != 1 → False	두 피연산자의 값이 다르면 *True*, 그렇지 않으면 *False*
보다 큰	>	$a > b$	1 > 1 → False	첫 번째 피연산자가 두 번째 보다 값이 크면 True, 그렇지 않으면 False
크거나 같은	>=	$a >= b$	1 >= 1 → True	첫 번째 값이 두 번째 값 보다 크거나 같으면 True, 그렇지 않으면 False
보다 작은	<	$a < b$	1 < 1 → False	첫 번째 값이 두 번째 값 보다 작으면 True, 아니면 False
작거나 같은	<=	$a <= b$	1 <= 1 → True	첫 번째 값이 두 번째 값 보다 작거나 같으면 True, 그렇지 않으면 False

비교 연산 수행을 위한 피연산자는 같은 종류의 데이터이어야 한다. 즉, 정수 또는 실수에 상관없이 수 데이터는 수 데이터, 문자열을 문자열, 논리값은 논리값이 비교 연산의 대상이 될 수 있다. 수 데이터의 크기 비교는 정수 또는 실수 등 종류에 상관없이 수의 크기를 대상으로 한다. 따라서, 정수 1과 실수 1.0을 피연산자로 하는 식 *1 == 1.0*의 결과 값은 **True**이다. 문자열의 크기 비교는 문자열을 구성하고 있는 첫 번째 문자부터 시작하여 결과 값을 확정할 수 있을 때 까지 차례대로 문자를 비교하며, 비교는 문자의 코드 값을 이용하여 수행한다. 예를 들어, 식 'A2' >= 'A1B'의 결과 값은 **True**이다. 이는 두 문자열의 첫 번째 문자인 'A'가 같은 문자이고, 비교 대상이 되는 문자들이 남아 있어 두 번째 문자를 대상으로 비교를 한다. 두 번째 문자가 각각 '2'와 '1'이고, 문자 '2'의 코드 값이 문자 '1'의 코드 값보다 크기 때문에 비교 연산자 >=의 값을 **True**로 확정할 수 있다.

논리 연산자는 **True** 또는 **False** 값으로 표현되는 논리 값을 대상으로 연산을 수행하며, 그 결과도 논리 값이 된다. 표 2.7은 논리 연산자와 그 사용 예를 나타낸 것이다. 논리 연산은 여러 조건을 하나의 조건으로 결합할 때 사용된다. 예를 들어, '데이터의 올바른 범위는 그 값이 0 이상이고, 100 이하인 경우'라는 데이터 범위에 대한 조건은 '데이터의 값이 0 이상'이라는 조건과 '데이터의 값이 100 이하'라는 조건을 논리곱으로 결합한 것이다. 또, 'F 등급의 성적은 결석 시간이 전체 강의 시간의 33%를 넘거나 성적인 59점 이하인 경우'라는 성적 등급에 관한 조건은 '결석 시간이 33%이상'이라는 조건과 '성적이 59점 이하'라는 조건을 논리합으로 결합한 것이다.

표 2.7: 논리 연산자

연산자	심볼	사용법	사용 예	설명
부정	**not**	**not** a	**not True → False**	피연산자와 반대의 논리 값
논리곱	**and**	a **and** b	**True and True→True**	두 피연산자가 모두 **True**이면 **True**, 그렇지 않으면 **False**
논리합	**or**	a **or** b	**True or False →True**	두 피연산자가 모두 **False**이면 **False**, 그렇지 않으면 **True**

표 2.8은 앞서 소개한 여러 종류의 연산자에 대한 우선 순위를 나타낸 것이다. 5쪽에 있는 코드 1.1의 2번줄에 있는 조건문에서 괄호 (,)를 제거하여 실행해 보면 각 연산자가 그 우선 순위에 따라 연산 수행됨을 알 수 있다.

표 2.8: 여러 종류의 연산자에 대한 우선 순위

우선순위	연산자	설명
1	**	지수 연산자
2	+, -, ~	긍정, 부정 연산자, NOT : 단항 연산자
3	*, /, //, %	곱셈, 나눗셈 연산자
4	+, -	덧셈, 뺄셈 연산자
5	<<, >>	시프트 연산자
6	&	AND
7	^	XOR
8	|	OR
9	<, >, <=, >=, ! =, ==	비교 연산자

✓ 연습 과제

1. 입력된 두 정수가 각각 n, m에 저장되었다고 하자. 정수 n의 비트 중 비트-m의 값이 0이면 **True**, 1이면 **False**를 출력하는 프로그램을 작성하라. 즉, 정수 n의 비트-m 값이 0 또는 1인지를 검사하는 것이다. 이때, 비트-0은 정수의 가장 오른쪽 비트를 의미한다.

2. 입력된 정수가 홀수이면 **True**, 짝수이면 **False**를 출력하는 프로그램을 작성하라. 단, 나머지 연산자(%)를 사용하지 않고, 비트 연산자와 비교 연산자를 사용하라.

3. 한 학생이 수강하는 두 교과목은 각각 0점부터 100점 사이의 값으로 평가되며, 두 성적이 모두 60점 이상이어야 **True**, 그렇지 못하면 **False**이다. 두 개의 성적을 입력받아 **True** 또는 **False**를 출력하는 프로그램을 작성하라.

1. 정수의 특정 비트의 값이 0인지 검사하는 프로그램.

```
n1 = int(input('input integer number : '))
n2 = int(input('input bit number : '))

print(n1 & (0x1<<n2) == 0)
```

2. 홀수 정수이면 *True*를 출력하는 프로그램.

```
n = int(input('input integer number : '))
print(n & 0x1 == 1)
```

3. 학생의 두 성적이 모두 60점 이상인지 검사하는 프로그램.

```
score_lecture0 = int(input('point of lec. 0 ? '))
score_lecture1 = int(input('point of lec. 1 ? '))
print(score_lecture0 >= 60 and score_lecture1 >= 60)
```

2.4 대입 연산자와 조건 연산자

대입 연산자는 $variable = value$의 형태를 가지며, 연산자 오른쪽의 식(expression)을 계산할 결과를 왼쪽의 변수에 저장하는 기능을 수행한다. 연사자의 두 번째 피연산자에 해당하는 식은 리터럴, 각종 연산자를 사용하는 연산식 등이 될 수 있으며 이 식의 연산 결과가 변수에 저장되므로 다른 연산자에 비해 연산 우선 순위가 낮다.

데이터들의 총 합을 구할 때 사용하는 $total = total + value$ 등의 명령문은 변수에 저장되어 있는 값을 대상으로 연산을 수행하고, 그 결과를 다시 그 변수에 저장하는 연산을 수행한다. 표 2.9는 이러한 변수 값 사용 후 대입 연산을 위한 연산자를 나타낸 것이다. 이들 연산자의 사용은 *variable* **operator** *value* 형식이며, 첫 번째 피연산자는 연산 후 값을 저장해야 하므로 반드시 변수이어야 한다. 예를 들어, 식 $a+ = b$은 변수 a가 저장하고 있는 값과 식 b의 연산 결과를 덧셈하고, 그 결과를 다시 변수 a에 저장하는 대입 연산자를 사용한 것이다.

표 2.9: 대입 연산자

연산자	심볼	사용법	설명
덧셈 후 저장	+=	a += b	a = a + b 와 동일
뺄셈 후 저장	- =	a -= b	a = a - b 와 동일
곱셈 후 저장	*=	a *= b	a = a * b 와 동일
나눗셈 후 저장	/=	a /= b	a = a / b 와 동일
나머지 계산 후 저장	%=	a %= b	a = a % b 와 동일
몫 계산 후 저장	//=	a //= b	a = a // b 와 동일
거듭제곱 후 저장	**=	a **= b	a = a ** b 와 동일

코드 2.3: 대입 연산자를 이용한 예

```
n1 = 10
n2 = 3
total = 0
total += n1
total += n2
print(total)
```

코드 2.3은 변수 *total*에 값을 누적시켜 총 합을 계산하기 위해 대입 연산자를 사용한 예이다. 코드의 3번 줄은 0을 변수 *total*에 저장하며, 이 변수에 값을 누적시킨다. 표 2.9에 나타낸 연산자 사용을 위해 변수는 초기값 등의 값을 저장하고 있어야 한다. 코드 4번 줄의 명령문은 변수 *total*에 저장되어 있는 값과 변수 *n1*에 저장되어 있는 값을 대상으로 덧셈을 수행한 후 그 결과를 다시 변수 *total*에 저장한다. 이 명령문은 $total = total + n1$과 동일한 의미를 가진다. 따라서, 이런 종류의 연산 수행을 위해 사용할 연산자의 선택은 개발자가 자유롭게 해도 된다.

조건 연산자(conditional operator)는 제시된 조건에 따라 결과가 결정되며, 세 개의 피연산자를 갖는 삼항 연산자이다. 다음은 조건 연산자 사용의 형식을 나타낸 것이다. 값 *value1*은 조건 *condition*이 **True**일 때 연산자의 결과이며, 값 *value2*는 **False**일 때 연산의 결과이다. 즉, 조건 *condition*의 값에 따라 이 연산자의 연산 수행 결과는 *value1* 또는 *value2* 중 하나가 된다.

value1 **if** *condition* **else** *value2*

코드 2.4는 사용자가 입력한 정수가 짝수인지 또는 홀수 인지를 판별하여 출력하는 것이다. 짝수 또는 홀수 판별은 입력 값을 2로 나눈 나머지 값을 검사함으로써 수행할 수 있다. 또, 코드 2.5는 사용자가 입력한 년도가 윤년 또는 평년인가를 판별하여 출력하는 것이다. 평년이 되는 조건은 년도가 4로 나누어 지지 않거나 년도가 100으로 나누어 지고, 400으로 나누어 지지 않는 것이다. 코드의 2번 줄에 있는 식 ($year \ \% \ 4 \ != \ 0$)은 년도가 평년으로 판단할 수 있는 첫 번째 조건을 표현하고 있으며, 3번 줄의 식 ($year \ \% \ 100 \ == \ 0 \ and \ year \ \% \ 400 \ != \ 0$)은 평년이 되는 두 번째 조건을 표현하고 있다. 조건 연산자의 두 번째 피연산자인 조건 *condition*은 두 조건을 **or** 연산으로 결합한 것이다.

코드 2.4: 조건 연산자를 이용한 짝수, 홀수 구분의 예

```
    n = int(input('input number : '))
    print('even number' if n % 2 == 0 else 'odd number')
```

코드 2.5: 조건 연산자를 이용한 윤년, 평년 출력

```
1 year = int(input('input year : '))
2 print( 'Common Year' if (year % 4 != 0) or \
3     (year % 100 == 0 and year % 400 != 0) else 'Leap Year' )
```

✓ 연습 과제

1. 한 학생이 수강하는 두 교과목은 각각 0점부터 100점 사이의 값으로 평가되며, 두 성적이 모두 60점 이상이어야 'Pass', 그렇지 못하면 'Fail'이다. 두 개의 성적을 입력받아 'Pass' 또는 'Fail'을 출력하는 프로그램을 작성하라.

2. 입력된 두 정수 값의 차이를 출력하는 프로그램을 작성하라. 값의 차이는 값이 큰 수에서 작은 수를 뺄셈하여 계산한다.

```
the first n ? 5          the first n ? 3
the second n ? 3         the second n ? 5
2                        2
```

[두 정수 값의 차이를 출력하는 프로그램]

3. 0점에서 100점 범위의 입력 성적이 60점 미만이면 'Bad', 60점 이상 80점 미만이면 'Good', 80점 이상이면 'Excellent'를 출력하는 프로그램을 작성하라.

```
Score ? 80      Score ? 65      Score ? 59
Excellent       Good            Bad
```

[성적을 3 단계로 나눈 프로그램]

4. 입력된 세 정수 중 가장 큰 값을 출력하는 프로그램을 작성하라.

5. 0점에서 100점 범위의 입력 성적에 따라 아래의 기준에 따라 등급을 출력하는 프로그램을 작성하라.

- 'A' 등급 : 90점 ~ 100점
- 'B' 등급 : 80점 ~ 89점
- 'C' 등급 : 70점 ~ 79점
- 'D' 등급 : 60점 ~ 69점
- 'F' 등급 : 0점 ~ 59점

1. 학생의 성적이 모두 60점 이상일 때 'Pass'를 출력하는 프로그램.

```
score_lecture0 = int(input('point of lec. 0? '))
score_lecture1 = int(input('point of lec. 1? '))
result = 'Pass' if score_lecture0 >= 60 and\
      score_lecture1 >= 60 else 'Fail'
print(result)
```

2. 두 정수의 차이를 계산하는 프로그램.

```
n1 = int(input('the first n? '))
n2 = int(input('the second n? '))
difference = (n1-n2) if n1 > n2 else (n2 -n1)
print(difference)
```

3. 학생 성적을 이용하여 'Excellent', 'Good' 또는 'Bad'를 출력하는 프로그램.

```
score = int(input('Score? '))
grade = 'Excellent' if score >= 80 else\
           'Good' if score >= 60 else 'Bad'
print(grade)
```

4. 세 정수 중 가장 큰 값을 출력하는 프로그램.

```
n1 = int(input('the first n? '))
n2 = int(input('the second n? '))
n3 = int(input('the third n? '))
max_tmp = n1 if n1 > n2 else n2
max_value = n3 if n3 > max_tmp else max_tmp
print(max_value)
```

2.5 선택문 - if

성적이 59점 이하이면 불합격(Fail), 그렇지 않으면 합격(Pass) 출력 등과 같이 조건에 따라 프로그램이 실행할 명령문이 다른 경우에 선택문을 사용할 수 있다. 파이썬에서 선택문은 아래와 같이 **if**와 **else**의 예약어를 사용하는 형식을 갖는다. 조건 *condition*은 비교 연산자 또는 논리 연산자를 사용하는 식과 같이 식의 계산 결과가 **True** 또는 **False**의 논리 값이 되는 식이다. 이 식의 계산 결과가 **True**이면 예약어 **if**의 다음 줄에 있는 명령문(들)이 실행되고, **False**이면 예약어 **else**의 다음에 있는 명령문(들)이 실행된다. 조건 *condition*의 값이 False 일 때 실행할 명령문이 없는 경우에는 **else** 이하를 생략할 수 있지만, 조건 *condition*이 **True** 일 때와 **False**일 때 실행할 명령문은 명시적으로 작성하는 것이 좋다.

```
if condition :
        statements      # condition이 True일 때 실행되는 명령문
else :
        statements      # condition이 False일 때 실행되는 명령문
```

위에 나타낸 선택문 사용 형식에서 조건 *conditon*이 **True**일 때와 **False**일 때 실행할 명령문은 예약어 **if** 또는 **else**의 위치 보다 오른쪽으로 몇 칸 이동한 위치에서 시작하고 있다. 이를 들여 쓰기(indentation)라고 하고, 빈 줄을 제외하고 동일한 양의 들여 쓰기가 되어 있는 명령문들을 들여 쓰기된 블록(indented block)이라고 하며, 이 책에서는 줄여서 블록(block) 이라고 한다. 블록은 동일한 양 만큼 들여 쓰기가 되어 있는 한 개 이상의 연속된 명령문이다. 따라서, 프로그램에 있는 연속된 명령문들이 들여 쓰기의 양이 다르다면 각각 다른 블록이라고 할 수 있다. 블록의 개념을 이용하여 선택문 사용 형식을 다시 표현하면 아래와 같다. 즉, 선택문은 조건 *condition*이 **True**이면 예약어 **if** 다음에 있는 한 개의 블록을 실행하고, **False**이면 예약어 **else** 다음에 있는 한 개의 블록을 실행한다. 또, 예약어 **if**와 **else** 등과 같이 명령문 실행에 블록이 필요한 명령어는 콜론(:) 기호가 맨 끝에 있다.

```
if condition :
        block      # condition이 True일 때 실행되는 블록
else :
        block      # condition이 False일 때 실행되는 블록
```

조건 *condition*이 **False**일 때 예약어 **else** 다음에 있는 블록이 실행되며, 그 블록이 다른

조건 *condition2*를 갖는 선택문을 포함하고 있는 경우에 아래와 같이 **if~elif~else**의 형식을 사용할 수 있다. 이때, 블록 *block1*은 조건 *condition2*의 결과 값에 관계없이 조건 *condition*이 **True**일 때 실행된다. 반면 블록 *block2*는 조건 *condition*, *condition2*가 각각 **False**, **True**일 때 실행되며, 블록 *block3*는 두 조건 모두 **False**일 때 실행된다.

```
if condition :
    block1
else :
    if condition2:
        block2
    else :
        block3
```

→

```
if condition :
    block1
elif condition2 :
    block 2
else :
    blcok 3
```

코드 2.6은 선택문을 사용한 예이다. 코드의 2번 줄은 두 개의 비교 연산식을 논리합으로 연결하여 하나의 조건문으로 만든 것으로, 이 조건의 값이 **True**이면 3번 줄의 블록을 실행한다. 만약 이 조건식의 값이 **False**이면 4번 줄의 조건식을 검사하여 5번 줄에 있는 블록의 실행 여부를 결정한다. 코드의 7번, 8번 줄은 6번 줄의 조건에 따라 실행 여부가 결정되는 두 개의 명령문으로 구성된 블록이다. 코드의 7번과 8번 줄의 블록 3은 동일한 글자 수 만큼 들여쓰기가 되어 있는 두 개의 명령문으로 구성되어 있지만 블록 1, 블록 2 등 다른 블록의 들여쓰기 글자 수와 같을 필요는 없다.

코드 2.6: 선택문 예제

```
1  score = int(input('Input your score : '))
2  if score > 100 or score < 0:s
3      print('Out of range')          # block 1
4  elif score < 60:
5      print('Fail')                  # block 2
6  elif score < 80:
7      print('Pass')                  # block 3
8      print('Not bad')
9  else:
10     print('Pass & Excellent')      # block 4
```

✓ 연습 과제

1. 입력된 성적이 0점과 100점 사이의 범위 내에 있으면 그 성적에 따라 앞서 소개한 'A'에서 'F'까지의 등급을 출력하고, 범위를 벗어난 성적이면 'Wrong Score'를 출력하는 프로그램을 작성하라.

```
Your score ? 90     Your score ? 59
Your grade :  A     Your grade :  F
```

[조건문을 이용한 등급 출력]

2. 정수 0부터 3까지 정수 중 비트-1의 값이 1인 수의 개수를 출력하는 프로그램을 작성하라. 정수의 비트-i의 값이 0 또는 1 인지는 정수와 (0b1 << i)를 비트 AND 연산한 결과가 0 또는 0이 아닌 값인가를 이용하여 결정할 수 있다.

3. 정수 0과 2사이의 입력 값을 비트 번호로 하여, 정수 0부터 7까지 정수 중 입력된 비트 번호의 값이 1인 정수를 출력하는 프로그램을 작성하라.

```
bit number ? 1      bit number ? 0
2                   1
3                   3
6                   5
7                   7
```

[비트-i의 값이 1인 정수 출력]

1. 데이터 범위 검사 및 등급 출력 프로그램.

```
score = int(input('Your score ? '))
if score < 0 or score > 100: # 데이터 범위 검사
    print('Wrong Score')
else:
    if score >= 90 :      # 90점 이상
        grade = 'A'
    elif score >= 80:     #80점 이상, 89점 이하
        grade = 'B'
    elif score >= 70:
        grade = 'C'
    elif score >= 60:
        grade = 'D'
    else:                 # 59점 이하
        grade = 'F'
    print('Your grade : ', grade)
```

2. 정수 0, 1, 2, 3 중 비트-1의 값이 1인 정수의 개수를 출력하는 프로그램(반복문에 대한 설명이전 이므로 우선은 다음과 같이 작성).

```
count_bit1 = 0
mask  = 0b1 << 1
if 0 & mask != 0:
    count_bit1 += 1
if 1 & mask != 0:
    count_bit1 += 1
if 2 & mask != 0:
    count_bit1 += 1
if 3 & mask != 0:
    count_bit1 += 1
print(count_bit1)
```

2.6 반복문 - for, while

수 데이터들의 합을 계산하기 위해 각 데이터를 대상으로 한 덧셈 연산을 반복 수행하는 등과 같이 프로그램은 데이터 처리를 위해 명령문을 반복 실행하 필요가 있다. 반복문은 한 개 이상의 명령문 즉, 블록을 반복 실행하는 명령문이다. 파이썬은 블록의 반복 실행을 위해 for 문을 제공한다. 아래는 **for** 문을 사용하는 기본 형식을 나타낸 것이다.

---

for *val* **in** *expr_list*:
    block   # 반복 실행할 블록
else :
    else_block   # 반복 실행 완료 후 실행되는 블록

반복문 **for**가 블록을 반복 실행하는 방법은 *expr_list*의 원소를 한 번에 한 개씩 순서대로 변수 *val*에 대입한 후 블록을 실행한다. 만약, *expr_list*가 열 개의 원소를 포함하고 있다면 반복문은 블록을 열번 반복 실행한다. 반복 실행의 대상이 되는 블록은 앞서 소개한 들여 쓰기된 블록이며, 같은 수의 글자 수 만큼 들여 쓰기 되어 있는 한 개 이상의 명령문으로 구성되어 있다. 반복문은 *expr_list*에 포함되어 있는 원소의 수 만큼 블록 반복 수행을 완료한 후, 예약어 **else** 다음에 있는 *else_block*을 실행한다. 이때 *else_block*은 *block*의 반복 수행 횟수에 상관없이 단 일 회 수행된다. 많은 프로그램은 반복문 **for**와 짝이 되는 **else** 문은 생략하고 있다.

반복문 **for**에서 정수로 구성된 *expr_list*를 만들기 위해 많이 사용하는 함수[2]는 *range()*이다. 다음은 함수 **range**() 사용 형식을 나타낸 것이며, 함수 **range**(a, b, 1)의 형식으로 사용한다면 이 함수는 범위 [a, b)의 정수 열을 만들어 준다. 예를 들어, **range**(0, 5, 1)은 정수 열 0, 1, 2, 3, 4 를 만들며, **range**(5, 2)는 정수 열 0, 2, 4를 만든다. 또, **range**(5, 0, -1)은 정수 열 5, 4, 3, 2, 1을 만든다.

---

range(start, end, step)
사용법: *start* - 정수 열의 시작 값이며, 생략하면 정수 열은 0부터 시작.
end - 정수 열의 (마지막 값 + 1).
step - 값 *start*에서 증가할 값, 생략하면 +1.

반복문 **for**는 반복문에 진입하기 전에 반복 실행의 수가 정해져 있는 경우에 편리하게 사용할 수 있다. 하지만, 조건에 따라 실행 여부를 결정하는 반복문은 그 조건이 사전에 또는

[2]함수에 대한 내용은 뒤에 나온다.

블록을 반복 실행하는 동안에 결정되므로 반복 실행을 위해 **for** 문을 사용할 수 없다. 블록의 반복 실행 여부를 조건에 따라 결정하는 반복문은 **while** 문이 있다. 아래는 반복문 **while**의 사용 형식을 나타낸 것이다.

---

while *condition* :
    block   # 반복 실행할 블록
else :
    else_block   # 반복 실행 완료 후 실행되는 블록

반복문 **while**은 *condition*의 값이 **True**이면 이어지는 *block*을 실행하고, 그 블록의 실행이 완료되면 다시 *condion*의 값을 평가한다. 이러한 과정은 *condition*의 값이 **False**가 될 때까지 반복된다. 이 반복문의 *condtion*가 **False**이면, **while** 문과 짝이 되는 **else** 문의 블록을 실행한 후 반복문을 끝낸다. 많은 프로그램은 반복문 **while**과 짝이 되는 **else** 문은 생략하고 있다.

코드 2.7는 1과 100 사이의 정수를 입력 받아 1부터 입력된 정수까지의 정수 중 짝수들의 합을 구하고 출력하는 것이다. 이때, 변수 *value*는 초기값으로 0을 저장하고 있으므로, 2번 줄에서 최초의 조건은 **True**이므로 3번 줄의 블록은 적어도 한 번은 실행된다. 코드 2, 3번 줄은 입력된 정수 값이 1과 100 사이의 범위를 벗어 나면 다시 입력을 받는 반복문이며, 정상 범위의 정수가 입력되면 조건은 **False**가 되어 이 반복문의 수행을 완료하고, 코드 4번 줄의 명령문을 실행한다. 이 예는 1부터 입력된 정수 *value*까지 즉, 범위 [1, *value*]에 있는 정수 중 짝수의 합을 구하는 것이므로 코드 5번 줄에서 **range**(1, value + 1)를 사용했음에 주의하라.

코드 2.7: 반복문 사용의 예

```
1 value = 0
2 while value <= 0 or value > 100:
3     value = int(input('input number(1~100) : '))
4 total = 0
5 for val in range(1, value + 1):
6     if val % 2 == 0:
7         total = total + val
8 print(total)
```

✓ 연습 과제

1. 다섯 개의 입력된 양의 정수 중 가장 큰 값을 출력하는 프로그램을 작성하라. 단, 입력된 값을 저장할 필요는 없고, 가장 큰 값만을 저장, 출력하면 된다.

2. 문자열을 구성하는 각 문자는 코드 값에 따라 순서가 정해진다. 즉, 문자 ' B'는 문자 'A' 보다 더 큰 코드 값을 갖는다. 이것을 기반으로 문자열 'good morning'에서 코드 값이 가장 큰 문자를 찾는 프로그램을 작성하라.

---

1. 입력된 양의 정수 중 가장 큰 값을 출력하는 프로그램.

```
maxn = -1 #가장 큰 값을 저장할 변수에 음수를 저장한 후 시작
for _ in range(5):
    n = int(input('integer number? '))
    if n > maxn:
        maxn = n
print('maximum value : ', maxn)
```

2. 문자열에서 가장 큰 코드 값을 갖는 문자를 출력하는 프로그램.

```
msg = 'good morning'
max_idx = 0
for idx in range(len(msg)):
    if msg[idx] > msg[max_idx]:
        max_idx = idx
print(msg[max_idx])
```

3

시퀀스와 문자열

3.1 중첩된 조건문과 반복문

중첩(nested)은 명령문의 블록에 같은 종류의 명령문이 있는 것을 의미한다. 여러 종류의 중첩 중 중첩된 조건문 즉, 중첩된 **if** 문은 조건에 따라 실행하는 블록이 역시 조건문인 것이다. 다음은 중첩된 **if** 문의 형태를 나타낸 것이다. 외부 **if** 문은 조건 *condA* 값으로 실행할 블록을 결정하며, 그 값이 **True**이면 조건 *condB*를 포함하고 있는 블록을 실행하고, **False**이면 조건 *condC*를 포함하고 있는 블록을 실행한다. 이처럼 중첩된 **if** 문은 조건에 따라 실행할 명령문이 조건문이 **if** 문인 것이다. 중첩된 **if**문은 여러 조건을 동시에 고려하여 실행할 명령문을 결정할 수 있다.

```
if condA :
    if condB :
        statementA # condA와 condB가 모두 True일 때 실행
    else :
        statementB # condA는 True, condB는 False 일 때 실행
else :
    if condC:
        statementC # condA는 False, condB는 True 일 때 실행
    else:
        statementD # condA와 condB가 모두 True 일 때 실행
```

코드 3.1: 중첩 **if**문을 이용한 성별 코드 출력

```python
year=int(input('birth year?'))
gen=input('male or female?')
if year < 2000:
    if gen == 'male':
        code = 1
    else :
        code = 2
else:
    if gen == 'male':
        code = 3
    else :
        code = 4
print('gender code : ', code)
```

코드 3.1은 출생 연도와 성별에 따른 주민등록번호의 성별 코드를 출력하는 것으로 출생 연도와 성별을 모두 고려하기 위해 중첩된 **if**문을 사용하였다. 즉, 성별 코드는 2,000년 이후 출생자는 성별에 따라 3, 4이며, 이전 출생자는 1, 2이다. 이를 위해 코드의 3번 줄은 2,000년 기준 출생 연도를 검사하고 있으며, 그 결과에 따라 성별에 따른 코드 값을 결정하고 있다.

중첩된 반복문은 반복 실행하는 블록 내에 반복문이 포함되어 있는 것으로 **for** 또는 **while** 문에 관계없이 반복 실행 내에 반복 문이 있는 것이다. 중첩된 반복문은 반복 실행해야 하는 각각에 대해 다시 연산을 반복할 수 있도록 한다. 코드 3.2는 구구단을 출력하는 프로그램이다. 2번 줄에 있는 바깥쪽 반복문은 안쪽 반복문을 포함하고 있는 블록을 여덟 번 반복 실행한다. 안쪽 반복문도 5번 줄의 명령문을 여덟 번 반복 실행하므로, 이 명령문은 64회 반복 실행된다.

코드 3.2: 중첩된 반복문을 이용한 구구단 출력

```
1 print('=== Times Table ===')
2 for i in range(2,10):                # 여덟 번 반복 수행
3     print('------')
4     for j in range(2, 10):           # 8회 반복 수행
5         print(i,'×', j, '=', (i * j)) # 8회 반복 수행을 여덟 번 반복
```

코드 3.3은 0부터 100사이의 정수 값 다섯 개를 입력받아 합을 계산하는 예를 나타낸 것이다. 입력된 값의 유효성 검사는 안쪽 반복문이 수행한다. 이 반복문은 유효한 범위 내의 값이 입력되면 벗어나지만, 그렇지 않으면 값을 다시 입력하도록 한다.

코드 3.3: 중첩된 반복문을 이용한 유효한 데이터 입력

```
total = 0
for _ in range(5):              # 5회 반복 실행
    while True:                 # 입력 값의 유효성 검사를 위한 반복문
        n = int(input('score : '))
        if n >= 0 and n <= 100:
            break               # 입력 값이 유효한 범위이면 안쪽 반복문 벗어남
        print('re-input')
    total += n                  # 유효한 입력 값들의 합을 계산함
print(total)
```

✓ 연습 과제

1. 사용자가 입력한 층수(정수)의 피라미드를 출력하는 프로그램을 작성하라.

```
number of floors ? 3
  *
 ***
*****
```

[피라미드를 출력하는 프로그램]

2. 0부터 15사이의 정수 중 비트-0, 비트-1, 비트-2, 비트-3의 값이 각각 1인 정수를 출력하는 프로그램을 작성하라. 출력 내용은 아래와 같다.

```
bit  0 : 1 3 5 7 9 11 13 15
bit  1 : 2 3 6 7 10 11 14 15
bit  2 : 4 5 6 7 12 13 14 15
bit  3 : 8 9 10 11 12 13 14 15
```

[0부터 15사이의 정수 중 비트-i의 값이 1인 정수 출력]

3. 1부터 15 사이의 정수 중 사용자가 생각하고 있는 정수를 예측하는 프로그램을 작성하라. 이 프로그램은 1부터 15 사이의 정수 중 비트-0의 값이 1인 정수를 출력하고, 그 출력된 정수 중에 사용자가 생각하고 있는 수가 있으면 'y', 그렇지 않으면 'n'을 입력할 수 있도록 한다. 프로그램은 비트-1, 비트-2, 비트-3에 이 과정을 반복하여 사용자가 생각하고 있는 수를 예측한다. 예측하는 방법은 사용자가 'y'로 답한 비트 번호에 해당하는 예측 값의 비트 값을 1로 설정하면 된다.

```
bit 0 : 1 3 5 7 9 11 13
your number in here ? y
bit 1 : 2 3 6 7 10 11 14
your number in here ? y
bit 2 : 4 5 6 7 12 13 14
your number in here ? n
bit 3 : 8 9 10 11 12 13 14
your number in here ? y
Your number :  11
```

[사용자가 **11**을 생각했을 때 그 수를 예측하고 출력]

---

1. 피라미드를 출력하는 프로그램.

```python
n_floors = int(input('number of floors ? '))
for floor in range(n_floors):
    for _ in range(n_floors - floor):
        print(' ',end='')
    for _ in range(floor * 2 + 1):
        print('*',end='')
    print()
```

2. 0부터 15사이의 정수 중 비트-i의 값이 1인 정수를 출력하는 프로그램.

```python
for bitn in range(0,4):
    mask = 0b1 << bitn
    print('bit', bitn, end=' : ')
    for n in range(0,16):
      if n & mask != 0:
        print(n, end=' ')
    print()
```

3.2 반복문 실행 제어 - break, continue

for 또는 **while** 반복문의 일반적인 실행 흐름은 사전에 설정된 반복 수 만큼 또는 조건 식이 **True**의 논리 값으로 평가되는 동안 블록을 구성하는 명령문을 반복 수행하며, 반복 실행이 완료되면 선택 사항인 **else** 문의 블록을 실행한다. 하지만 많은 데이터를 반복문을 이용하여 처리하는 프로그램은 대상 데이터가 사전에 정의된 정상 범위 내에 있는 올바른 형식의 데이터인가를 검사하는 유효성 검사를 하고, 그 결과 유효한 데이터가 아니면 실행 흐름을 반복의 다음 실행 순서로 옮기거나 블록의 반복 실행을 중단하고 반복문을 탈출할 수 있다. 이를 위해 반복문 실행의 일반적인 실행 흐름을 벗어나게 하는 명령문이 필요하다.

명령문 **break**은 기능은 다음의 상황을 통해 설명할 수 있다. 수업을 듣는 학생들이 어떤 주제에 대해 순서대로 발표를 한다고 하자. 반복문의 블록을 반복 실행하는 것과 같이 한 학생이 발표하고(블록 실행), 그 발표가 완료되면 다음 학생이 발표한다고 가정하자. 어떤 학생이 그의 순서가 되어 발표하고 있는 중에 수업 종료 시간이 되어 선생님이 수업이 끝내면 그 학생이 발표할 내용이 남았고, 아직 발표를 하지 못한 학생이 있더라도 수업은 중단된다. 이러한 상황처럼 블록의 반복 실행을 중단하고 반복문을 탈출할 때 실행 제어 명령문 **break**를 사용한다. 아래는 **break** 문을 사용하는 기본 형식을 나타낸 것이다.

---

break

코드 3.4는 **break** 문을 사용한 예이다. 코드의 1번 줄은 **while** 문을 이용하여 블록을 반복 실행하고 있다. 이 **while**문은 조건식으로 논리값 **True**를 사용하였으므로 무제한 반복 실행을 한다. 코드 3번 줄은 입력된 문자열을 이용하여 변환한 정수 값을 저장하는 변수 *value*가 저장하고 있는 값이 0 이상 100 이하 이면 4번 줄의 **break**문을 실행한다. 이 명령문의 실행은 앞의 상황에서 기술한 것과 같이 반복문을 끝내고, 9번 줄의 명령문을 실행한다. 만약, 3번 줄의 조건이 **False**이면 **else**의 블록인 6번 줄을 실행한 후 반복의 다음 실행을 한다.

코드 3.4: 정상 범위의 데이터 입력이 될 때까지 반복 입력하는 예

```
1  while True:
2      value = int(input('data input : '))
3      if 0 <= value and value <= 100:
4          break
5      else:
```

```
6            print('Valid data range : 0 ~ 100. Input again.')
7  else:
8        print('end of loop.')
9  print('data : ', value)
```

반복문과 짝이 되는 **else**문은 반복문이 일반적인 실행 흐름에 따라 정상적으로 반복 실행을 완료한 경우에 실행되므로, **break** 문으로 실행 흐름을 변경하여 반복문을 탈출한 프로그램은 **else** 문의 블록이 실행되지 않는다. 따라서, 코드 3.4의 8번 줄의 명령문은 어떤 경우에도 실행되지 않으므로 필요가 없는 명령문이다.

실행 제어 명령문 **continue**의 기능은 앞에서 가정한 상황을 이용하여 설명하면 다음과 같다. 수업에 참여하는 학생들이 각자 순서대로 발표를 하고(블록 실행) 있는 중에 어떤 학생의 발표가 진행되고 있는 중에 그 내용이 너무 부실하여 선생님이 '다음 학생'이라고 하면 그 학생이 준비한 발표 내용이 남아 있더라도 발표를 중단하고, 다음 학생이 발표를 한다. 이러한 상황처럼 블록 내 실행할 명령문이 남아 있도 그 명령문을 실행하지 않고, 다음 순서의 반복을 시작하기 위해 실행 제어 명령문 **continue**를 사용한다. 아래는 **continue** 문을 사용하는 기본 형식을 나타낸 것이다.

```
continue
```

코드 3.5는 0과 9사이의 정수 중 짝수의 합을 계산하는 것이다. 코드의 3번 줄에서 변수 *value*의 값이 홀수이면 4번 줄의 **continue** 문을 실행한다. 코드의 5번 줄의 명령문은 반복 실행의 대상이 되는 블록에 포함되지만, 4번 줄의 **continue** 문이 실행되면 이 명령문은 실행되지 않고, 다음 순서의 실행을 한다. 이 코드는 3번 줄의 조건이 **False**이면 **continue** 문을 실행하지 않으므로 5번 줄의 명령문을 실행할 수 있다.

코드 3.5: 짝수의 합을 계산하는 예

```
1  total = 0
2  for value in range(10):
3      if value % 2 == 1:
4          continue
5      total = total + value
6  print('total =', total)
```

✓ 연습 과제

1. 입력된 성적이 0점과 100점 사이의 범위 내에 있으면 그 성적에 따라 앞서 소개한 'A'부터 'F'까지 등급을 출력하는 프로그램을 작성하라. 단, 입력된 값이 성적의 범위를 벗어난 경우에는 다시 입력을 하도록 하라.

```
Your Score ? -1
Wrong data. Retry!!
Your Score ? 101
Wrong data. Retry!!
Your Score ? 95
Your grade :  A
```

[범위를 벗어난 입력에 대한 처리 프로그램]

2. 입력된 양의 정수 값들의 합과 평균을 계산하는 프로그램을 작성하라. 단, 사전에 입력 데이터의 수를 알 수 없고, 더 이상 입력 데이터가 없는 경우에는 음수를 입력한다. 또, 처음부터 음수를 입력하여 합과 평균을 구할 데이터가 없으면 'No data'를 출력한다.

```
data ? -1
No data
```

```
data ? 1
data ? 3
data ? 5
data ? -1
total= 9 average= 3.0
```

[입력 데이터의 합과 평균 출력]

3. 문자열 '534183552676'에서 왼쪽부터 오른쪽 방향으로 한 글자씩 조사하여 첫 번째 글자 '5'보다 큰 첫 번째 글자를 찾아 그 인덱스를 출력한 후, 오른쪽 끝에서 왼쪽 방향으로 한 글자씩 조사하여 첫 번째 글자 '5'보다 작은 첫 번째 글자를 찾아 그 인덱스를 출력하는 프로그램을 작성하라. 이 문자열의 경우 왼쪽 끝에서 오른쪽 방향으로 조사했을 때 '5'보다 큰 첫 번째 글자는 '8'이며, 오른쪽 끝에서 왼쪽 방향으로 조사했을 때 '5'보다 작은 첫 번째 글자는 '2'가 된다.

1. 입력 성적의 범위를 검사하여 정상 범위의 성적만 처리하는 프로그램.

```
while True:
    score = int(input('Your Score ? '))
    if score >= 0 and score <= 100:
        break
    else:
        print('Wrong data. Retry!!')
– 이하는 앞의 연습 과제와 동일 –
```

2. 입력 데이터의 합과 평균을 출력하는 프로그램.

```
count = 0
total = 0
while True:
    n = int(input('data ? '))
    if n < 0:
        break
    total += n
    count += 1
if count > 0:
    print('total=', total, 'average=', total/count)
else:
    print('No data')
```

3.3 시퀀스와 바이트열

앞서 문자열은 한 쌍의 인용 부호 내에 문자를 나열한 것이라고 정의하였다. 문자들의 나열은 문자열 내 출현한 순서대로 각 문자가 순서를 가지며, 이 순서에 따라 인덱스를 이용하여 각 문자에 접근할 수 있음을 의미한다. 즉, 문자열 'good'의 첫 번째 문자는 'g'이고, 두 번째 문자는 'o'가 되는 것과 같이 문자열을 구성하고 있는 각 문자는 그 출현 순서에 따라 첫 번째, 두 번째, $\cdots$, n 번째 문자와 같이 접근할 수 있다. 이때 첫 번째, 두 번째와 같이 각 문자의 순서를 나타내는 수를 서수하고 하며, 인덱스(index)는 서수를 표현하는 한 방법이다. 따라서, 문자열의 각 문자에 대한 접근을 위해 인덱스가 사용되며, 첫 번째 순서를 표현하는 인덱스는 0이다.

문자를 나열하여 문자열을 생성하는 것과 같이 0개 또는 그 이상의 데이터를 나열하여 정보를 표현하는 것을 시퀀스(sequence)라고 한다. 시퀀스는 데이터를 나열한 것이므로 시퀀스의 각 데이터는 출현 위치에 따라 순서를 가지며, 이 순서를 의미하는 인덱스가 각 데이터에 접근을 위해 사용된다. 나열하는 데이터의 종류, 방법 등에 따라 시퀀스는 여러 종류의 데이터 형이 있다. 문자를 나열하여 만든 문자열은 시퀀스의 한 종류이며, 다음 절에서 소개하는 리스트, 튜플 등도 시퀀스의 한 종류이다.

시퀀스는 나열된 데이터의 수정 가능 여부에 따라 변경이 가능한 시퀀스(mutable sequence)와 변경이 불가능한 시퀀스(immutable sequence)가 있다. 변경이 가능한 시퀀스는 시퀀스내 데이터 수정, 데이터 삽입, 삭제 등 필요에 따라 시퀀스 내 데이터의 수가 변경될 수 있으며, 시퀀스 내 데이터를 다른 값으로 변경할 수 있다는 특징을 가진다. 이러한 특징을 갖는 변경 가능 시퀀스에는 리스트가 있다. 변경이 불가능한 시퀀스는 시퀀스 내 데이터에 대한 수정을 허용하지 않으며, 새로운 데이터 삽입 또는 기존 데이터 삭제 등에 의한 시퀀스 데이터 수의 변경도 허용하지 않는다. 변경이 불가능한 시퀀스로는 문자열, 튜플, 바이트열이 있다.

변경이 불가능한 시퀀스인 바이트열(bytes)은 1 바이트로 표현할 수 있는 바이트 데이터를 나열한 것으로, 각 바이트 데이터는 ASCII 코드의 문자 또는 0 $\sim$ 255(또는 0x00 $\sim$ 0xFF) 범위의 정수이다. 다음은 바이트열을 생성하는 방법을 나타낸 것이다. 바이트열을 생성하는 첫 번째 방법은 문자 **b**(또는 **B**)에 이어서 한 쌍의 인용 부호 내에 바이트 데이터를 나열하는 것으로 ASCII 코드의 문자 또는 '\x$nn$'의 형식의 16진수 값을 나열할 수 있다. 또 **bytes()**를 이용하여 바이트열을 생성하는 방법도 있다.

variable = **b**'byte ⋯' # 바이트 값의 나열
variable = **bytes**(n) # 0으로 채워진 길이 n의 바이트열
variable = **bytes**(*bytes_data*)
variable = **bytes**(*lst*) # 바이트 데이터의 리스트

코드 3.6은 바이트열을 생성한 예를 나타낸 것이다. 코드 1번 줄은 여섯 개의 바이트를 나열한 바이트열을 나타낸 것으로 처음 세 개의 바이트 데이터는 ASCII 문자로 표현하였으며, 나머지 세 개는 십육진 값으로 바이트 데이터를 표현한 것이다. 코드의 2번 줄은 1 바이트로 표현할 수 있는 네 개의 정수 값을 원소로 갖는 리스트를 이용하여 바이트열을 생성한 예를 나타낸 것으로 바이트 데이터는 각각 십진수, 십육진수, 팔진수, 이진수를 이용하여 표현하였다. 이 리스트의 원소값은 각각 문자 'A', 'B', 'C', 'D'의 ASCII 코드이다. 주석문으로 처리된 코드의 3번 줄은 한글을 나열하여 바이트열을 생성하려고 한 것으로 한글은 ASCII 코드로 표현할 수 없는 즉, 1바이트로 표현할 수 없는 문자이므로 오류가 발생한다. 만약, 한글과 같이 1바이트로 표현할 수 없는 문자를 위한 바이트열 표현은 그 문자를 위한 유니코드에 대한 UTF-8 인코딩 형식의 값을 직접 나열하거나 UTF-8 형식으로 인코딩한 값을 반환하는 문자열의 **encode**() 메소드를 이용하여 사용할 수 있다. 코드의 4번 줄은 **encode**() 메소드를 이용하여 문자열 '안녕'을 UTF-8 형식으로 인코딩한 값을 이용하여 바이트열을 생성한 것이다. 이 바이트열의 값은 코드 8번 줄의 출력에서 확인할 수 있다. UTF-8 형식으로 인코딩된 바이트열에 대한 유니코드로의 변환은 decode() 메소드를 이용하며, 코드 8번 줄의 출력에서 확인할 수 있다.

코드 3.6: 바이트열 생성의 예

```
1 data = b'abc\xFF\xA5\xF0'
2 data2 = bytes([65, 0x42, 0o103, 0b1000100])
3 # hangul = b'안녕'
4 hangul = '안녕'.encode()
5 print(len(data), data)
6 print(data[0], data[3])
7 print(data2, len(data2))
8 print(len(hangul), hangul, , hangul.decode())
```

✓ 연습 과제

1. 입력된 한글를 바이트열로 변환한 후 각 바이트 데이터를 16진수로 출력하는 프로그램을 작성하라. 바이트 데이터를 16진수로 출력할 때 **hex**() 함수를 사용한다.

2. 하트(♡) 기호의 유니코드를 검색하여, 이를 출력하고, 이를 바이트열로 변환 후 변환된 바이트열을 출력하는 프로그램을 작성하라.

```
♡
b'\xe2\x99\xa1'
```

[♡와 그 문자의 바이트열 출력]

3. 유니코드를 이용하여 '파이썬' 문자열을 만들고, 이를 바이트열로 변환 후 출력한 것과 문자열 '파이썬'을 바이트열로 변환 후 출력한 것이 동일함을 보이는 프로그램을 작성하라.

```
파이썬
b'\xed\x8c\x8c\xec\x9d\xb4\xec\x8d\xac'
b'\xed\x8c\x8c\xec\x9d\xb4\xec\x8d\xac'
```

[유니코드 '파이썬'과 문자열 '파이썬' 비교]

1. 바이트열의 데이터를 출력하는 프로그램.

```
msg = input('your message ?')
msg_bytes = msg.encode()
for i in range(len(msg_bytes)):
    print(hex(msg_bytes[i]))
```

2. ♡와 그 문자의 바이트열을 출력하는 프로그램.

```
heart = '\u2661'
print(heart)
print(heart.encode())
```

3. 유니코드로 생성한 '파이썬'과 문자열 '파이썬'을 비교하는 프로그램.

```
python_unicode = '\ud30c\uc774\uc36c'
python_str = '파이썬'
print(python_unicode)
print(python_unicode.encode())
print(python_str.encode())
```

3.4 문자열의 연산자와 이스케이프 시퀀스

수를 피연산자로 한 연산자 +, *는 각각 덧셈과 곱셈 연산은 수행한다. 이들 연산자는 수뿐만 아니라 문자열을 피연산자로 하여 연산을 수행할 수 있다. 다음은 문자열을 위한 연결 연산자 +와 반복 연결 연산자 *의 사용법을 나타낸 것이다. 문자열을 피연산자로 하는 연산자 +는 연결 연산자(concatenating operator)로서 피연산자인 문자열 *str1*과 *str2*를 연결한 문자열이 연산의 결과이다. 이 연결 연산자는 연결하는 문자열을 구분하기 위한 공백 문자 등을 삽입하지 않고 단순 연결만을 수행한다. 연산자 *는 반복 연결 연산자로서 첫 번째 피연산자인 문자열 *str1*을 두 번째 피연산자에서 지정한 수 n 만큼 반복해서 연결한다. 이때, 반복 연결의 횟수를 지정하는 두 번째 피연산자는 반드시 정수이어야 한다.

$$str3 = str1 + str2$$
$$strn = str1 * n$$

코드 3.7은 문자열을 피연산자로 하는 연산자 +, *를 사용하는 예를 나타낸 것이다. 코드의 2번 줄은 문자열 'Your name is '과 코드 1번 줄에서 사용자가 입력한 문자열을 연결한 결과를 변수 *msg*에 저장하는 것이다. 코드 3번 줄의 명령문은 문자열 '='를 30회 반복 연결한 문자열을 화면에 출력한다.

코드 3.7: 문자열의 연결 연산자와 반복 연결 연산자의 사용 예

```
1 name = input('what is your name? ')
2 msg = 'Your name is ' + name
3 print('=' * 30)
4 print(msg)
5 print('=' * 30)
```

문자열을 구성하는 문자는 'a', '가', '1' 등과 같이 화면에 표시되는 문자들이다. 하지만 이런 문자는 줄 바꿈, 탭 등과 같이 화면에 표시되는 문자열의 모양을 등을 제어할 수 없다. 또, '♡' 등과 같이 키보드를 이용하여 입력하기 쉽지 않는 문자를 문자 코드를 이용하여 사용하고자 하는 경우도 있다. 이스케이프 시퀀스(escape sequence), 확장 문자, 제어 문자 등으로 불리는 이스케이프 문자는 특별한 의미를 갖거나 16진수 등으로 문자 코드를 직접 사용할 수 있도록 한다. 이스케이프 문자는 심볼 \로 시작하며, 이어지는 문자를 '글자'가 아닌 기능 또는 코드 등 의미를 갖도록 한다. 이스케이프 문자는 심볼 \을 포함하여 두 개 이상의 글자로 되어

있지만 한 개의 문자로 사용된다[1]. 표 3.1는 파이썬에서 사용하는 대표적인 이스케이프 문자를 나타낸 것이다.

표 3.1: 파이썬의 이스케이프 문자

이스케이프 문자	내용
\n	줄바꿈. 이 문자 뒤의 문자열은 다음 줄에 출력됨
\t	탭 문자. 이 문자 뒤의 문자열은 다음 탭 위치에서 출력됨
\b	백 스페이스. 이 문자 뒤의 문자열은 한 칸 앞(왼쪽)에서 부터 출력됨
\r	줄의 처음으로. 이 문자 뒤의 문자열을 그 줄(line)의 처음부터 출력됨.
\\	문자 \를 출력함.
\'	문자 '를 출력함.
\"	문자 "를 출력함.
\x*hh*	문자 코드를 십육진수 *hh*로 표현함.
ooo	문자 코드를 십육진수 *oo*로 표현함.

코드 3.8은 이스케이프 문자를 사용한 예이며, 3번 줄은 리스트 내 문자열을 출력한 후 이스케이프 문자 \r을 출력하는 것으로 이는 줄 바꿈을 하지 않고 그 줄의 처음 위치에서 다음 출력을 하도록 한다. 코드 8번 줄에서 출력하는 \t는 다음 탭의 위치에서 이어지는 출력을 하도록 하는 것으로, 많은 시스템이 네 글자 또는 여덟 글자 단위로 탭의 위치를 설정한다.

코드 3.8: 이스케이프 문자를 사용한 예

```
1 lst = ['123456789', 'abcdefghij', 'ABCDEFGHIJ']
2 for s in lst:
3     print(s+'\r', end='') # \r 대신 \b의 경우도 실행 해 보시오.
4 print()
5 msg = ['\t\tmorning', 'g\t\tmorning', 'good\t\tmorning']
6 print('0123456789'*2)
7 for s in msg:
8     print(s)
```

[1]일부 한글 키보드에서는 심볼 \을 위해 ₩로 표시되어 있다.

✓ 연습 과제

1. 사용자가 입력한 층수(정수)의 피라미드를 출력하는 프로그램을 작성하라.

```
number of floors ? 3
  *
 ***
*****
```

[피라미드를 출력하는 프로그램]

2. 입력된 학생 이름과 성적을 이용하여 수평 막대 그래프를 출력하는 프로그램을 작성하라. 단, 성적은 0점에서 100점까지의 범위를 가지며, 잘못된 성적 입력은 다시 입력을 할 수 있도록 한다. 성적 막대 그래프는 성적 10점 당 문자 '*' 하나를 출력한다. 예를 들어, 성적이 92점이면 아홉 개의 '*'를 출력한다.

```
name ? Hong
score ? -1
Out of range. retry
score ? 91
Hong : *********
```

[수평 막대 그래프를 출력하는 프로그램]

1. 파리미드를 출력하는 프로그램.

```
n_floors = int(input('number of floors ? '))
for floor in range(n_floors):
    print(' '*(n_floors-floor)+'*'*(floor*2+1))
```

2. 수평 막대 그래프를 출력하는 프로그램.

```
name = input('name ? ')
while True:
    score = int(input('score ? '))
    if score >= 0 and score <= 100:
        break    # 범위 내 입력이면 반복문 탈출
    else:
        print('Out of range. retry')
print(name, ':', '*' * (score//10)) # 막대 그래프 출력
```

3.5 문자열의 메소드

문자열은 나열된 문자의 순서, 삽입, 삭제 등 그 내용을 변경할 수 없으며, 데이터 형 *str*의 객체이다. 아래는 문자열 객체를 만드는 방법을 나타낸 것이다. 문자열을 생성하는 첫 번째 방법은 앞서 소개한 것으로 단일 인용 부호와 이중 인용 부호 쌍 내에 문자를 나열하는 것이다. 두 번째 방법은 빈 문자열을 생성하는 것이며, 세 번째 방법은 첫 번째 방법과 동일하게 문자열을 생성하는 것이다. 네 번째 방법은 *b*로 시작하는 바이트 열과 *encoding* 파라미터를 이용하여 코딩 방법을 전달하는 것으로 문자 코드를 이용하여 문자열을 생성한다.

```
s = 'sequence_of_chars' 또는 "sequence_of_chars"
s = str()
s = str('sequence_of_chars')
s = str(b'bytes_sequence', encoding=coding_type)
```

문자열 객체는 표 3.2에 나타낸 메소드를 통해 다양한 기능을 제공한다. 문자열은 내용을 변경할 수 없는 데이터 형이므로 각 메소드는 문자열을 대상으로 한 처리한 결과를 반환한다. 코드 3.9는 공백으로 구분된 여러 숫자의 입력을 분석하여 합을 구하는 예를 나타낸 것이다. 코드의 2번 줄은 변수 *strs*가 저장하고 있는 입력 문자열을 이용하여 메소드 **strip**()을 이용하여 앞, 뒤 공백을 제거하고, 이 메소드가 반환한 문자열을 이용하여 **split**()을 호출하여 각 단어를 원소로 하는 리스트를 반환하며, 이 리스트를 변수 *nums*에 저장한다. 예를 들어, '12 34 56'와 같이 입력했다면 변수 nums는 리스트 ['12', '34', '56']를 저장한다. 코드 5, 6번 줄은 변수 *nums*의 각 데이터가 숫자로만 나열된 문자열(**isdigit**())이면 그것을 정수로 변환(**int**())한 후 합을 구한다.

코드 3.9: 입력한 여러 정수의 합을 계산하는 예

```
1 strs = input('공백으로 구분된 여러 개의 정수를 입력하라 : ')
2 nums = strs.strip().split()
3 total = 0
4 for v in nums:
5     if v.isdigit():
6         total = total + int(v)
7 print(total)
```

표 3.2: 문자열을 위한 기능

메소드	내용	사용예
s.**capitalize**()	첫 글자만 대문자로, 나머지는 모두 소문자로 변환한 문자열 반환	s.capitalize()
s.**center**(*width[, char]*)	문자열 *s*를 가운데 정렬한 길이 *width*의 문자열을 반환. 빈 문자에 *char*를 넣음.	s.center(20)
s.**count**(*sub*)	문자열 *s*에 문자열 *sub*가 출현한 횟수를 반환.	s.count('oo')
s.**endswith**(*suffix*)	문자열 *s*이 문자열 *suffix*로 끝나면 True, 그렇지 않으면 False를 반환.	s.endswith('ing')
s.**find**(*sub[, start[, end]]*)	문자열 *s*에 문자열 *sub*의 첫 번째 위치를 반환. 인덱스 *start*, *end*가 있으면, 그 위치에서 찾기 시작.	s.find('ing', 2)
s.**join**(*lst*)	문자열을 원소로 갖는 *lst*의 문자열을 문자열 *s*로 연결하여 반환.	s.join(['g', 'o'])
s.**strip**(*[chars]*)	문자열 *s*에서 앞,뒤의 공백 문자를 제거함. 단, *chars*가 제공되면 그 문자를 제거함.	s.strip()
s.**split**(*sep*)	문자열 *s*를 워드 단위로 분리한 문자열을 원소로 갖는 리스트를 반환. 단, 문자열 *sep*를 사용하면 그 문자열을 기분으로 문자열을 분리.	s.split()
s.**title**()	문자열 *s*의 각 단어 첫 글자를 대분자로 변환하여 반환.	s.title()
s.**lower**()	문자열 *s*의 글자를 모두 소문자로 바꾼 문자열을 반환.	s.lower()
s.**upper**()	문자열 *s*의 글자를 모두 대문자로 바꾼 문자열을 반환.	s.upper()
s.**isalnum**()	문자열 *s*에 숫자, 문자만 있으면 True, 특수 기호를 포함하고 있으면 False를 반환.	
s.**isalpha**()	문자열 *s*에 문자만 있으면 True, 그렇지 않으면 False를 반환.	
s.**isdigit**()	문자열 *s*에 0~9사이 숫자만 있으면 True, 그렇지 않으면 False를 반환.	

✓ 연습 과제

1. 콤마로 구분된 여러 개의 정수–정확히는 문자열–를 입력받아 합과 평균을 출력하는 프로그램을 작성하라.

```
integer number(s) ? 12, 34, 56
total = 102 average = 34.0
```

[코마로 구분된 정수 입력을 이용한 합과 평균 출력]

2. **input**() 함수를 이용하여 입력한 문자열을 **int**() 함수를 이용하여 정수로 변환할 때 문자열은 [+ | −]*digits* 형식을 가져야 한다. 이를 참고하여, 입력된 문자열이 정수로의 변환이 가능하면 변환하여 출력하고, 그렇지 않으면 'Wrong integer format'을 출력하는 프로그램을 작성하라. 이를 위해, 입력된 문자열의 앞, 뒤 공백을 제거하고, 문자열이 양수 또는 음수를 표현하는 '+' 또는 '-'로 시작하는 지, 그리고, 부호를 제외한 나머지는 숫자로만 구성되어 있는가를 검사해야 한다.

```
integer number ? 123-          integer number ?      -123
Wrong integer format           -123
```

[문자열이 정수 변환이 가능한가를 검사]

3. 공백으로 구분된 단어로 구성된 문자열을 입력마다 콤마(,)로 구분된 단어로 구성된 문자열로 변환하는 프로그램을 작성하라.

```
your message ? welcome to my world.
space -> welcome to my world.
comma -> welcome,to,my,world.
```

[공백으로 구분된 단어를 코마로 구분된 단어로 변환]

4. 첫 번째 입력 문자열에서 두 번째 입력 문자열이 출현하는 위치를 출력하는 프로그램을 작성하라. 단. 모든 문자열은 소문자로 변환한다. 즉, 첫 번째 문자열 내에 두 번째 문자열이 여러 번 출현할 수 있다. 예를 들어, 첫 번째 문자열 'My name is Thomas.' 내에 두 번째 문자열 'm'은 3회 출현한다. 따라서, 프로그램은 첫 번째 문자열 내 두 번째 문자열의 위치를 출력한다.

1. 콤마로 구분된 정수 입력을 이용한 합과 평균을 출력하는 프로그램.

```
input_str = input('integer number(s) ? ')
stripped_str = input_str.strip()
if len(stripped_str) > 0:
    numbers = input_str.strip().split(',')
    total = 0
    for v in numbers:
        total += int(v)
    print('total =', total, 'average =', (total / len(numbers)))
else:
    print('no data')
```

2. 입력된 문자열이 정수 변환이 가능한가를 검사하는 프로그램.

```
int_str = input('integer number ? ')
int_str = int_str.strip()
startidx = 0
if int_str.startswith('-') or int_str.startswith('+'):
    startidx = 1
if int_str[startidx:].isdigit():
    print(int(int_str))
else:
    print('Wrong integer format')
```

3. 공백으로 구분된 단어를 콤마(,)로 구분된 단어로 구성된 문자열로 변환하는 프로그램.

```
msg_str = input('your message ? ')
cs_str = ','.join(msg_str.strip().split())
print('space ->', msg_str)
print('comma ->', cs_str)
```

3.6 포맷 문자열

포맷 문자열(format string)은 변수, 함수의 반환값, 식 등 연산의 결과 값으로 대체되는 요소(필드, field)를 포함하고 있는 문자열로서 데이터가 표현되는 형식을 정할 수 있다. 즉, 포맷 문자열은 데이터 값을 표현하기 위한 양식(format)이라고 할 수 있다. 포맷 문자열은 아래와 같이 문자 *f* 또는 *F* 다음에 형식 지정을 위한 문자열이 이어진다는 점에서 보통의 문자열과 차이가 있다. 포맷 문자열 내 한 쌍의 중괄호 {, }는 그 위치에 값으로 대체되는 요소를 나타내는 것으로 {*expr*}은 식 *expr*의 연산 결과가 그 위치에 대체됨을 의미한다.

f'... {*expr*}...' 또는 **f**"... {*expr*}..."

코드 3.10은 포맷 문자열을 사용한 예를 나타낸 것이다. 코드의 3번과 4번 줄은 동일한 문자열이지만 3번 줄은 포맷 문자열이다. 따라서, 5번 줄의 명령문이 출력한 내용은 포맷 문자열 내에 있는 {*total*}, {*n*}, {*total/n*}이 각각 변수의 값 또는 연산 결과 값으로 대체되어 있다. 반면 6번 줄의 명령문은 값을 대체하는 등이 없이 문자열을 출력하였다.

코드 3.10: 기본적인 포맷 문자열 사용 예

```
1 total = 128
2 n = 5
3 fstr = f'Total = {total}, N = {n}, Average = {total/ n}'
4 nstr = 'Total = {total}, N = {n}, Average = {total/ n}'
5 print(fstr)          #포맷 문자열을 출력
6 print(nstr)          #일반 문자열을 출력력
```

포맷 문자열 내 {*expr*}은 *expr*의 값을 그 위치에 표현하는 것과 더불어 아래와 같이 *expr*을 표현하는 다양한 형식을 정할 수 있다. 식 *expr* 다음에 심볼 '='를 붙인 것은 식 그 자체와 함께 값을 표현할 수 있다. 식 *expr*을 심볼 ':' 및 *format_spec*과 함께 사용한 것은 수를 표현할 때 부호, 자리 수, 진법 등을 표현할 수 있다. 표 3.3은 *format_spec*의 *align*과 *sign*에서 사용할 수 있는 선택 사항과 그 의미를 나타내고 있다. 선택 사항 *align*은 식 *expr*의 값을 표현할 때 글자 단위의 넓이 *width*를 지정할 수 있는데 *expr*의 값을 표현한 글자의 수가 넓이 *width*로 지정된 글자 수보다 적을 경우에 정렬 방법을 지정하는 것이다. 선택 사항 *sign*은 양수를 표현할 때 수 앞에 양수 부호 '+' 표시 여부를 결정할 수 있다. 물론, 음수 표현은 기본적으로 수 앞에 음수

부호 '-'를 붙인다. 정수 값을 표현할 때 *type*을 이용하여 표현할 진법을 선택할 수 있으며, 선택 사항 #은 정수를 표현할 때 사용한 진법에 따라 *0b*, *0o*, *0x*를 수 표현 앞에 붙이도록 한다. 선택 사항 *type*은 *d*, *b*, *o*, *x*을 사용할 수 있으며, 이것은 각각 십진수, 이진수, 팔진수, 십육진수를 의미한다. 선택 사항 0은 *width*로 지정한 글자 수보다 *expr*의 값을 표현하는 글자 수가 적을 경우 공백대신 0으로 채우고자 할 경우에 사용되며, *.precision*은 실수를 표현할 때 소수 점을 포함하여 소수 점 이하 값을 표현할 자리 수를 지정할 수 있다[2].

{*expr*[=][:*format_spec*]}
format_spec = [align][sign][#][0][width][.precision][type]

표 3.3: *format_spec*의 내용

align		*sign*	
<	출력할 내용을 왼쪽으로 정렬	+	양수와 음수 모두 부호 표시
>	출력할 내용을 오른쪽으로 정렬	-	음수만 부호 표시
^	출력할 내용을 가운데 정렬		

코드 3.11은 포맷 문자열을 이용한 예를 나타낸 것이다. 코드의 3번 줄의 {*n + 4 =* }은 식의 결과와 식 자체를 함께 표현한다. 코드 5번 줄의 {*n:<+#5x*}은 변수 *n*에 저장된 값을 왼쪽 정렬하여 다섯 자리 십육진수로 표현하며, 수 앞에 '0x'를 붙이고, 양수를 표현하는 심볼 +도 표시하도록 한다. 코드 6번 줄의 {*pi:08.3*}은 변수 *pi*의 값을 소수 점과 소수 점이하 두 자리를 포함하여 총 여덟 개의 문자로 표현하며, 남은 자리는 모두 0으로 채우도록 한다. 이때, 수의 표현은 오른쪽 정렬을 기본으로 하고 있으므로 이 포맷 문자열은 왼쪽에 0을 채운다.

코드 3.11: 포맷 문자열을 이용한 간단한 예

```
1 n = 15
2 pi = 3.14159265359
3 print(f'{n + 4}, {n + 4 = } ')
4 print('12345678901234567890')
5 print(f'|{n:<+#5x}|{" "*2}|{n:^08b}|')
6 print(f'|{pi:<+8.3}|{pi:08.3}|')
```

[2]*format_spec*에 대한 더 자세한 내용을 파이썬 참조 설명서를 참고하라.

✓ 연습 과제

1. 두 학생의 이름과 성적을 입력하고, 성적을 이용하여 수평 막대 그래프를 출력하는 프로그램을 작성하라. 단, 성적은 0점과 100점 범위 내에 있다고 가정하며, 수평 막대 그래프는 10점당 문자 '*' 한 개를 표시한다. 학생의 이름은 최대 열 글자 이내라고 가정하며, 열 글자 내 오른쪽 정렬이 되도록 표시한다.

```
student0 name ?Hong
student0 score ? 77
student1 name ?Joseph
student1 score ? 93
      Hong : *******(77)
    Joseph : *********(93)
```

[포맷 문자열을 이용한 수평 막대 그래프]

2. 입력된 반지름을 이용하여 계산한 원의 넓이를 소수점 이하 두 자리까지만 출력하는 프로그램을 작성하라.

```
radius ? 1.379
area = 5.97
```

[원의 넓이를 계산하고, 소수점 두 자리만 출력]

3. 사용자가 입력한 층수(정수)의 피라미드를 포맷 문자열을 이용하여 출력하는 프로그램을 작성하라.

```
number of floors ? 3
   *
  ***
 *****
```

[피라미드를 출력하는 프로그램]

4. 0부터 15사이의 정수 중 비트-0, 비트-1, 비트-2, 비트-3의 값이 각각 1인 정수를 출력하는 프로그램을 작성하라. 단, 정수는 각각 두 자리를 차지하도록 출력하라.

```
bit 0 :  1  3  5  7  9 11 13 15
bit 1 :  2  3  6  7 10 11 14 15
bit 2 :  4  5  6  7 12 13 14 15
bit 3 :  8  9 10 11 12 13 14 15
```

[포맷에 맞게 비트-i의 값이 1인 정수 출력]

---

1. 두 학생의 성적을 포맷 문자열을 이용하여 출력하는 프로그램.

```python
id0_name = input('student0 name ?')
id0_score = int(input('student0 score ? '))
id1_name = input('student1 name ?')
id1_score = int(input('student1 score ? '))
print(f'{id0_name:>10s} : {"*"*(id0_score//10)}({id0_score})')
print(f'{id1_name:>10s} : {"*"*(id1_score//10)}({id1_score})')
```

2. 반지름을 이용하여 계산한 원의 넓이를 소수점 두 자리까지만 출력하는 프로그램.

```python
radius = float(input('radius ? '))
pi = 3.141592653589
area = radius ** 2 * pi
print(f'area = {area:.2f}')
```

3. 포맷 문자열을 이용한 피라미트 출력 프로그램.

```python
nof_floors = int(input('numbers of floors ? '))
width_pyramid = nof_floors * 2 -1
for floor in range(nof_floors):
    print(f'{"*" * (floor * 2 + 1):^{width_pyramid}}')
```

4. 포맷에 맞게 비트-i의 값이 1인 정수를 출력하는 프로그램.

```
for bitn in range(0,4):
    mask = 0b1 << bitn
    print('bit', bitn, end='␣:␣')
    for n in range(0,16):
        if n & mask != 0:
            print(f'{n:2}', end='␣')  #포맷 문자열 사용
    print()
```

4

데이터 저장: 리스트, 튜플, 딕셔너리

4.1 리스트

파이썬은 다수의 데이터를 순차 나열하여 하나의 변수에 저장하고, 사용할 수 있도록 제공하고 있는데 이를 순차 나열(sequences)이라고 한다. 순차 나열의 특징은 저장되는 순서에 따라 인덱스(index)를 이용하여 각 데이터에 접근할 수 있다. 순차 나열에 저장된 데이터로의 접근을 위한 인덱스가 0부터 시작하므로 n개의 데이터를 저장하고 있는 순차 나열의 인덱스 범위는 *0*부터 $(n\text{-}1)$까지 이다. 파이썬에서 제공하는 순차 나열로 리스트(list)가 있다.

아래는 리스트를 만드는 방법을 나타낸 것이다. 리스트는 *value1*, *value2* 등과 같이 콤마(,)로 구분된 여러 개의 데이터를 저장할 수 있으며, 저장되는 데이터의 종류가 같을 필요가 없다. 즉, 리스트는 한 종류 이상의 데이터를 저장할 수 있다. 또, *value1* 등의 모든 값을 생략하면 빈 리스트를 만들 수 있다. 따라서, 리스트는 저장하고 있는 데이터가 없는 빈 리스트이거나 한 개 이상의 다양한 종류의 데이터를 저장할 수 있다. 리스트에 저장되어 있는 데이터를 원소(element)라고 하지만 이 책에서는 원소와 데이터를 구분하지 않고 사용한다.

$variable = [\ value1,\ value2,\ \cdots]$

리스트에 저장되어 있는 각 데이터의 값을 사용하거나 다른 값으로 변경하기 위해서는 아래와 같은 형식으로 인덱스를 사용한다. 아래의 형식이 변수에 값을 저장하는 배정 연산자 =의 왼쪽에 있으면 *index*로 색인된 리스트 데이터의 값을 다른 값으로 변경을 하는 것이며, 오른쪽에 있으면 그 데이터의 값을 사용하는 것이다.

$variable[index]$

코드 4.1은 리스트를 사용한 간단한 예이다. 코드의 1번 줄은 정수, 문자열 등 다섯 개의 데이터를 원소로 갖는 리스트를 만들어 변수 *data*에 저장하는 것이다. 앞서 기술한 바와 같이 리스트는 정수, 문자열, 실수, 논리값, 리스트 등 서로 다른 종류의 데이터를 저장할 수 있다. 코드의 2번 줄은 변수 *data*에 저장되어 있는 값 즉, 리스트를 출력한 것이며, 3번 줄은 변수 *data*에 저장된 리스트의 세번째 데이터 즉, 인덱스가 2인 원소에 실수 2.718을 저장하는 것이다. 즉, 코드의 3번 줄과 같이 배정 연산자(=)의 왼쪽에 리스트를 저장하고 있는 변수와 인덱스가 있는 명령문은 인덱스로 지정된 리스트의 원소에 값을 저장하는 것이다. 반면, 배정 연산자(=)의 오른쪽에 리스트를 저장하고 있는 변수와 인덱스가 있는 명령문이거나, 리스트 변수(또는 인덱스와 함께)가 단독으로 나오는 명령문은 리스트에 저장되어 있는 원소의 값을

사용하는 것이다. 코드의 4번 줄의 배정 연산자의 오른쪽에 있는 *data[0]*은 리스트의 첫 번째 데이터 값을 사용하는 것이며, 왼쪽에 있는 것은 배정 연산자의 오른쪽에 있는 식을 계산 결과를 리스트의 첫 번째 원소에 저장하는 것이다. 즉, *data[0]*과 같이 같은 변수와 같은 인덱스를 사용하더라도 이것이 있는 위치에 따라 그 사용 목적이 다르다. 코드의 5번 줄은 인덱스를 이용하여 변수 *data*에 저장되어 있는 리스트의 첫 번째부터 네 번째 데이터를 출력하는 것이다. 이 리스트에 저장된 다섯 번째 데이터는 리스트 *['hello', 'hi', 'nice']*이므로, 코드의 7번 줄은 변수 *data*에 저장되어 있는 리스트의 인덱스가 4인 원소인 리스트의 인덱스가 1인 원소를 출력하는 것이다. 이처럼 리스트에 저장된 데이터가 리스트이면, 그 리스트에 저장된 데이터에 접근하는 것도 동일한 방법 즉, 인덱스를 이용한다.

코드 4.1의 8번과 9번 줄은 빈 리스트를 만들어 각각 변수에 저장하는 것이며, 빈 리스트를 만들 때 두 방법 중 하나를 사용하면 된다. 빈 리스트는 원소를 저장하지 않은 리스트이지만, 뒤에서 기술하는 기능을 이용하여 새로운 데이터를 삽입, 추가할 수 있다. 코드의 11번 줄에서 사용한 함수 **len()**은 리스트가 저장하고 있는 데이터 수를 반환하는 기능을 갖고 있다. 원소를 저장하고 있지 않은 빈 리스트를 대상으로 이 함수를 사용하면 저장 원소의 수는 0이다. 반면, 변수 *data*에 저장되어 있는 리스트를 대상으로 이 함수를 사용하면 이 함수가 반환하는 값은 5이다. 이것은 이 변수에 저장된 리스트의 마지막 원소가 세 개의 문자열을 원소로 갖는 리스트이므로, 이 리스트가 저장하고 있는 원소는 다섯 개이다.

코드 4.1: 리스트 사용의 간단한 예

```
1  data = [1, 'hello', 3.14, True, ['hello', 'hi', 'nice']]
2  print(data)
3  data[2] = 2.718
4  data[0] = data[0] + 1
5  print(data[0], data[1], data[2], data[3])
6  print(data[4])
7  print(data[4][1])
8  data2 = []
9  data3 = list()
10 print(data2, data3)
11 print(len(data), len(data2))
```

✓ 연습 과제

1. 국어, 영어, 컴퓨터 교과목의 학점이 각각 3, 2, 2이고, 각 교과목에서 취득한 성적이 각각 4.5, 3.5, 4.0이라고 하자. 교과목의 학점과 성적은 각각 *credits*, *points*라는 이름의 리스트에 저장되어 있다. n개의 교과목 중 어떤 교과목 i의 학점을 $credits_i$라 하고, 그 과목에서 취득한 성적을 $point_i$라고 할 때 평균 평점은 다음과 같이 계산된다(이 내용은 1.2 절의 연습 과제에 있는 내용이다.). 이때, i를 리스트의 인덱스로 생각을 하고, 전체 평균 평점을 소수점 두 자리까지만 출력하는 프로그램을 작성하라.

$$average = \frac{\sum_{i=1}^{n} cridits_i \times point_i}{\sum_{i=1}^{n} credits_i}$$

2. 리스트에 저장된 문자열을 공백 문자로 연결하여 출력하는 프로그램을 작성하라. 예를 들어, 리스트의 내용이 [‘리스트에’, ‘있는’, ‘문자열을’, ‘공백으로’, ‘연결하라’]일 때, 이 문자열을 공백 문자로 묶으면 그 결과는 ‘리스트에 있는 문자열을 공백으로 연결하라’가 된다.

3. 리스트 [5, 12, 8]에 저장된 원소의 값 중 가장 큰 값과 그 값을 위한 인덱스를 찾는 프로그램을 작성하라.

4. 리스트 [5, 12, 8]에 저장된 원소의 값 중 인데스 0과 인덱스 1에 저장되어 있는 값을 서로 교환하는 프로그램을 작성하라. 즉, 프로그램을 실행한 후 리스트는 [12, 5, 8]이 되어야 한다.

5. 정수 데이터를 여러 개 저장하고 있는 리스트를 생성하고, 이 리스트에 저장된 정수 중 홀수의 개수를 출력하는 프로그램을 작성하라.

1. 평균 평점을 출력하는 프로그램.

```
credits = [3, 2, 2]
points = [4.5, 3.5, 4.0]
grade_point = credits[0] * points[0]
grade_point += credits[1] * points[1]
grade_point += credits[2] * points[2]
grade_point_average = grade_point / \
    (credits[0] + credits[1] + credits[2])
print(f'GPA␣=␣{grade_point_average:.2f}')
```

2. 리스트의 문자열을 공백으로 연결하여 출력하는 프로그램.

```
str_list = ['리스트에', '있는','문자열을', '공백으로', '연결하라']
print('␣'.join(str_list))
```

3. 리스트가 저장한 값 중 가장 큰 값을 찾아 출력하는 프로그램.

```
data = [5, 12, 8]
maxIdx = 0
if data[maxIdx] < data[1]:
    maxIdx = 1
if data[maxIdx] < data[2]:
    maxIdx = 2
print(f'Index␣for␣max␣value␣{data[maxIdx]}␣is␣{maxIdx}')
```

4. 리스트에 저장된 두 원소의 값을 교환하는 프로그램.

```
data = [5, 12, 8]
tmp = data[0]
data[0] = data[1]
data[1] = tmp
print(data)
```

4.2 리스트와 반복문

리스트와 같은 순차 나열에 다수의 데이터를 저장하고, 사용하는 이유 중의 하나는 반복문을 이용하여 처리가 가능하기 때문이다. 예를 들어, 다수의 데이터 중 가장 큰 값을 찾거나 합을 구하는 등과 같은 처리를 할 경우에 각 데이터가 서로 다른 변수에 각각 저장되어 있다면 반복문을 이용할 수 없다. 하지만, 이들 데이터가 리스트에 저장되어 있으면 인덱스를 이용하여 각 데이터에 접근할 수 있으므로 반복문을 이용한 인덱스의 변경은 리스트에 저장되어 있는 데이터에 대한 접근 및 처리를 가능하게 한다. 코드 4.2는 반복문을 이용하여 리스트에 저장된 데이터 처리의 예이다. 코드의 1번 줄은 다섯 개의 정수 값을 원소로 하는 리스트를 변수 *lst*에 저장하고 있다. 코드의 3번 줄에서 사용한 함수 **len()**는 리스트가 저장하고 있는 원소의 수를 반환하므로, 이 경우 변수 *lst*에 저장된 리스트에는 다섯 개의 데이터가 저장되어 있으므로 이 함수가 반환하는 값은 5이다. 따라서, 3번 줄의 **for** 문은 변수 *idx*에 0, 1, 2, 3, 4을 순서대로 대입하고, 이 변수에 대입되는 각 값을 이용하여 블록을 실행한다. 반복 실행의 대상이 되는 4번 줄은 변수 *idx*에 대입되어 있는 값을 인덱스로 하여 리스트의 원소 값을 이용하여 합을 구하고 있다.

코드 4.2: 리스트의 길이를 이용한 반복문의 예

```
1 lst = [2, 4, 6, 8, 10]
2 total = 0
3 for idx in range(len(lst)):
4     total = total + lst[idx]
5 print('Total in list : ', total)
```

리스트에 저장된 데이터 처리를 위해 반복문을 사용하는 것은 리스트에 저장된 데이터의 수에 상관없이 각 데이터에 대한 동일한 처리가 필요한 경우에 효과적으로 사용할 수 있다. 즉, 코드 4.2의 1번 줄에 변수 *lst*에 저장하는 리스트에 임의의 개수의 데이터가 저장되어 있어도 이 프로그램은 리스트에 저장된 데이터의 합을 계산하고, 출력할 수 있다.

코드 4.2는 변수 *idx*에 대입되는 값을 인덱스로 사용하여 리스트의 각 데이터를 사용하고 있지만, 리스트에 저장된 데이터를 위한 반복문 사용의 다른 방법이 있다. 다음은 인덱스를 사용하지 않고 반복문에서 리스트에 저장된 데이터를 사용하는 방법을 나타낸 것이다. 이 반복문은 리스트 *lst*에 저장되어 있는 데이터를 순서대로 한번에 한 개씩 변수 *item*에 대입을 한 후 반복 실행하는 블록을 실행한다. 즉, 리스트 *lst*에 저장되어 있는 첫번 째 데이터를 변수 *item*

에 대입한 후 블록을 실행하고, 블록 실행이 완료되면 두번째 데이터를 변수 *item*에 대입한 후 다시 블록을 실행하는 과정을 리스트 *lst*에 저장되어 있는 모든 데이터에 대해 반복 한다. 예약어 **else** 블록은 반복 실행이 완료된 후 한번 실행되며, 보통은 생략한다.

```
for item in lst:
    block           # 반복 실행할 블록
else :
    else_block      # 반복 실행 완료 후 실행되는 블록
```

코드 4.3은 변수 *data*에 저장된 리스트의 첫번째 데이터부터 순서대로 한번에 한 개씩 변수 *datum*에 대입하여 반복 실행하는 예이다. 코드의 1번 줄은 0부터 99까지의 정수를 원소로 갖는 리스트를 변수 *data*에 대입하는 것이다. 코드의 4번 줄은 변수 *data*에 저장되어 있는 리스트의 데이터를 순서대로, 한번에 한 개씩 변수 *datum*에 대입하여 5번 줄부터 10줄 까지의 블록을 반복 수행한다. 반복 수행되는 블록은 변수 *datum*에 저장되어 있는 값이 짝수 또는 홀수인지를 검사하고, 그 결과에 따라 짝수의 합과 홀수의 합을 각각 계산하고 있다. 또, 이 프로그램은 각각의 평균을 계산하기 위해 코드의 7번, 10번 줄에서 짝수와 홀수의 개수를 각각 세고 있으며, 반복 수행의 완료된 후 짝수의 합과 평균, 홀수의 합과 평균을 각각 출력한다.

코드 4.3: 리스트에 저장된 데이터를 이용한 반복문의 예

```
1  data = list(range(100))
2  o_total, o_count = 0, 0
3  e_total, e_count = 0, 0
4  for datum in data:
5      if datum %2 == 0:
6          e_total = e_total + datum
7          e_count = e_count + 1
8      else:
9          o_total = o_total + datum
10         o_count = o_count + 1
11 print('Even Total & Average : ', e_total, e_total / e_count)
12 print('Odd Total & Average : ', o_total, o_total / o_count)
```

✓ 연습 과제

1. 국어, 영어, 컴퓨터 교과목의 학점이 각각 3, 2, 2이고, 각 교과목에서 취득한 성적이 각각 4.5, 3.5, 4.0이라고 하자. 교과목의 학점과 성적은 각각 *credits*, *points*라는 이름의 리스트에 저장되어 있다. 반복문을 이용하여 리스트에 저장되어 있는 데이터를 이용한 전체 평균 평점을 소수점 두 자리까지만 출력하는 프로그램을 작성하라.

2. 리스트 [9, 15, 4, 5, 3, 13, 7, 8, 18, 11]에 저장되어 있는 값 중 홀수의 개수를 출력하는 프로그램을 작성하라.

3. 리스트 [9, 15, 4, 5, 3, 13, 7, 8, 18, 11]에 저장되어 있는 값 중 가장 큰 값과 그 값의 인덱스를 출력하는 프로그램을 작성하라.

4. 리스트 [9, 15, 4, 5, 3, 13, 7, 8, 18, 11]에 저장되어 있는 값 중 가장 큰 값과 리스트 첫 번째 원소를 서로 교환하는 프로그램을 작성하라. 앞에서 이 리스트에서 가장 큰 값은 18이고, 그 인덱스가 8이므로, 인덱스 0의 원소와 인덱스 8의 원소를 교환하면 된다. 그 결과는 [18, 15, 4, 5, 3, 13, 7, 8, 9, 11]이 된다.

1. 평균 평점을 출력하는 프로그램.

```
credits = [3, 2, 2]
points = [4.5, 3.5, 4.0]
grade_point = 0
total_credits = 0
for i in range(len(credits)):
    grade_point += credits[i] * points[i]
for c in credits:
    total_credits += c
grade_point_average = grade_point / total_credits
print(f"GPA = {grade_point_average:.2f}")
```

2. 리스트에 저장된 원소 값 중 홀수의 개수를 출력하는 프로그램.

```
data = [9, 15, 4, 5, 3, 13, 7, 8, 18, 11]
odd_count = 0
for v in data:
    if v & 0x1 == 1:
        odd_count += 1
print(f'the number of odd : {odd_count}')
```

3. 리스트에 저장된 원소 값 중 가장 큰 값과 그 값의 인덱스를 출력하는 프로그램.

```
data = [9, 15, 4, 5, 3, 13, 7, 8, 18, 11]
maxIdx = 0
for idx in range(len(data)):
    if data[idx] > data[maxIdx]:
        maxIdx = idx
print(f'Index for max value {data[maxIdx]} is {maxIdx}')
```

4.3 인덱스 범위 사용

인덱스는 리스트에 저장되어 있는 한 개의 데이터에 접근할 수 있지만, 인덱스 범위는 리스트의 일부 데이터로 구성된 부분 리스트 형식으로 사용할 수 있다. 인덱스 범위는 아래와 같이 콜론 심볼(:)로 구분된 세 개의 정수 값으로 구성된다. 인덱스 *begin_idx*는 인덱스 범위의 시작 인덱스이며, 생략하면 0이된다. 그리고, *end_idx*는 끝 인덱스보다 1이 큰 인덱스 값이며, 생략하면 마지막 원소의 인덱스보다 1이 큰 값이 된다. 그리고, *increment_idx*는 시작 인덱스에서 계산되는 증분 값을 의미하며, 생략하면 기본 값으로 1이 된다. 예를 들어 *lst[a:b]*로 사용하면 인덱스 범위는 [*a*, *b*) 즉, 인덱스 *a*부터 *b*를 포함하지 않은 *b-1*까지 이다. 즉, 변수 *lst*에 저장되어 있는 리스트에서 인덱스가 *a*인 데이터부터 인덱스가 *(b-1)*인 데이터까지의 부분 리스트이며, 이 방법으로 리스트 접근하는 것을 슬라이싱(*slicing*)이라고 한다.

---

variable[begin_idx : end_idx : increment_idx]

코드 4.4는 리스트에서 인덱스 범위를 사용한 예를 나타낸 것이다. 코드의 2번 줄에서 사용한 인덱스 범위 *[1:4:1]*은 인덱스 1부터 1씩 증가하면서 4보다 작은 인덱스까지의 범위 즉, $1 \sim 3$를 표현하고 있다. 따라서, 이 명령문은 변수 *data*에 저장되어 있는 리스트의 두 번째 데이터부터 네 번째 데이터의 부분 리스트를 출력한다. 코드 4번 줄에서 사용한 인덱스 범위 *[1:4]*는 인덱스 증분 값이 생략되어 있으므로 기본값인 1이 사용되어 *[1:4:1]*과 동일한 의미를 갖는다.

코드 4.4: 인덱스 범위의 사용 예

```
1  data = ['good', 'morning', 'hello', 'welcome']
2  print(data[1:4:1])
3  print(data, data[::])
4  print(data[1:4], data[1:4][0])
5  print(data[:4])
6  print(data[1:])
7  print(data[::2])
8  print(data[::-1])
9  data[1:3] = ['bye']
10 print(data)
```

앞에서 소개한 것과 같이 *data*[1:4]는 변수 *data*에 저장되어 있는 리스트의 부분 리스트이므로, 이 부분 리스트에 포함되어 있는 각 데이터에 대한 접근도 인덱스를 이용하여 가능하다. 코드의 4번 줄에 있는 *data*[1:4][0]은 변수 *data*에 저장되어 있는 리스트의 두 번째 데이터부터 네 번째 데이터까지의 부분 리스트의 원소 중 인덱스가 0 즉, 첫 번째 데이터를 의미한다. 코드의 8번 줄은 변수 *data*에 저장되어 있는 리스트의 데이터를 역순으로 한 부분 리스트를 의미한다. 또, 9번 줄은 리스트의 첫 번째와 두 번째 데이터의 부분 리스트의 값을 *['bye']*로 변경하는 것이다.

코드 4.5는 역순 리스트 범위 즉, 인덱스 증분값이 음수인 부분 리스트에 대한 예를 나타낸 것이다. 코드의 2번 줄은 변수 *numbers*에 저장되어 있는 리스트의 네 번째부터 두 번째 데이터의 부분 리스트의 값을 *[11, 12, 13]* 으로 대체하는 것을 나타내고 있다. 이 명령문은 할당 연산자 =의 왼쪽 항인 역순 리스트 범위의 데이터 값을 변경하는 것이므로, 리스트의 네 번째 데이터는 11, 세 번째 데이터는 12, 두 번째 데이터는 13으로 변경한다[1]. 코드 4번 줄에 있는 반복문은 변수 *numbers*에 저장된 리스트의 데이터를 역순으로 한 부분 리스트에서 데이터를 순서대로 한번에 한 개씩 변수 *n*에 할당하여 블록을 실행하는 것이므로 변수 *numbers*에 저장된 리스트의 데이터를 역순으로 출력한다. 코드의 7번 줄의 *[2:2:-1]*은 인덱스 2부터 시작하여 역순으로 인덱스 2를 포함하지 않는 인덱스 범위를 의미하므로 이 범위에 해당하는 부분 리스트는 존재하지 않으므로 빈 리스트이다. 반면 8번 줄의 *[2:1:-1]*은 인덱스 2부터 시작하여 역순으로 인덱스 1를 포함하지 않는 인덱스 범위를 의미하므로 이 범위에 해당하는 부분 리스트는 인덱스 2의 데이터만 포함하는 부분 리스트이다.

코드 4.5: 역순 리스트 범위의 예

```
1 numbers = list(range(1,11))
2 numbers[3:0:-1] = [11, 12, 13]
3 print(numbers)
4 for n in numbers[::-1]:
5     print(n, end=' ')
6 print()
7 print(numbers[2:2:-1])
8 print(numbers[2:1:-1])
```

[1]이와 같이 역순 리스트 인덱스 범위를 이용하여 리스트 내 일부 데이터의 값을 변경할 때 파이썬 3.10 버전 기준으로 부분 리스트의 길이와 새로운 리스트 즉, 할당 연산자 오른쪽 항의 리스트 길이는 동일해야 한다.

✓ 연습 과제

1. 0부터 9까지의 값을 원소로 갖는 리스트를 생성하고, 이 리스트에 저장된 순서와 반대로 출력하는 프로그램을 작성하라.

2. 광고 전광판에 리스트 ['Hi!', 'Welcome', 'To', 'This', 'Place']에 저장되어 있는 내용을 순서대로 아래와 같이 출력하는 프로그램을 작성하라.

```
Hi!
Hi! Welcome
Hi! Welcome To
Hi! Welcome To This
Hi! Welcome To This Place
```

[전광판에 순서대로 광고 메시지 표시]

3. 앞서 리스트 [9, 15, 4, 5, 3, 13, 7, 8, 18, 11]에 저장되어 있는 값 중 가장 큰 값과 리스트 첫 번째 원소를 서로 교환하는 프로그램을 작성하여, 그 결과가 [18, 15, 4, 5, 3, 13, 7, 8, 9, 11]이 되었다. 이번에는 이 리스트의 두 번째 원소부터 시작하여 가장 큰 값을 찾고 (첫 번째 원소는 제외) 그 원소를 두 번째 원소와 교환하라. 그 결과는 [18, 15, 4, 5, 3, 13, 7, 8, 9, 11]이 된다. 이러한 과정은 세 번째, 네 번째, ⋯, 아홉 번째 원소까지 반복 수행하는 프로그램을 작성하라. 이 프로그램의 최종 출력 결과는 [18, 15, 13, 11, 9, 8, 7, 5, 4, 3]이다.

4. 인덱스 범위를 이용하여 리스트에 저장된 데이터를 값의 크기 순으로 나열하는 방법보다 간단한 방법을 찾아 프로그램을 작성하라. 이때 아래의 단계를 프로그램으로 작성하면 된다.

---

for $0 \le i < n$:
    for $i \le j < n$:
        인덱스 i의 원소보다 큰 값의 인덱스 maxj 찾기
    인덱스 i와 maxj의 원소 값 교환

---

1. 리스트에 저장된 순서와 반대로 원소를 출력하는 프로그램.

```python
data_lst = list(range(10))
print(data_lst)
print(data_lst[::-1])
```

2. 광고판에 순서대로 광고 메시지를 표시하는 프로그램.

```python
import time # 실행을 지연히기 위해 필요한 함수의 모듈. 뒤에서 설명
signage_msg = ['Hi!', 'Welcome', 'To', 'This', 'Place']
for i in range(1, len(signage_msg)+1):
    print(' '.join(signage_msg[:i]))
    time.sleep(0.5) # 실행을 0.5초 동안 지연시킴.
```

3. 리스트의 가장 큰 값을 찾아 첫 번째 원소와 교환하며, 리스트의 범위를 줄여 이 과정을 반복하는 프로그램.

```python
lst = [9, 15, 4, 5, 3, 13, 7, 8, 18, 11]
for i in range(len(lst)-1):
    tmplst = lst[i:]
    maxIdx = 0
    for j in range(len(tmplst)):
        if tmplst[maxIdx] < tmplst[j]:
            maxIdx = j
    tmp = tmplst[0]
    tmplst[0] = tmplst[maxIdx]
    tmplst[maxIdx] = tmp
    lst[i:] = tmplst
print(lst)
```

4.4 리스트를 위한 기능

복수 개의 데이터를 저장하고 있는 리스트는 저장하고 있는 데이터를 위한 다양한 기능을 가지고 있다. 파이썬에서 리스트는 객체이고, 이 객체가 제공하는 기능은 메소드이다[2]. 객체가 제공하는 기능을 이용하는 것은 아래와 같이 객체를 이용하여 메소드를 호출하는 것이다. 즉, 리스트 또는 리스트를 저장하고 있는 변수에 이어서 점(.) 그리고, 사용할 메소드를 사용하는 것이다.

lst.**method**(parameter)

표 4.1: 리스트를 위한 기능

메소드	내용	사용예
lst.**append**(ele)	새 데이터 *ele*를 리스트에 추가	lst.append('good')
lst.**extend**(list)	리스트 *list*를 리스트 끝에 붙여 확장	lst.extend([1, 2, 3])
lst.**insert**(idx, ele)	인덱스 idx 위치에 데이터 ele 삽입	lst.insert(1, 'morning')
lst.**remove**(ele)	리스트에서 첫번째 ele 삭제	lst.remove(1)
lst.**clear**()	리스트의 모든 데이터 제거	lst.clear()
lst.**pop**(*[idx]*)	마지막 또는 인덱스 idx의 데이터를 리스트에서 제거하고, 반환	lst.pop()
lst.**count**(ele)	리스트에 데이터 *ele*의 개수	lst.count(1)
lst.**reverse**()	데이터의 저장 순서를 역순으로 변경	lst.reverse()
lst.**copy**()	리스트이 복사본을 반환	lst.copy()
lst.**index**(ele*[,[s, e]]*)	리스트 내 데이터 ele의 인덱스를 반환. *s*와 *e*는 인덱스 범위와 동일하게 동작하며 생략 가능.	lst.index('good',2)
lst.**sort**()	리스트 내 데이터를 크기 순으로 정렬	lst.sort()
lst.**sort**(key=None)	정렬 기준 값을 반환하는 함수 지정	lst.sort(key=getkey)
lst.**sort**(reverse=False)	데이터의 크기 역순으로 정렬	lst.sort(reverse=True)

표 4.1은 리스트 객체가 제공하는 기능 즉, 메소드를 나타낸 것이며, *lst*는 리스트 또는 리스트를 저장하고 있는 변수를 의미하고, 굵은 글씨는 메소드 이름이다. 코드 4.6은 리스트의 메소드를 이용하여 다양한 처리를 수행하는 예이다. 코드의 5번 줄의 명령문은 **append()** 메

[2]객체와 메소드에 대한 구체적인 내용은 6장에서 소개한다.

소드를 이용하여 변수 *lst*에 저장되어 있는 리스트에 새로운 데이터 'm5'를 추가하는 것이며, 6번 줄에서 사용한 **extend()** 메소드는 파라미터에 해당하는 리스트의 데이터를 변수 *lst*에 저장된 리스트에 붙여 리스트의 길이를 늘리는 것이다. 이 두 메소드는 각각 새로운 데이터를 추가한다는 점과 리스트 확장한다는 점에서 다소 차이가 있다.

코드의 7번 줄의 명령문은 변수 *lst*가 저장하고 있는 리스트를 변수 *lst2*에 저장하는 것으로 이 두 변수는 동일한 리스트 객체를 저장한다[3]. 반면 코드의 8번 줄은 변수 lst에 저장되어 있는 리스트의 내용을 복사한 새로운 리스트 객체를 저장하는 것이므로, 변수 lst와 lst3가 저장하고 있는 리스트 객체는 서로 다르다. 이것은 *lst*에 저장된 리스트의 데이터를 역순으로 바꾸는 줄의 명령문 실행을 한 후 변수 *lst2*와 *lst3*의 값을 출력하는 10번 줄의 출력 결과를 통해 확인할 수 있다. 코드의 11번 줄은 리스트에 저장된 데이터를 크기 순으로 정렬하는 것이다. 정렬을 할 때 값의 크기를 판단하는 기준 값으로 키(key)라고 하며, 정렬을 위한 기본 키는 수 또는 문자의 코드 값을 사용한다. 만약, 정렬을 위하 키를 다르게 사용하고자 하면 12번 줄과 같이 **sort()** 메소드를 호출할 때 키를 결정하는 함수를 *key* 파라미터로 전달하면 된다. 함수에 대한 내용은 5.1절에서 기술한다.

코드 4.6: 리스트의 메소드를 이용한 예

```
1  def keyvalue(d):
2      return d[1]
3  lst = ['s1', 'r2', 'a3', 'c4']
4  lst.append('m5')
5  lst.extend(['e6', 'd7'])
6  print('lst 1 : ', lst)
7  lst2 = lst
8  lst3 = lst.copy()
9  lst.reverse()
10 print('lst 2 : ', lst2, 'lst 3 : ', lst3)
11 lst.sort()
12 lst3.sort(key=keyvalue)
13 print('lst 2 : ', lst2, 'lst 3 : ', lst3)
```

[3]사실 변수는 리스트 객체를 저장하는 것이 아니라 리스트 객체에 접근할 수 있는 정보를 저장한다. 따라서, 두 변수가 저장하고 있는 정보가 동일하므로 두 변수를 이용하여 하나의 리스트 객체에 접근할 수 있다.

✓ 연습 과제

1. 사용자가 입력한 양의 정수 값을 리스트에 저장을 한 후 리스트에 저장된 값의 합과 평균을 출력하는 프로그램을 작성하라. 합과 평균은 입력이 완료된 후에 계산하는 것으로 한다. 단, 사용자의 입력 회수는 정혀져 있지 않으며, 더 이상 입력할 데이터가 없으면 사용자는 -1 등 0 미만의 값을 입력한다. 또, 프로그램은 합과 평균을 각각 최대 10개의 숫자가 왼쪽 정렬, 소수점 이하 2자리의 형식으로 출력한다.

```
integer(-1 for stop) ? 1
integer(-1 for stop) ? 4
integer(-1 for stop) ? 6
integer(-1 for stop) ? -1
Total = 11     Average = 3.67
```

[사용자 입력을 리스트에 저장한 후 합, 평균을 출력]

2. 후위 표기법으로 표현된 수식을 계산하는 프로그램에 대한 것이다. 문자열 '12 3 10 + *'에서 공백으로 구분된 단어를 왼쪽에서 오른쪽 방향으로 검사를 하면서 수가 출현하면 리스트에 추가 저장하고, '+', '*' 등의 연산자가 출현하면 가장 최근에 리스트에 저장한 두 개의 원소를 꺼내 연산을 한 후 그 결과를 다시 리스트에 추가 저장하는 과정을 반복하는 프로그램을 작성하라. 단, 이 프로그램에서는 '+', '*' 등 두 개의 연산자만 있다고 가정한다. 예를 들어, 처음 12를 리스트에 추가하고, 그 다음 3과 10도 각각 리스트에 추가한다. 이어서 연산자 '+'가 출현하였으므로 마지막으로 리스트에 추가한 두 개의 원소 10, 3을 이용하여 연산한 결과인 13을 다시 리스트에 추가 저장한다. 이때 리스트에는 12와 13이 저장되어 있다. 이 상황에서 연산자 '*'가 출현하였으므로 리스트에서 두 개의 원소를 꺼내어 연산을 수행하고, 그 결과인 156을 리스트에 추가 저장한다. 따라서, 이 과정이 완료되면 리스트에는 연산 결과가 저장되어 있다.

3. 중위 표기법이라고 하는 '12 * (3 + 10)'과 같은 일반적 수식 표현을 앞서 작성한 프로그램에서 연산을 할 수 있도록 후위 표기법으로 변환하는 프로그램을 작성하라. 단, 각 수, 연산자, 괄호 등은 모두 공백으로 분리되어 있으며, 사용할 수 있는 연산자는 '+'와 '*' 등 두 가지만 사용할 수 있다고 하자.

1. 사용자 입력을 리스트에 저장한 후 합, 평균을 출력하는 프로그램.

```
data_lst = []
while True:
    n = int(input('integer(-1 for stop) ? '))
    if n < 0:
        break
    data_lst.append(n)
total = 0
for v in data_lst:
    total += v
if len(data_lst) > 0:
    print(f'Total = {total:<5} \
      Average = {total/len(data_lst):.2f}')
else:
    print('No data')
```

2. 후위표기법 수식을 연산하는 프로그램.

```
postfix_expr = '12 3 10 + *'
expr_list = postfix_expr.split()
stack = []
for item in expr_list:
    if item.isdigit():
        stack.append(int(item))
    else:
        n2 = stack.pop()
        n1 = stack.pop()
        stack.append((n1 + n2) if item=='+' else (n1 * n2))
print(stack.pop())
```

4.5 튜플

튜플(tuple)은 0 또는 그 이상의 데이터를 순차 나열하여 저장하며, 인덱스를 이용하여 각 데이터에 접근할 수 있어 리스트와 비슷하지만 튜플의 내용을 변경하지 못한다는 것이 리스트와의 차이점이다. 즉, 튜플은 데이터를 삽입, 제거 또는 변경하는 등의 기능을 제공하지 않는다. 아래는 튜플을 만드는 방법을 나타낸 것으로 한 쌍의 괄호 (,) 내에 데이터를 순차 나열하거나, 예약어 **tuple()**[4]을 이용한다. 리스트 또는 튜플을 실 인자로 하여 예약어 **tuple()**을 이용하는 방법은 리스트 또는 튜플의 데이터를 원소로 하는 튜플을 만드는 것이다.

variable = (*value1*, *value2*, ···)
variable = **tuple()** or **tuple**(*list*) or **tuple**(*tuple*)

튜플이 저장하고 있는 각 데이터에 대한 접근은 저장된 데이터 순서를 기반으로 한 인덱스를 이용하며, 인덱스 0을 이용하여 첫 번째 데이터에 접근할 수 있다. 또, 인덱스 범위를 이용하여 튜플이 저장하고 있는 일부 데이터에 접근할 수 있지만 튜플은 부분 튜플을 대상으로 한 변경을 허용하지 않는다. 튜플의 길이 즉, 튜플이 저장하고 있는 데이터의 수는 함수 **len()**을 이용하여 알 수 있으며, 기타 튜플이 제공하는 기능은 표 4.2에 나타내었다. 튜플은 그 내용을 변경할 수 없는 것이므로 리스트와 비교하여 그 제공하는 기능 즉, 메소드의 수가 적지만, 메소드 **count**(), **index**()가 제공하는 기능은 리스트의 그것과 동일하다.

표 4.2: 튜플를 위한 기능

메소드	내용	사용예
lst.**count**(ele)	튜플 내 데이터 *ele*의 개수	tpl.count(1)
lst.**index**(ele*[,[s, e]]*)	튜플 내 데이터 ele의 인덱스를 반환. *s*와 *e*는 인덱스 범위와 동일하게 동작하며 생략 가능.	tpl.index('good',2)

코드 4.7은 튜플을 이용한 예를 나타낸 것이다. 코드의 2번 줄은 함수 **getTotal**()을 호출할 때 사용한 실 인자를 이용하여 튜플을 생성하고, 이를 함수 내에서 사용함으로써 연산 또는 처리 중에 인자로 전달받은 데이터를 대상으로 한 수정이 가능하지 않도록 하고 있다. 코드의 4번 줄에 나타낸 것과 같이 튜플도 리스트처럼 반복문을 사용할 수 있어 튜플이 저장하고 있는 데이터를 대상으로 한 반복 처리가 가능하다. 코드의 7번 줄은 빈 튜플을 실 인자로 하여 함수

[4]정확히 표현하면 내장 클래스 tuple()의 객체를 생성하는 것이다. 클래스와 객체에 대한 내용은 다음에 나온다.

getTotal()을 호출하고, 그 함수의 반환 값을 출력하는 것이다. 이때, 함수 호출 **getTotal**(( ))과 **getTotal**()은 분명한 차이가 있다. **getTotal(( ))**은 빈 튜플을 실 인자로 하여 함수를 호출하는 것이고, 이 호출의 반환 값은 0이다. 반면, **getTotal**()은 형식 인자 *lst*에 전달하는 실 인자없이 함수를 호출하는 것이므로 정상적으로 함수를 호출할 수 없다.

코드 4.7: 튜플을 이용한 예

```
1  def getTotal(lst):
2      lst = tuple(lst)
3      total = 0
4      for v in lst:
5          total = total + v
6      return total
7  print(getTotal(()))
8  print(getTotal([1, 2, 3, 4, 5]))
9  print(getTotal((2, 4, 6, 8)))
10 print(getTotal(range(1,5)))
11 data=(1,)
12 print(getTotal(data))
13 tpl = ('good', 'morning', 'hello')
14 print(tpl.count('hello'))
15 print(('good', 'morning', 'hello').index('hello'))
```

코드 4.7의 11번 줄은 한 개의 원소를 갖는 튜플을 생성하여 변수 *data*에 저장하는 것이다. 정수 값 1을 원소로 하는 튜플을 만들 때 (1)를 사용하지 못하는 것은 (1)에서 사용한 괄호가 튜플을 표현하는 괄호가 아니라 식 $2 \times (1 + 2)$에서 사용한 괄호와 같이 연산 우선 순위를 변경하는 의미를 갖기 때문이다. 따라서, 한 개의 원소를 갖는 튜플은 그 원소 뒤에 콤마(,)를 붙여 한 쌍의 괄호가 튜플을 표현하는 것임을 나타내어야 한다. 코드의 14번 줄은 변수 *tpl*에 저장되어 있는 튜플이 제공하는 **count**() 메소드를 호출한 것으로 튜플이 저장하고 있는 원소 중 'hello'의 출현 횟수를 출력하는 것이다. 코드 15번 줄은 세 개의 원소를 저장하고 있는 튜플을 변수에 저장하지 않고 그 튜플을 이용하여 메소드를 호출한 것이다. 이처럼 튜플 등의 객체가 제공하는 메소드 호출은 변수에 객체의 저장 여부와 상관없이 가능하다.

✓ 연습 과제

1. 0부터 9까지의 값을 원소로 갖는 튜플을 생성하고, 이 튜플에 저장된 순서와 반대로 출력하는 프로그램을 작성하라.

2. 튜플 (9, 15, 4, 5, 3, 13, 7, 8, 18, 11)에 저장되어 있는 값 중 가장 큰 값을 찾고, 그 값과 튜플의 첫 번째 원소를 교환하는 프로그램을 작성하라.

3. 다음은 *start*와 *stop*사이의 정수 난수를 생성하는 방법이다. 즉, **randint**()는 범위 [*start*, *stop*]의 정수 난수를 생성하는 것이다. **import** 문에 대한 것은 뒤에서 소개되지만 이를 이용하여 0과 100 사이의 난수 100개를 저장하는 튜플을 생성하고, 이 튜플에 저장된 정수 중 홀수의 개수를 출력하는 프로그램을 작성하라.

```
import random
value = random.randint(start, end)
```

4. 동전을 던졌을 때 앞면이 나올 확률을 출력하는 프로그램을 작성하라. 확률을 계산하는 방법은 [0, 1] 범위의 정수 난수를 n개 생성하여 튜플에 저장한 후 튜플에 저장된 0의 개수를 이용하면 된다. 물론, 굳이 튜플에 난수를 저장할 필요는 없지만 튜플에 저장한 후 0의 개수를 계산한다. 단, 0은 앞면, 1은 뒷면으로 취급한다.

1. 튜플에 저장된 값을 저장 순서와 반대로 출력하는 프로그램.

```python
data_tpl = tuple(range(10))
print(data_tpl)
print(data_tpl[::-1])
```

2. 튜플의 두 원소를 교환하는 프로그램.

```python
data_tpl = (9, 15, 4, 5, 3, 13, 7, 8, 18, 11)
maxIdx = 0
for i in range(1, len(data_tpl)):
    if data_tpl[maxIdx] < data_tpl[i]:
        maxIdx = i
if maxIdx != 0:
    data_tpl = (data_tpl[maxIdx],) + data_tpl[1:maxIdx] \
        + (data_tpl[0],) + data_tpl[maxIdx+1:]
print(data_tpl)
```

3. 정수 난수 중 홀수의 개수를 출력하는 프로그램.

```python
import random
data = ()
n_of_odd = 0
for _ in range(100):
    data += (random.randint(0,100), )
for v in data:
    if v & 0b1 == 1:
        n_of_odd += 1
print(f'the number of odd integer : {n_of_odd}')
```

4.6 딕셔너리

딕셔너리(dictionary)라고 하는 **dict** 데이터 형은 키(key)에 값(value)을 사상(mapping)시켜 여러 데이터를 저장하는 것이다. 아래는 딕셔너리를 만드는 다양한 방법을 나타낸 것이다. 먼저, 첫 번째 방법은 한 쌍의 중 괄호 {, } 내에 키와 값을 콜론 심볼(:)으로 구분한 키와 값의 쌍을 나열하여 딕셔너리를 생성한다. 데이터의 키는 정수, 실수, 문자열 등 그 내용이 변경되지 않는 것이라면 사용에 제한이 없으며, 값은 파이썬에서 사용할 수 있는 데이터라면 제한없이 사용할 수 있다. 딕셔너리를 생성하는 다른 방법은 **dict()**를 이용하는 것이다. 또, 키-값 쌍을 데이터로 갖는 튜플 *(key, value)*을 저장하고 있는 리스트를 파라미터로 사용한 **dict()**는 초기 데이터를 저장하고 있는 딕셔너리를 생성한다. 그리고, **dict(***key1=value1***)**의 형식은 키가 *key1*, 값이 *value1*인 데이터를 저장하고 있는 딕셔너리를 생성한다. 딕셔너리는 그 저장하고 있는 데이터를 수정할 수 있는 데이터 형이므로 새로운 데이터 즉, 키-값 쌍을 저장하거나, 제거, 또는 값의 수정 등이 가능하다.

---

variable = **{** *key1:value1, key2:value2,* ···**}**

variable = **dict()** or **dict(***[(key1,value1), (key2, value2),* ···*]***)**

variable = **dict(***key1=value1,* ···)

딕셔너리가 저장하고 있는 키-값 쌍의 데이터의 키는 키에 사상된 값에 접근할 수 있는 방법을 제공한다. 아래는 변수 *variable*에 저장되어 있는 딕셔너리의 키 *key*를 대 괄호 [,] 내에 넣어 값에 접근하는 방법을 나타내고 있다. 딕셔너리는 키-값의 쌍으로 데이터를 저장하므로 저장 순서는 중요하지 않다.

---

variable[*key*]

variable[*key*] = new_value

코드 4.8은 세 가지 방법을 딕셔너리를 생성하는 것을 나타내고 있다. 코드의 1, 2, 3번 줄의 명령문은 각각 키가 'kor', 'eng', 'name'이고, 대응하는 값으로 95, 90, 'hong'인 데이터를 저장하는 딕셔너리를 생성한 것이다. 이 명령문들에 의해 생성된 세 개의 딕셔너리는 같은 키-값 쌍의 데이터를 저장하고 있지만 서로 다른 딕셔너리이다. 코드 5번 줄의 명령문은 변수 *data1*에 저장되어 있는 딕셔너리에서 키가 '*kor*'인 값을 출력하는 것이다. 코드 6번 줄은 변수 *data1*에 저장되어 있는 딕셔너리에서 키가 '*kor*'인 값을 100으로 변경하는 것이다.

코드 4.8: 딕셔너리 생성의 예

```
ata1 = {'kor':95, 'eng':90, 'name':'hong'}
data2 = dict([('kor', 95), ('eng', 90), ('name', 'hong')])
data3 = dict(kor=95, eng=90, name='hong')
print(data1)
print(data1['kor'])
data1['kor'] = 100
print(data1)
```

딕셔너리가 제공하는 기능(메소드)은 표 4.3에 나타냈었다. 이 기능 중 **keys()**, **values()**, **items()**은 딕셔너리에 저장되어 있는 데이터를 대상으로 반복 수행을 할 때 주로 사용되며, 코드 4.9는 이를 사용한 예이다. 코드의 2번 줄은 딕셔너리의 각 키를 대상으로 반복 수행하는 것이며, 4번 줄은 모든 키-값 쌍으로 대상으로 반복 수행하는 것을 나타내고 있다. **pop**(*key*)은 키 *key*에 대응하는 값을 반환하고, 그 키-값 쌍을 딕셔너리에서 제거한다.

표 4.3: 디셔너리를 위한 기능

메소드	내용	사용예
dic.**copy**()	딕셔너리의 복사본을 반환	dic.copy()
dic.**keys**()	딕셔너리가 저장하고 있는 모든 키를 반환	dic.keys()
dic.**values**()	딕셔너리가 저장하고 있는 모든 값을 반환	dic.values()
dic.**items**()	딕셔너리가 저장하고 있는 모든 (key, value) 쌍을 반환	dic.items()
dic.**pop**(*key*)	키의 값을 딕셔너리에서 제거하고 반환	dic.pop('kor')
dic.**clear**()	디셔너리의 모든 데이터 제거	dic.clear()

코드 4.9: 반복문을 이용한 딕셔너리 사용 예

```
1 data1 = {'kor':95, 'eng':90, 'name':'hong'}
2 for key in data1.keys():
3     print(data1[key])
4 for key, value in data1.items():
5     print(key, '—>', value)
```

✓ 연습 과제

1. 국어, 영어, 수학 등 세 교과목을 수강하는 학생이 각 과목마다 중간, 기말, 퀴즈 시험을 보았고, 과목별 성적을 딕셔너리에 저장을 하였다. 성적을 딕셔너리에 저장할 때 키는 과목 명으로 하고, 그 키의 값으로는 그 과목에서의 성적 세 개를 저장한 리스트로 하였다. 각 과목의 점수는 0과 100 사이의 난수를 이용하여 생성하여 저장한 후 딕셔너리에 저장된 과목명과 점수 및 그 과목 점수의 합과 더불어 전체 점수의 총점을 출력하는 프로그램을 작성하라.

```
kor - [36, 88, 12] - sum = 136
eng - [58, 90, 30] - sum = 178
mat - [57, 45, 74] - sum = 176
Total = 490
```

교과목 성적과 합계 및 총합

2. 문자열 'So it must be with this generation of Korean'에서 사용자가 입력한 영문자가 출현한 수를 출력하는 프로그램을 작성하라. 이를 위해 이 프로그램은 각 영문자를 키로, 그 문자가 출현한 수를 값으로 하는 딕셔너리를 생성하며, 문자열을 모두 소문자로 변환한 후 출현한 수를 계산한다. 단, 공백 문자는 제외시킨다.

```
string : So it must be with this generation of Korean
character(0 for stop)? s
s : 3 times
character(0 for stop)? e
e : 4 times
character(0 for stop)? 0
```

문자열에서 문자 출현 수 출력

3. 문자열 'So it must be with this generation of Korean'에서 각 문자가 출현한 순서대로 번호를 붙여 그 번호로 코딩하는 프로그램을 작성하라. 단, 이 프로그램은 문자를 코드로 변환하는 것이므로 영문자에서 대, 소문자를 서로 다른 문자로 구분한다. 예를 들어, 문자열 'hello'는 [0, 1, 2, 2, 3]로 코딩되어야 하며, 각 문자의 코드 값은 문자를 키로 하는 딕셔너리에 저장된다.

1. 교과목 성적과 합계 및 총합을 출력하는 프로그램.

```python
import random
score_info = { 'kor':[], 'eng':[], 'mat':[]}
for i in range(3):
    score_info['kor'].append(random.randint(0,100))
    score_info['eng'].append(random.randint(0, 100))
    score_info['mat'].append(random.randint(0, 100))
total = 0
for key in score_info.keys():
    sub_total = 0
    for score in score_info[key]:
        sub_total += score
        total += score
    print(f'{key} - {score_info[key]} - sum = {sub_total}')
print(f'Total = {total}')
```

2. 문자열에서 문자 출현 수를 출력하는 프로그램.

```python
msg = 'So it must be with this generation of Korean'
char_dict={}
print(f'string : {msg}')
for ch in msg.lower().replace(' ', ''):
    if ch in char_dict.keys():
        char_dict[ch] += 1
    else:
        char_dict[ch] = 1
while True:
    ch = input('character(0 for stop)? ')
    if ch == '0':
        break
    print(f'{ch} : {char_dict[ch]} times')
```

4.7 컴프리헨션

리스트, 튜플, 딕셔너리를 생성하는 방법은 원소를 콤마(,)로 구분하여 나열하거나, 시퀀스를 파라미터로 하여 ***list***(), ***tuple***(), ***dict***()를 이용하는 것이다. 이들 자료구조를 생성하는 다른 방법은 컴프리헨션(comprehension)이라고 불리는 반복문 **for**와 조건 **if**를 이용하여 원소를 나열하는 방법을 이용하는 것이 있다. 다음은 컴프리헨션의 형식을 나타낸 것이다. 컴프리헨션의 **for**는 시퀀스 *seq1*의 원소를 순서대로 한번에 한 개씩 변수 *target1*에 대입하여 식 *expr*을 연산한 결과들을 이용하여 데이터 열–정확히는 파이썬의 *generator* 데이터 형이다–을 생성한다. 조건 **if**가 있으면 조건 *condition*이 **True**인 *target1*만을 이용하여 *expr*을 연산한다.

expr **for** *target1* **in** *seq1* [[**for** *target2* **in** *seq2*] ···] [**if** *condition*]

코드 4.10은 컴프리헨션을 사용하여 생성한 리스트와 튜플의 예를 나타낸 것이다. 코드의 1번 줄은 리스트 [2, 3, 4, 5, 6]원소를 순서대로 변수 x에 대입한 후 식 x*x를 연산할 결과를 이용하여 데이터 열을 만든 후 이를 이용하여 리스트를 생성한 것이다. 코드 2번 줄은 1번 줄과 동일하게 변수 x에 대입한 후 그 값이 2로 나눈 나머지가 0인 경우에만 연산을 수행하며, 그 결과를 이용하여 데이터 열을 만든 후 이를 이용하여 튜플을 생성한다. 문자열도 시퀀스에 해당하므로 코드의 3번 줄의 명령문과 같이 컴프리헨션에 문자열이 사용될 수 있으며, 이 명령문의 컴프리헨션은 문자열을 구성하는 각 문자를 변수 x에 순서대로 대입하여 연산에 사용한다.

코드 4.10: 컴프리헨션을 사용한 예

```
1 lst = [x*x for x in [2, 3, 4, 5, 6]]
2 tpl = tuple((x*x for x in [2, 3, 4, 5, 6] if x % 2 == 0))
3 upper = ''.join([chr(ord(x) + 1) for x in 'i love you'])
4 print(lst, tpl)
5 print(upper)
```

컴프리헨션 내에 두 번째 **for**가 있다면 시퀀스 *target1*에 대입된 시퀀스 *seq1*에 원소 각각에 대해 시퀀스 *seq2*의 원소를 *target2*에 순서대로 대입하여 식 *expr* 연산 결과를 이용하여 데이터 열을 생성하므로 컴프리헨션은 시퀀스 *seq1*과 *seq2*의 원소 조합을 이용하여 데이터 열을 생성한다. 코드 4.11은 컴프리헨션 표현에 두 개의 **for**를 갖는 예를 나타낸 것이다. 코드의 3번 줄의 명령문은 변수 x에 대입되는 값은 2, 3이며, 각 값에 대해 변수 y에 대입되는 값은 4, 5이므로 이들 원소의 조합을 이용하여 식 *(x, y)* 즉, 두 개의 원소를 갖는 튜플들을 원소로 갖는 튜플을 생성한다. 컴프리헨션의 *expr*은 코드 6번 줄과 같이 함수 호출 및 그 반환값으로 데이터 열을 생성할 수 있다. 6번 줄의 명령문은 변수 x에 대입되는 값으로 2부터 9까지이며, 각 값에 대해 변수 y에 대입되는 값이 2부터 9까지이므로 각 조합에 대한 변수 x, y, 두 값의 곱을 원소로 갖는 튜플들로 리스트를 생성하고 있다.

코드 4.11: 두 개의 **for** 문을 갖는 컴프리헨션의 예

```
1 def fn(x, y):
2     ruturn x, y, x*y
3 tup = tuple(((x,y) for x in (2, 3) for y in (4, 5)))
4 sum = list((x+y for x in (2, 3) for y in (4, 5)))
5 print(tup, sum)
6 t_table = [fn(x,y) for x in range(2,10) for y in range(2, 10)]
7 for x, y, z in t_table:
8     print(x, '*', y, '=', z)
```

컴프리헨션의 *expr*은 람다 식(lambda expression)이 될 수 있다. 람다 식은 이름이 없는 익명 함수를 정의할 때 사용하며, 컴프리헨션뿐만 아니라 다양한 목적으로 사용할 수 있다. 다음은 람다 식을 정의하는 형식을 나타낸 것이며, *parameter*는 람다 식으로 정의된 익명 함수를 호출할 때 사용할 형식 인자이고, *expr*은 형식 인자를 이용한 식이며, 식 이외의 명령문이 될 수 없다. 람다 식으로 정의된 익명 함수는 변수에 저장될 수 있으며, 그 변수를 이용하여 호출될 수 있다. 코드 4.12는 람다 식을 정의하고 호출하는 예를 나타낸 것으로, 1번 줄과 2번 줄의 명령문은 각각 람다 식을 컴프리헨션의 식, 변수 *sqr*에 저장하여 사용하는 예이다.

lambda [*parameter*] : *expr*

코드 4.12: 람다 식을 이용한 예

```
1 lst = [(lambda n: n * n)(x) for x in [2, 3, 4]]
2 sqr = lambda n: n * n
3 print(lst, sqr(4))
```

✓ 연습 과제

1. 0과 100 사이의 정수 난수 10개를 갖는 리스트를 컴프리헨션을 이용하여 생성하고, 출력하라.

2. 정수 0과 10 사이의 난수 두 개를 원소로 갖는 튜플을 원소로 하는 리스트를 컴프리헨션을 이용하여 생성하고, 이 리스트를 이용하여 각 튜플의 첫 번째 값이 두 번째 값보다 큰 값이면 **True**, 그렇지 않으면 **False**를 원소로 갖는 리스트를 역시 컴프리헨션을 이용하여 생성하고, 출력하는 프로그램을 작성하라. 단, 첫 번째 리스트는 열 개의 튜플을 원소로 가지며, 튜플의 값을 비교하는 것은 람다 함수를 이용하여라.

---

1. 컴프리헨션을 이용하여 난수를 저장한 리스트를 생성하고, 출력하는 프로그램.

```python
import random
data = [random.randint(0,100) for _ in range(10)]
print(data)
```

2. 난수를 저장한 튜플 열 개를 원소로 갖는 리스트를 이용하여 각 튜플의 원소 크기를 비교한 결과를 원소로 갖는 리스트를 생성하고, 출력하는 프로그램.

```python
import random
data =[(random.randint(0,10),random.randint(0,10))\
        for _ in range(10)]
print(data)
flag = [(lambda x, y: x>y)(x,y) for x, y in data ]
print(flag)
```

5

함수

5.1 함수

함수(function)는 사각형의 면적 계산, 리스트 내 수 데이터의 평균 계산, 성적에 대한 등급 계산 등 특정한 기능 또는 처리를 위한 명령문들로 구성된 것이다[1]. 기본 제공 함수(build-in function)은 **len()**, **range()**, **input()**, **print()** 등과 같이 파이썬이 기본 제공하는 함수이다. 사용장 정의 함수(user-defined function)은 성적에 대한 등급 계산 등과 같이 파이썬이 기본 제공하지 않는 기능을 위해 개발자가 직접 정의하고 사용하는 함수이다.

함수를 사용하는 방법은 아래와 같이 함수 이름과 그 함수에게 전달하는 파라미터를 이용하여 함수 호출(function call)를 한다. 호출된 함수는 전달받은 파라미터를 이용하여 기능 또는 연산을 수행한 후 그 연산 수행 결과를 함수 호출의 결과로서 되돌려 줄 수 있다. 물론 모든 함수가 호출 결과를 되돌려 주는 것은 아니다. 예를 들어, 함수 **print()**는 전달받은 파라미터를 화면에 출력하는 기능을 수행하므로 별도의 연산 결과가 없으므로 이 함수의 호출 결과로 되돌려 지는 값은 없다. 반면, 함수 **input()**은 사용자가 키보드를 이용하여 입력한 문자열을 이 함수의 호출 결과로 되돌려 준다. 이처럼 함수의 호출 결과로서 되돌려 주는 값을 반환값(return value)이라고 하며, 이 반환 값은 변수에 저장하거나 식을 구성하는 한 항의 값으로 사용된다.

---

func_name(*[parameters]*)

variable = **func_name**(*[parameters]*)

기본 제공 함수는 파이썬이 기본적으로 제공하는 함수이므로 필요에 따라 함수를 호출하여 사용할 수 있다. 반면, 사용자 정의 함수는 개발자가 직접 함수를 정의하여야 한다. 함수를 정의하는 방법은 아래와 같다. 함수 정의를 위한 예약어 **def** 뒤에 정의하는 함수의 이름(함수명)이 나오며, 한 쌍의 괄호가 이어진다. 괄호 내에는 이 함수를 호출할 때 데이터를 전달받을 파라미터가 나열되며, 콜론(:) 심볼이 이어진다. 함수 몸체(function body)는 함수가 호출되었을 때 실행할 명령문들로 구성된 블록이다. **return** 문은 함수 호출의 결과로 반환값을 호출한 곳으로 되돌려 줄 때 사용하며, 함수가 반환할 값이 없으면 생략을 한다.

---

def *func_name*(*[parameters]*) :

    function_body

    return *value*

---

[1] 파이썬에서는 이를 함수 객체라고 한다.

그림 5.1은 함수 정의와 호출의 예를 나타낸 것이다. 1번과 2번 줄은 함수 **add**()를 정의하는 것이며, 이 함수는 호출될 때 변수 n, m을 매개 변수로 하여 두 개의 값을 전달받는데 이 변수들을 형식 인자라고 한다. 이 함수는 두 매개 변수의 값을 이용하여 덧셈하고, 그 결과를 반환하는 기능을 수행한다. 2번 줄은 두 매개 변수 n, m의 값을 덧셈하고, **return**을 이용하여 그 덧셈 결과를 호출한 곳으로 반환한다. 4번 줄은 두 개의 값 2와 3을 이용하여 함수 **add**()를 호출하고, 이 호출의 결과로 반환된 값인 5는 식의 한 항의 값이 된다. 함수 **add**()를 호출할 때 사용한 데이터 2, 3을 실 인자라고 하며, 실 인자가 나열된 순서대로 형식 인자에 전달된다. 따라서, 실 인자 2, 3은 각각 형식 인자 n, m에 전달된다.

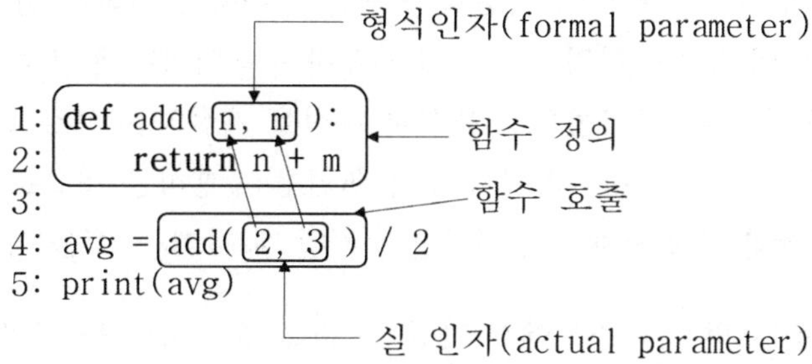

그림 5.1: 함수 정의와 호출의 예

코드 5.1은 리스트에 저장된 데이터의 합과 평균을 계산하는 함수 **calcTotal()**, **calcAverage()**를 정의하고, 호출하는 예를 나타낸 것이다. 각 함수의 형식 인자로 리스트를 전달받고, 리스트의 데이터를 대상으로 합과 평균을 계산한다.

코드 5.1: 리스트의 합과 평균을 계산하는 함수의 예

```
def calcTotal(lst):
    total = 0
    for value in lst:
        total = total + value
    return total
def calcAverage(lst):
    return calcTotal(lst)/len(lst)
data = [1, 2, 3, 4, 5]
print('average=', calcAverage(data))
```

✓ 연습 과제

1. 형식 인자를 통해 전달받은 두 개의 수 중 그 값이 큰 수를 반환하는 함수 **max**()를 정의하고, 정수 0과 10사이의 난수 두 개를 원소로 갖는 튜플을 원소로 하는 리스트를 컴프리헨션을 이용하여 생성하고, 이 리스트에 있는 각 튜플의 값 중 더 큰 값을 원소로 하는 리스트를 역시 컴프리헨션을 이용하여 생성하고, 출력하는 프로그램을 작성하라. 단, 첫 번째 리스트는 열 개의 튜플을 원소로 가지며, 튜플의 두 원소 중 더 큰 값을 찾는 것은 앞서 정의한 **max**() 함수를 이용하라.

2. 두 개의 형식 인자를 이용하여 덧셈과 곱셈한 결과를 반환하는 함수 **add**(), **mul**()를 각각 정의하고, 이 함수를 각각 '+', '*'를 키로하여 딕셔너리에 저장한 후, 4.4 절의 연습 과제에서 기술한 후위 표기법으로 표현된 수식을 계산하는 프로그램을 작성하라. 단, 연산자가 나오면 이를 딕셔너리에서 찾아 연산을 수행하는 것으로 한다. 후위 표기법 연산식은 4.4 절의 연습 과제에서 제시한 문자열 '12 3 10 + *'을 이용하라.

3. 형식 인자로 전달 받은 리스트에서 가장 큰 값을 갖는 원소를 찾아 그 값과 리스트의 첫 번째 원소의 값을 교환한 후 반환하는 함수 **maxfind_exchange**()를 정의하고, 이를 시험하는 프로그램을 작성하라. 또, 이 함수를 이용하여 리스트에 저장된 데이터를 크기 순으로 나열하는 프로그램을 추가 작성하라.

---

1. 두 개의 난수를 저장한 튜플을 원소로 갖는 리스트에서 각 원소의 큰 값을 찾아 리스트로 생성 후 출력하는 프로그램.

```
import random
def max(x, y):
    return x if x > y else y
data =[(random.randint(0,10),random.randint(0,10)) \
          for _ in range(10)]
print(data)
large_value=[max(x,y) for x, y in data]
print(large_value)
```

2. 함수를 저장한 딕셔너리를 이용하여 후위 표기식을 계산하는 프로그램.

```
def add(x, y):
    return x + y
def mul(x, y):
    return x * y
postfix_expr ='12 3 10 + *'
expr_list = postfix_expr.split()
stack = []
operator ={'+':add, '*':mul}
for item in expr_list:
    if item.isdigit():
        stack.append(int(item))
    else:
        n2 = stack.pop()
        n1 = stack.pop()
        stack.append(operator[item](n1, n2))
print(stack.pop())
```

3. 함수 **find_exchange()** 정의 및 시험 프로그램.

```
def maxfind_exchange(lst):
    maxIdx = 0
    for i in range(len(lst)):
        if lst[i] > lst[maxIdx]:
            maxIdx = i
    tmp = lst[0]
    lst[0] = lst[maxIdx]
    lst[maxIdx] = tmp
    return lst
data = [3, 4, 1, 4, 6, 2]
print(find_exchange(data))
```

5.2 함수 파라미터의 기본 값과 데이터의 종류

함수를 정의할 때 형식 인자는 기본 값(default value)을 가질 수 있다. 기본 값이 설정되어 있는 형식 인자는 함수 호출 시 실 인자의 데이터가 전달되지 않더라도 그 기본 값이 사용된다. 아래는 기본 값을 갖는 형식 인자를 사용한 함수 정의 방법이며, *parameter=default_value*의 형식을 갖는다. 이 함수를 호출할 때 실 인자 데이터가 이 형식 인자에 전달되지만, 전달되는 실 인자 데이터가 없으면 설정된 기본 값이 사용된다.

```
def func_name( [parameter=default_value]) :
    function_body
    return value
```

코드 5.2는 기본 값을 갖는 형식 인자를 갖는 함수 정의 및 호출의 예이다. 함수 **foo()**는 네 개의 형식 인자 중 마지막 두 개의 형식 인자인 c와 d에 기본 값 0을 설정하였다. 코드의 3번 줄의 함수 **foo()** 호출은 실 인자 1, 2를 각각 형식 인자 a, b에 전달하고, 형식 인자 c와 d에 설정된 기본 값이 사용하도록 하는 것이다. 코드의 4번 줄의 함수 호출은 세 개의 실인자를 형식 인자 a, b, c에 각각 전달하고, 네 번째 형식 인자는 설정된 기본 값을 사용하도록 한다. 만약, 함수의 세 번째 형식 인자는 기본 값을 사용하도록 하고, 네 번째 형식 인자에 실 인자의 데이터를 전달하기 위한 함수 호출은 가능하지 않다. 예를 들어, 형식 인자 a, b, d에 각각 1, 2, 9를 전달하고, 형식 인자 c가 기본 값을 사용하기 위한 함수 호출 *foo*(1, 2, 9)은 세 번째 실 인자인 9가 세 번째 형식 인자인 c에 전달되고, 네 번째 형식인자인 d에 전달되는 실 인자가 없어 기본 값을 사용한다.

코드 5.2: 기본 값을 갖는 형식 인자를 갖는 함수 정의 및 호출의 예

```
1 def foo(a, b, c=0, d=0):
2     print(a, b, c, d)
3 foo(1, 2)
4 foo(1, 2, 3)
5 foo(1, 2, 3, 4)
```

함수를 정의할 때 기본 값을 갖는 여러 개의 형식 인자를 사용할 수 있지만 기본 값을 갖지 않는 형식 인자는 기본 값을 갖는 형식 인자 다음에 올 수 없다. 예를 들어, 아래의 함수 **foo()** 정의는 세 번째 형식 인자에 기본 값을 설정했다. 네 번째 형식 인자는 기본 값을 갖는 세 번째

형식 인자 다음에 있는 기본 값을 갖지 않는 것이다. 이 함수의 호출 *foo*(1, 2, 3)은 실 인자 3이 세 번째 형식 인자에게 전달되는지 또는 기본 값을 갖는 세 번째 형식 인자가 아닌 네 번째 형식 인자에게 전달되는지를 명확히 할 수 없다.

```
def foo(a, b, c=0, d):
    print(a, b, c, d)
foo(1, 2, 3)
```

형식 인자에 전달되는 데이터 및 함수가 반환하는 반환 값의 종류는 정수, 실수, 문자열, 리스트 뿐만 아니라 함수 등이 될 수 있다. 즉, 함수 정의 및 호출의 인자 및 반환 값은 데이터 종류의 제한이 없다는 의미이다. 코드 5.3은 함수 인자로 리스트, 함수인 것과 반환 값이 수, 함수인 것을 나타낸 예이다. 함수 **gettotal**()의 형식 인자와 반환 값은 각각 리스트, 수이다. 함수 calc()의 형식 인자는 함수와 그 함수에 전달할 데이터이며, 반환 값은 형식 인자를 통해 전달받은 함수를 역시 형식 인자를 통해 전달받은 데이터를 이용하여 호출한 결과이다. 코드의 9번 줄의 함수 **calc**() 호출에서 사용한 실 인자는 *gettotal*과 *lst*이다. 첫 번째 실 인자 *gettotal*은 줄 번호 1부터 5까지 정의한 함수이고, 두 번째 실 인자 *lst*는 네 개의 정수 값을 저장하고 있는 리스트이다. 이 호출에 따라 함수 **calc**()가 실행하는 코드의 7번 줄의 **fn**(lst)는 매개 변수 *data*를 통해 전달받은 데이터를 이용하여 매개 변수 *fn*을 통해 전달받은 함수를 호출하는 것이며, 이 함수의 반환 값을 반환한다. 매개 변수 *fn*의 실 인자가 함수 **gettotal**()이므로 이 함수의 반환 값은 인자로 전달된 리스트 내 데이터의 합이다.

코드 5.3: 인자와 반환 값의 데이터 종류 예

```
1 def gettotal(lst):
2     total = 0
3     for v in lst:
4         total = total + v
5     return total
6 def calc(fn, data):
7     return fn(data)
8 lst = [1, 2, 3, 4]
9 print(calc(gettotal, lst))
```

✓ 연습 과제

1. 한 개 이상의 문자열을 원소로 하는 리스트와 단어 연결 문자를 형식 인자로 갖는 함수 **make_str**()를 정의하는 프로그램을 작성하라. 이 함수는 형식 인자의 리스트에 있는 문자열을 단어 연결 문자로 연결한 문자열을 반환한다. 단, 기본 단어 연결 문자는 공백 문자로 한다. 예를 들어, ['good', 'morning'], '**'를 각각 형식 인자 리스트와 단어 연결 문자의 실 인자로 하여 이 함수를 호출하면, 이 함수가 반환하는 문자열은 'good**morning'이다.

2. 데이터 수, 시작 값, 끝 값을 형식 인자로 가지며, 이를 이용하여 시작 값과 끝 값 범위의 정수 난수를 원소로 갖는 함수 **make_nirand**() 함수를 정의하고, 시험하는 프로그램을 작성하라. 단, 시작 값과 끝 값을 위한 기본 값은 각각 0과 100이다. 만약, 이 함수를 **make_nirnad**(10, 0, 100) 또는 **make_nirnad**(10)으로 호출하면, 이 함수는 0과 100 사이의 난수 열 개를 원소로 갖는 리스트를 반환한다.

3. 세 개의 형식 data_str, w, c가 각각 문자열, 논리값, 논리값인 함수 **wc**()를 정의하는 프로그램을 작성하라. 이 함수는 형식 인자 data_str의 단어 수와 글자 수를 반환하는 함수이며, 형식 인자 w, c는 각각 단어 수와 글자 수 반환을 결정하는 논리값이며, 기본값이 **True**이다. 즉, 기본적으로 이 함수는 단어 수와 글자 수를 반환한다. 하지만, w 또는 c의 값이 **False**이면 단어 수 또는 글자 수를 반환하지 않는다. 예를 들어, 함수 호출 **wc**('good morning')는 2, 12를 반환하지만, 함수 호출 **wc**('good morning', **False**)는 글자 수 12만 반환한다.

4. 앞 5.1절의 연습 과제 3번과 관련하여 최대값이 아닌 최소값을 찾아 교환하는 함수 **minfind_exchange**()를 정의하고, 이들 함수를 이용하여 함수 **sort_list**()를 정의하는 프로그램을 작성하라. 이 함수는 형식 인자를 통해 전달된 리스트(*data*)의 값을 크기 순서로 나열한 리스트를 반환하며, 나열 순서를 결정하는 논리값(기본값은 **True**)을 형식 인자(*direct*)로 갖는다. 이 함수는 *direct*의 값이 **True**이면 작은 값에서 큰 값의 순서로, **False**이면 큰 값에서 작은 값의 순서로 나열한 리스트를 반환한다.

1. 함수 **make_str()**를 정의하는 프로그램.

```
def make_str(word_lst, sep=' '):
    return sep.join(word_lst)
print(make_str(['good','morning']))
print(make_str(['good','morning'], '**'))
```

2. 함수 **make_nirand()**를 정의하는 프로그램.

```
import random
def make_nirand(n, begin=0, end=100):
    return [random.randint(begin, end) \
              for _ in range(n)]
print(make_nirand(10))
print(make_nirand(5,0, 10))
```

3. 함수 **wc()**를 정의하고, 시험하는 프로그램.

```
def wc(data_str, w=True, c=True):
    n_word =len(data_str.split())
    n_char = len(data_str)
    return (n_word, n_char) if w and c
              else n_word if w else n_char if c else None
print(wc('good morning'))
print(wc('good morning',True, False))
print(wc('good morning',False))
print(wc('good morning', False, False))
```

5.3 함수 파라미터의 종류

함수를 정의할 때 형식 인자는 함수 호출할 때 실 인자를 전달받기 위한 매개 변수이며, 실 인자인 데이터가 형식 인자에 전달되는 것은 형식 인자와 실 인자가 나열된 순서에 따른다. 이 방법은 첫 번째 형식 인자에 첫 번째 실인자를 전달하고, 두 번째 형식 인자에 두 번째 실인자를 전달하는 등과 같은 방법으로 이를 위치 기반 인자(positional parameter)라고 한다.

파이썬은 위치 기반 인자 전달 방법뿐만 아니라 키워드 기반 인자(keyword parameter) 전달 방법이 있다. 이 방법은 실 인자 데이터를 형식 인자로 전달할 때 *paramter_name=value* 의 형식으로 형식 인자의 이름(parameter_name)을 지정하는 것이다. 함수 호출에서 위치 기반 인자와 키워드 기반 인자 전달 방법을 섞어서 사용할 수 있지만, 위치 기반 인자가 키워드 기반 인자보다 앞서 나와야 한다. 코드 5.4는 위치 기반 인자와 키워드 기반 인자 전달 방법을 사용한 함수 호출의 예를 나타낸 것이다. 코드의 3번 줄의 명령문은 위치 기반 인자 전달 방법을 이용하여 함수 **foo**()를 호출하는 것이고, 4번 줄은 키워드 기반 인자 전달 방법을 이용하여 함수를 호출한 것이다. 코드 4번 줄의 명령문에서 $d=1$은 실 인자 1을 형식 인자 d에 전달한다. 코드의 5번 줄은 위치 기반 인자 전달과 키워드 기반 인자 전달 방법을 함께 사용한 것으로 실 인자 1, 2를 위치 기반 인자 전달 방법으로 형식 인자 a, b에 각각 전달하고, 실 인자 3과 4를 키워드 기반 인자 전달 방법으로 d, c에 각각 전달한다.

코드 5.4: 위치 기반 인자와 키워드 기반 인자 전달의 예

```
1 def foo(a, b, c, d):
2     print(a, b, c, d)
3 foo(1, 2, 3, 4)
4 foo(d=1, c=2, b=3, a=4)
5 foo(1, 2, d=3, c=4)
```

위치 기반만의 인자(positional-only paramtger)는 위치 기반 인자 전달 방법만으로 실 인자 데이터가 전달되는 형식 인자이다. 함수를 정의할 때 형식 인자로 심볼 /를 사용하면, 그 심볼보다 앞서 나열된 형식 인자는 모두 위치 기반만의 인자가 된다. 이 위치 기반만의 형식 인자는 키워드를 이용한 인자 전달 방법을 사용할 수 없다. 키워드 기반만의 인자(keyword-only parameter)는 키워드 기반 인자 전달 방법만으로 실 인자 데이터가 전달되는 형식 인자이다. 함수를 정의할 때 형식 인자로 심볼 *를 사용하면, 그 심볼보다 뒤에 나열된 형식 인자는 모두 키워드 기반만의 인자가 된다. 이 키워드 기반만의 형식 인자는 위치 기반 인자 전달 방법을

사용할 수 없다. 코드 5.5는 위치 기반만 또는 키워드 기반만의 인자 전달 방법의 예를 나타낸 것이다. 코드 1번 줄의 함수 **foo()** 정의에서 세 번째 형식 인자로 사용한 심볼 /는 데이터를 전달받기 위한 매개 변수가 아니라 이 심볼보다 앞서 나열된 매개 변수 a, b가 위치 기반만의 인자 전달 방법을 사용하는 형식 인자임을 나타낸다. 따라서, 설명문으로 처리한 7번 줄의 함수 호출은 허용되지 않는다. 또, 코드 3번 줄의 함수 **foo2()** 정의에서 세 번째 형식 인자로 사용한 심볼 *는 이 심볼보다 뒤에 나열된 매개 변수 c, d가 키워드 기반만의 인자 전달 방법을 사용하는 형식 인자임을 나타낸다. 따라서, 설명문으로 처리한 10번 줄의 함수 호출은 허용되지 않는다.

코드 5.5: 위치 기반만의 인자와 키워드 기반만의 인자 전달의 예

```
1  def foo(a, b, /, c, d):
2      print(a, b, c, d)
3  def foo2(a, b, *, c, d):
4      print(a, b, c, d)
5  foo(1, 2, 3, 4)
6  foo(1, 2, d=3, c=4)
7  # foo(a=1, 2, 3, 4)
8  foo2(1, 2, d=3, c=4)
9  foo2(b=1, a=2, d=3, c=4)
10 # foo2(1, 2, 3, 4)
```

코드 5.6는 위치 기반만의 인자와 키워드 기반만의 인자를 모두 사용한 예이다. 코드의 1번 줄에서 형식 인자 / 보다 앞에 있는 n은 위치 기반만의 형식 인자이고, 형식 인자 * 보다 뒤에 있는 $radix$는 키워드 기반만의 형식 인자이다.

코드 5.6: 10진법 이하 n-진법의 숫사 유효성 검사 예

```
1  def isValidDigit(n, /, *, radix=10):
2      return radix >= 2 and radix <= 10 and n >= 0 and n < radix
3  print(isValidDigit(2))
4  print(isValidDigit(2, radix=8))
5  print(isValidDigit(2, radix=2))
```

✓ 연습 과제

1. 앞 5.2절의 연습 과제 1번의 형식 인자 sep가 키워드 기반 인자가 되도록 함수 정의를 수정하여라.

2. 앞 5.2절의 연습 과제 2번의 함수 **make_nirand**()의 형식 인자 *begin*, *end*를 키워드 기반 인자로 하여 정의하면 시작 값 또는 끝 값을 각각 순서에 무관하게 설정할 수 있다. 형식 인자 *begin*, *end*가 키워드 기반 인자가 되도록 함수 **make_nirand**() 정의를 수정하라.

3. 앞 5.2절의 연습 과제 3번의 함수 **wc**()는 형식 인자 *w*와 *c*가 위치 기반 인자이다. 이를 인자가 반드시 키워드 기반 인자로 사용할 수 있도록 함수 **wc**()를 수정하라.

1. 키워드 기반 인자 *sep*를 갖는 **make_str**() 함수를 정의하는 프로그램.

```
def make_str(word_lst, /, *, sep=' '):
    return sep.join(word_lst)
print(make_str(['good','morning']))
print(make_str(['good','morning'], sep='**'))
```

2. 키워드 기반 인자 *begin*, *end*를 갖는 함수 **make_nirand**()를 정의하는 프로그램.

```
import random
def make_nirand(n, /, *, begin=0, end=100):
    return [random.randint(begin, end) for _ in range(n)]
print(make_nirand(10))
print(make_nirand(5,end=10))
print(make_nirand(5,end=10, begin=5))
```

3. 키워드 기반 인자 *w*, *c*를 갖는 함수 **wc**()를 정의하는 프로그램.

```
def wc(data_str, /, *, w=True, c=True):
    n_word =len(data_str.split())
    n_char = len(data_str)
    return (n_word, n_char) if w and c else \
        n_word if w else n_char if c else None
print(wc('good morning'))
print(wc('good morning',c=False))
print(wc('good morning',w=False))
print(wc('good morning', c=True, w=False))
```

5.4 가변 개수의 파라미터 전달

함수를 호출할 때 기본 값을 갖는 경우를 포함하여 한 개의 실 인자를 한 개의 형식 인자로 전달하는 것이 보통이지만, 파이썬은 0 또는 그 이상의 실 인자를 하나의 형식 인자에 전달하는 방법을 제공하고 있다. 가변 수의 위치 기반 인자(var-positional parameter)[2]는 실 인자로 나열된 데이터들을 원소로 한 튜플을 한 개의 형식 인자에 전달하는 것이다. 즉, 이러한 종류의 인자를 이용한 인자 전달 방법은 형식 인자에 한 개의 튜플을 전달하며, 이 튜플은 함수를 호출할 때 실 인자로 0 또는 그 이상의 개수 만큼 나열한 데이터들을 저장하고 있다. 아래는 함수를 정의할 때 가변 수의 위치 기반 인자를 표현하는 것으로 형식 인자 식별자 앞에 심볼 *을 삽입한다.

```
def func_name( *parameter) :
    function_body
    return value
```

코드 5.7은 함수 정의에서 가변 수의 위치 기반 인자를 사용한 예를 나타낸 것이다. 코드의 1번 줄에 있는 함수 **foo()** 정의는 세 개의 형식 인자 *a*, *b*, *c*를 갖고 있다. 이 형식 인자 중 기본 값을 갖는 *b*를 포함하여 *a*와 *b*는 위치 기반 형식 인자이며, *c*는 가변 수의 위치 기반 인자이다. 코드의 4번 줄은 두 개의 실 인자1, 2를 이용하여 함수 **foo()**를 호출하는 것으로 두 개의 실 인자를 각각 형식 인자 *a*, *b*에 전달하고, 더 이상의 실 인자가 없으므로 빈 튜플 ()을 형식 인자 *c*에 전달한다. 코드의 5번 줄은 실 인자 1, 2를 각각 형식 인자 *a*, *b*에 전달하고, 나머지 세 개의 실 인자 3, 4, 5를 데이터로 갖는 튜플 (3, 4, 5)를 형식 인자 *c*에 전달하다. 코드의 6번 줄은 함수 호출에서 사용한 실 인자 1을 형식 인자 *a*에 전달하고, *b*에 기본 값, 그리고, *c*에 빈 튜플을 전달한다.

코드 5.7: 가변 수의 위치 기반 인자의 예

```
1 def foo(a, b=0, *c):
2     print(a, b, c)
3 foo(1, 2)
4 foo(1, 2, 3, 4, 5)
5 foo(1)
```

[2]파이썬 3.10 문서에 표현된 것은 'var-positional argument'이다.

함수를 호출할 때 0 또는 그 이상의 실 인자를 전달하는 다른 방법은 가변 수의 키워드 기반 인자(var-keyword argument)가 있다. 이 방법은 함수를 호출할 때 0 또는 그 이상의 키워드 기반 실 인자를 원소로 하는 딕셔너리를 생성하고, 이를 한 개의 형식 인자로 전달하는 것이다. 함수를 정의할 때 가변 수의 키워드 기반 인자를 표현하는 것으로 형식 인자의 식별자 앞에 심볼 **를 삽입한다. 코드 5.8는 가변 수의 키워드 기반 형식 인자를 갖는 함수를 정의하고, 호출하는 예를 나타낸 것이다. 코드의 1번 줄에 있는 함수 **foo**()는 위치 기반 인자 a, b와 가변 수의 키워드 기반 인자 c를 형식 인자로 사용하고 있다. 코드의 3번 줄에서 함수 호출 **foo**(1)은 실 인자 1을 형식 인자 a로 전달하고, 형식 인자 b에 기본 값 0을, c에 빈 딕셔너리를 각각 전달한다. 코드 4번 줄에서 함수 호출은 실 인자 1, 2를 형식 인자 a, b에 각각 전달하고, 두 개의 키워드 기반 실 인자 *n1=2*, *n2=3*를 원소로 갖는 딕셔너리 {*'n1':2, 'n2':3*}을 형식 인자 c에 전달한다.

코드 5.8: 가변 수의 키워드 기반 인자의 예

```
1 def foo(a, b=0, **c):
2     print(a, b, c)
3 foo(1)
4 foo(1, 2, n1=2, n2=3)
```

코드 5.9는 0 또는 그 이상의 수 데이터에 대한 합을 계산하는함수 **calcTotal**()의 정의 및 호출의 예를 나타낸 것이다. 실 인자를 갖지 않는 코드 6번 줄에서의 함수 호출은 함수 **calcTotal**()의 형식 인자 *nums*에 빈 튜플을 전달한다. 반면, 7번 줄에서의 함수 호출은 형식 인자 *nums*에 정수 다섯 개를 원소로 하는 튜플을 전달한다.

코드 5.9: 합을 계산하는 함수의 예

```
1 def calcTotal(*nums):
2     total = 0
3     for v in nums:
4         total = total + v
5     return total
6 print(calcTotal())
7 print(calcTotal(1, 2, 3, 4, 5))
```

✓ 연습 과제

1. 적어도 한 개 이상의 데이터를 형식 인자 *values*를 통해 전달받고, 연산의 종류에 따라 연산한 후 그 결과를 반환하는 함수 **calc**()를 정의하고, 그 함수의 기능을 시험하는 프로그램을 작성하라. 단, 연산의 종류를 결정하는 형식 인자 *op*는 반드시 키워드 기반 인자로 하고, 이 함수는 *op* 인자의 값이 0이면 덧셈, 1이면 곱셈을 한 결과를 반환한다. 이 함수를 시험하는 것은 **calc**(1, 2, 3, op=0)과 **calc**(1, 2, 3, 4, op=1)의 호출을 이용하여라.

2. 임의의 개수의 문자열을 형식 인자 *strings*를 통해 전달받고, 이 문자열을 공백으로 연결한 문자열을 반환하는 함수 **add_str**()를 정의하고, 그 기능을 시험하는 프로그램을 작성하라. 예를 들어, 함수 호출 **add_str**('good', 'morning')은 문자열 'good morning'을 반환한다.

3. 임의의 개수의 데이터를 형식 인자 *argv*를 통해 전달받고, 이 데이터 중 임의의 한 데이터를 선택하여 반환하는 함수 **sample**()을 정의하고, 그 기능을 시험하는 프로그램을 작성하라. 예를 들어, 함수 호출 **sample**(1, 2, 3, 'good', 'morning')은 다섯 개의 실 인자 중 임의의 선택된 한 개가 반환된다.

4. 영어 문장을 임의로 생성하는 함수 **make_sentence**()를 정의하고, 시험하는 프로그램을 작성하라. 이 함수는 키워드 기반 인자로 *sub*, *verb*, *obj*를 가지며, 이 인자는 각각 주어 단어 리스트, 동사 단어 리스트, 목적어 단어 리스트이다. 이 함수는 각 형식 인자를 통해 전달 받은 단어 중 각각 하나씩 임의로 선정하여 문장을 만들어 반환한다. 각 형식 인자의 단어 중 하나를 선정하는 것은 앞에서 정의한 함수 **sample**()을 이용하고, 주어, 동사, 목적어에서 선정된 단어를 하나의 문장으로 만드는 것은 앞의 함수 **add_str**()을 이용하라. 물론, 단어를 임의로 선정한 것이므로 영어 문법에는 맞지 않는다. 예를 들어, 함수 호출 **make_sentence**(sub=['I', 'You'], verb=['is', 'are', 'am', 'do'], obj=['apple','boy','girl'])은 'I is apple'(전혀 말이 되지는 않지만) 등의 문장을 만들어 반환한다.

1. 함수 **calc()**를 정의하고, 시험하는 프로그램.

```
def calc(*values, op):
    if len(values) == 0:
        result = None
    else:
        result = 0 if op == 0 else 1
        for v in values:
            result=(result+v) if op==0 else (result*v)
    return result
print(calc(1, 2, 3, op=0))
print(calc(1, 2, 3, 4, op=1))
```

2. 문자열을 연결하는 함수 **add_str()**을 정의하고, 시험하는 프로그램.

```
def add_str(*strings):
    return ' '.join(strings)
print(add_str('good', 'morning'))
print(add_str('Hi!', 'Welcome', 'to', 'here'))
```

3. 형식 인자를 통해 전달받은 데이터 중 하나를 임의로 선택하여 반환하는 함수 **sample()**를 정의하고 시험하는 프로그램.

```
import random
def sample(*data):
    if len(data) == 0:
        result = None
    else:
        result = data[random.randint(0,len(data)-1)]
return result
for _ in range(5):
    print(sample('good', 'morning', 'i', 'miss', 'you'))
```

5.5 지역 변수와 전역 변수

함수는 데이터 처리 또는 특정 기능 수행을 목적으로 데이터를 변수에 임시로 저장하고, 사용한다. 이처럼 함수 내에서 데이터의 임시 저장을 위해 사용되는 변수를 지역 변수(local variable)라고 한다. 지역 변수는 함수 내에서 그 값이 설정되고, 사용되므로 변수의 식별자가 적용, 사용되는 범위는 함수 내로 제한된다. 예를 들어, 코드 5.10는 지역 변수의 예를 나타낸 것이다. 이 프로그램은 코드 4번 줄에서 함수 **fn**()을 호출하며, 이 함수가 변수 *data*에 1을 저장하고 있다. 하지만, 변수 *data*의 값을 출력하는 코드 5번 줄은 식별자 *data*를 찾지 못하는 *NameError* 오류를 포함하고 있다. 코드의 2번 줄 실행이 값 1을 변수 *data*에 저장하지만 5번 줄의 명령문 실행에서 그 변수를 찾지 못하는 이유는 변수의 *data*가 지역 변수이기 때문이다. 즉, 이 변수의 식별자 *data*는 함수 **fn**() 내에서만 유효하므로 이 변수는 함수 외부에서 사용될 수 없다.

코드 5.10: 함수 내 변수의 사용

```
1 def fn():
2     data = 1   # 지역변수
3     print(data)
4 fn()
5 print(data)   # NameError 발생
```

코드 5.11: 전역 변수의 사용

```
1 data = 99 # 전역 변수
2 def fn():
3     data = 1
4     print(data) # 지역 변수 사용
5 def fn2():
6     print(data) #전역 변수 사용
7 fn()
8 fn2()
9 print(data)  #전역 변수 사용
```

코드 5.11은 전역 변수(global variable)의 사용을 나타낸 것이다. 전역 변수는 기본적으로 코드의 1 번 줄과 같이 함수 외부에서 그 값이 설정되며, 그 변수의 식별자 즉, 변수 이름이 프로그램 파일 전체에 유효하다. 따라서, 전역 변수는 코드의 6번 줄과 같이 함수 내부뿐만 아니라 9번 줄과 같이 함수 외부에서도 사용될 수 있다. 전역 변수와 지역 변수 이름 즉, 식별자가 같으면 지역 변수가 우선 사용된다. 즉, 코드 2번 줄에 있는 함수 **fn**()의 변수 *data*는 전역 변수와 같은 식별자를 갖지만 지역 변수가 우선적으로 사용되므로 4번 줄의 출력은 지역

변수 *data*가 저장하고 있는 값을 출력한다.

지역 변수의 식별자와 같지 않으면 함수 내에서 전역 변수의 값을 이용하는 것은 문제가 없지만 함수 내에서 새로운 값을 전역 변수에 저장할 필요가 있는 경우는 다음과 같이 함수 내에서 **global**를 사용하여 식별자의 변수가 전역 변수임을 구체적으로 명시하면 된다. 코드 5.12는 함수 내에서 값을 전역 변수에 저장하는 예를 나타낸 것이다. 코드 3번 줄의 명령문은 **global** 명령문을 이용하여 식별자 *data*가 전역 변수임을 선언하는 것이다. 따라서, 4번 줄의 명령문은 지역 변수가 아닌 전역 변수 *data*에 1을 저장하는 것이다. 전역 변수 *data*가 1을 저장하고 있으므로 5번 줄과 7번 줄에서 출력하는 변수 *data*의 값은 같다. 코드 5.13은 함수 내에서 전역 변수를 수정하는 것을 나타낸 것이며, 3번 줄의 명령문은 변수 *lst*에 새로운 값을 저장하는 것이 아니고, 변수 *lst*에 저장되어 있는 리스트에 새로운 원소를 추가하는 것이므로 함수 **append**()내 변수 *lst*는 전역 변수로서 사용된다.

global *variable*

코드 5.12: 함수 내 전역 변수의 수정

```
1 data = 99
2 def fn():
3     global data
4     data = 1
5     print(data)
6 fn()
7 print(data)
```

코드 5.13: 함수 내 전역 변수 사용

```
1 lst = []
2 def append(data):
3     lst.append(data)
4 def show():
5     print(lst)
6 append(1)
7 show()
```

전역 변수는 그 변수가 사용된 프로그램 전체에 영향을 미치므로 함수 내에서 전역 변수의 값을 변경하는 것은 예상하지 못한 논리적 오류를 발생시킬 수 있다. 즉, 임의의 함수에서 전역 변수의 값을 재 설정하였는데 프로그램의 다른 실행 코드는 변경되기 전의 전역 변수 값을 고려하여 처리한다면 예상하지 못한 실행 결과를 생성할 수 있다. 따라서, 프로그램 작성자는 함수 내에서 전역 변수에 새로운 값을 저장하지 않도록 프로그램을 설계할 필요가 있다. 만약, 함수의 처리한 결과를 전역 변수에 저장하여야 한다면, 함수 내에서 전역 변수에 새로운 값을 대입하는 것 대신 함수의 반환 값을 전역 변수에 저장하는 방법이 효과적이다.

✓ 연습 과제

1. 전역 변수로 원주율 PI의 값으로 3.14를 설정하고, 이 값을 이용하여 원의 반지름을 형식 인자를 통해 전달받아 원의 넓이를 계산하여 반환하는 함수 **calc_area**()를 정의하라. 그리고, 전역 변수인 원주율 PI 값을 다른 값으로 설정할 수 있는 함수 **update_pi**()도 함께 정의하라. 이 **update_pi**() 함수는 설정할 새 원주율 값을 전달 받을 형식 인자 *new_pi*를 포함하고 있다. 이제 반지름을 1.5로 하여 원의 넓이를 계산하기 위해 함수 호출 **calc_area**(1.5)을 한 후, 물리학자들에 의해 원주율 PI 값이 3.141592가 됨을 확인하였고, 이 값을 반영하기 위해 PI의 값을 수정한 수 다시 **calc_area**(1.5)를 호출하여 원의 넓이가 수정됨을 확인하는 프로그램을 작성하라.

---

1. 전역 변수의 사용과 수정을 위한 프로그램.

```
PI = 3.14
def calc_area(radius):
    return PI * radius ** 2
def update_pi(new_pi):
    global PI
    PI = new_pi
print(calc_area(1.5))
update_pi(3.141592)
print(calc_area(1.5))
```

Part II

파이썬 심화

6

객체지향 프로그래밍: 클래스와 객체

6.1 클래스와 객체의 개념

이동을 위해 사용하는 여러 물건 중 '자전거'로 분류되는 것은 크기, 모양, 색 등이 같지 않아도 '자전거'가 가져야 하는 특징을 가지고 있다. 즉, 우리는 '자전거'의 특징을 갖고 있는 물건들을 자전거로 부르고 있다. 동일하게 우리는 프로그램의 처리 대상이 되는 것을 그 특징에 따라 특정 데이터 형(data type)으로 분류할 수 있다. 예를 들어, 프로그램이 처리할 두 대상 [1, 2, 3]과 ['good', 'welcome']은 서로 다른 값을 저장하고 있지만, 데이터 저장 방법, 기능 등 관련된 공통적인 특징을 갖고 있어 이 처리 대상들은 ***list***[1]라고 불린다. 즉, 두 처리 대상 [1, 2, 3]과 ['good', 'welcome']은 ***list*** 데이터 형의 특징을 갖고 있어 리스트이다.

'good'와 'welcome'은 문자열(***str*** 데이터 형), [1, 2]와 ['good', 'welcome']은 리스트(***list*** 데이터 형)라고 한 것과 같이 프로그램의 처리 대상이 되는 데이터는 그 특징에 따라 특정한 데이터 형으로 분류될 수 있다. 클래스(class)는 데이터를 분류할 수 있는 기준 즉, 특징을 정의하며, 그 특징을 갖는 데이터를 위한 데이터 형이 된다. 예를 들어, 데이터 형 ***str***은 문자열의 특징을 정의하고 있는 클래스이며, ***list***는 리스트의 특징을 정의하고 있는 클래스이다. 코드 6.1은 함수 **type**()을 이용하여 변수 *lst*와 *s*에 저장된 데이터의 데이터 형을 출력하는 것이다. 출력 결과에 의하면 두 변수에 저장된 것은 각각 ***list***와 ***str*** 클래스로 분류되는 데이터이다. 이것은 변수 *lst*에 저장되어 있는 데이터가 클래스 ***list***에서 정의한 특징에 맞게 만들어진 것임을 의미한다. 이러한 관점에서 클래스는 그 클래스에서 정의한 특징을 갖는 데이터를 생성할 때 사용되는 일종의 틀(template)이라고 할 수 있다.

코드 6.1: 데이터 형을 출력하는 예

```
lst = [1, 2, 3]
s = 'good morning'
print(type(lst))
print(type(s))
```

파이썬은 ***list***, ***str***, ***tuple***, ***dict*** 등 많은 종류의 클래스를 기본 제공하고 있지만 프로그램의 처리 대상이 되는 데이터가 기본 제공되는 클래스 만으로 표현될 수 없는 데이터 형이라면 프로그래머는 그 데이터를 위한 새로운 데이터 형을 위해 클래스를 정의할 수 있다. 아래는 클래스를 정의하는 방법과 정의한 클래스를 이용하여 데이터[2]를 생성하는 방법을 나타낸 것이

[1]지금까지 우리가 리스트라고 표현하고 사용한 그 데이터 형이다.
[2]정확히 표현하면 객체(object)이다.

다. 클래스 정의는 키워드 **class**와 클래스 이름 ***class_name***으로 시작하며, 클래스의 특징은 body 부분에서 정의한다. 이 body 부분에 정의되는 특징은 그 클래스 형으로 분류될 수 있는 데이터가 저장하는 정보와 기능이다. 즉, 이 클래스 형으로 분류되는 데이터가 저장하는 정보(들)이 무엇인지 그리고, 그 정보를 기반으로 어떻게 기능을 제공하는 가에 대한 것을 정의하는 것이다. 정의한 클래스를 이용하여 데이터를 생성하는 것은 ***class_name()***의 형태를 갖는다. 이때 생성되는 데이터는 클래스에서 정의한 특징을 가지며, 클래스를 이용하여 생성한 데이터를 객체(object)라고 한다. 즉, 객체는 클래스가 정의한 특징을 갖도록 생성된 실체이다.

```
class class_name : # 클래스 정의
    body

variable = class_name() # 클래스를 이용한 데이터 생성
```

코드 6.2는 가장 기본적인 형태로 클래스 ***Score***를 정의한 예를 나타낸 것이다. 코드의 1, 2번 줄이 클래스 ***Score***를 정의하는 것이며, 최소한의 클래스 정의이므로 별도의 특징을 포함하고 있지 않다. 코드의 3번 줄은 클래스 ***list*** 객체–지금까지 리스트라고 했던 데이터–를 생성하여 변수 *lst*에 저장하는 것이며, 4번 줄은 앞서 정의한 클래스 ***Score***의 객체를 생성하여 변수 *mine*에 저장하는 것이다. 코드의 5번 줄은 메소드 **append**()를 호출하여 변수 *lst*에 저장된 리스트가 제공하는 기능을 이용하는 것이다. 코드 7번 줄은 각 변수가 저장하고 있는 데이터를 출력하고 있다.

코드 6.2: 클래스 정의와 데이터 생성의 예

```
1 class Score:
2     pass
3 lst = list()
4 mine = Score()
5 lst.append(1)
6 print(type(lst), type(mine))
7 print(lst, mine)
```

✓ 연습 과제

1. 은행 계좌를 관리하기 위한 클래스 ***Account***를 정의하고, 이 클래스의 객체를 생성하는 프로그램을 작성하라. 이 클래스는 고객 한 명의 잔액 관리를 위한 것으로 주요 특징은 다음과 같다.

   - 고객의 잔액 데이터 저장
   - 저금 기능 - 고객 잔액의 증가
   - 출금 기능 - 고객 잔액의 감소
   - 현재 잔액 확인 기능

   은행은 고객의 잔액 관리위해 ***Account*** 클래스가 정의한 특징을 갖는 실체 즉, 객체를 각 고객을 위해 각각 생성하고, 그 객체를 이용하여 잔액을 관리한다. 클래스의 특징을 정의하는 방법을 다루기 전이므로 우선 기본 형식에 따라 클래스를 정의하고, 두 고객을 위한 객체를 생성하는 프로그램을 작성하라.

2. 학생이 수강한 교과목 및 그 성적을 관리하기 위한 클래스 ***LectureScore***를 정의하고, 이 클래스의 객체를 생성하는 프로그램을 작성하라. 이 클래스는 학생이 수강한 교과목의 이름과 여러 성적 관리를 위한 것으로 주요 특징은 다음과 같다.

   - 학생이 수강한 교과목 명과 각 교과목의 성적 저장
   - 교과목 추가 기능
   - 교과목 성적 추가 기능
   - 교과목 성적 반환 기능
   - 교과목 성적 수정 기능
   - 각 교과목의 성적 합 계산 기능
   - 전체 교과목의 총점 계산 기능

   교과목 담당자는 교과목을 수강하는 학생을 위해 ***LectureScore*** 클래스가 정의한 특징을 갖는 실체 즉, 객체를 각 학생을 위해 각각 생성하고, 그 객체를 이용하여 교과목 성적을 관리한다. 클래스의 특징을 정의하는 방법을 다루기 전이므로 우선 기본 형식에 따라 클래스를 정의하고, 한 학생을 위한 객체를 생성하는 프로그램을 작성하라.

1. ***Account*** 클래스를 정의하고, 두 개의 객체를 생성하는 프로그램.

```
class Account:
    pass                    # 다음 절에서 이 부분에 구체적 특징을 추가함

kim_account = Account() # 객체 생성
lee_account = Account()
print(type(kim_account))# 객체 데이터 형 출력
```

2. ***LectureScore*** 클래스를 정의하고, 두 개의 객체를 생성하는 프로그램.

```

class LectureScore:
    pass                    # 다음 절에서 이 부분에 구체적 특징을 추가함

lec_score_lee = LectureScore()  # 객체 생성
print(type(lec_score_lee))      # 객체 데이터 형 출력
```

6.2 클래스 메소드 정의 및 호출

메소드(method)는 클래스 정의를 구성하는 특징 중 기능을 위한 것으로 저장하고 있는 정보를 기반으로 한 처리를 담당한다. 클래스 ***str***과 ***list***가 제공하는 메소드의 일부를 나타낸 표 3.2과 4.1에서 보인 것과 같이 각 클래스가 제공하는 기능은 클래스의 종류에 따라 다양한다. 따라서, 클래스 정의는 0 또는 그 이상의 메소드 정의를 포함하고 있다. 메소드를 정의하는 방법은 함수를 정의하는 것과 유사하다.

아래는 메소드를 정의하는 방법을 나타내고 있다. 메소드 정의는 클래스 정의 내에 포함되는 것이므로 각 메소드를 정의할 때 동일한 양의 들여쓰기를 해야 한다. 또, 함수가 0 또는 그 이상의 파라미터를 가질 수 있었던 것과 달리 메소드는 1 또는 그 이상의 파라미터를 갖는다. 즉, 메소드의 첫 번째 형식 인자는 필수이며, 그 메소드 호출에 사용된 객체를 전달받는다. 메소드 첫 번째 형식 인자의 식별자는 관례적으로 **self**가 사용되나 다른 식별자를 사용하여도 문제가 없다. 처리의 결과를 반환해야 하면 메소드는 **return** 문을 이용하며, 반환 값이 없다면 생략한다.

```
class class_name :
    def method_name(self, [parameters]) :
        method_body
        [return value]
```

리스트 객체를 이용하여 새로운 데이터를 추가할 때 *lst.**append(1)***의 형식으로 **append()** 메소드를 호출한 것과 같이 어떤 기능 수행을 위한 메소드 호출은 아래의 형식에 나타낸 것과 같이 클래스를 이용하여 생성한 객체 또는 객체를 저장하고 있는 변수[3]를 이용한다. *obj*는 객체 또는 객체를 저장하고 있는 변수이다. 메소드 정의에서 n 개의 형식 인자를 사용하였다면 그 메소드의 호출은 (*n-1*)개의 실 인자를 사용한다. 이것은 메소드 호출에 사용한 객체 *obj*가 메소드 정의에 있는 첫 번째 형식 인자 **self**에 자동 전달되기 때문이다. 따라서, 메소드 호출 시 인자의 전달 방법은 첫 번째, 두 번째, ⋯, (*n-1*) 번째 실 인자를 두 번째, 세 번째, ⋯, n 번째 형식 인자로 전달한다.

```
obj.method_name( [ parameters ] )
```

[3]엄밀히 말하면 변수에 저장되는 것은 생성된 객체가 아니라 그 객체에 접근할 수 있는 정보를 저장한다.

코드 6.3은 클래스 ***Util***의 메소드 **sub**()와 **add**()을 정의하고, 이 메소드를 호출한 예이다. 두 메소드는 클래스 ***Util***의 메소드이므로 2와 4번 줄에 나타낸 것과 같이 같은 길이의 들여쓰기가 되어 있다. 코드의 3, 5번 줄에 있는 각 메소드의 실행 블록은 각각 메소드에 포함되는 블록이므로 키워드 **def**가 있는 줄보다 더 긴 들여쓰기가 되어 있다. 이때 메소드 **sub**()와 **add**()의 실행 블록을 위한 들여쓰기 길이는 같을 필요는 없지만 코드의 가독성을 위해 들여쓰기의 길이를 동일하게 한다. 코드의 7번 줄은 메소드 **add**()를 호출하고 있으며, 그림 6.1은 메소드 호출의 실 인자가 형식 인자로 전달되는 것을 나타내고 있다. 변수 u를 이용한 메소드 **add**() 호출은 변수 u에 저장되어 있는 객체가 형식 인자 **self**로, 실 인자 1과 2가 두 번째, 세 번째 형식 인자인 x와 y로 전달한 후 메소드의 실행 블록을 실행한다.

코드 6.3: 메소드 정의와 호출의의 예

```
1 class Util:
2     def sub(self, x, y):
3         return x - y
4     def add(self, x, y):
5         return x + y
6 u = Util()
7 add_value = u.add(1, 2)
8 print(add_value)
```

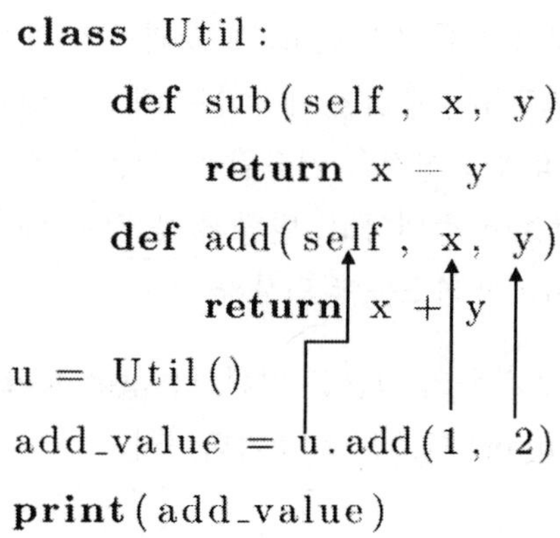

그림 6.1: 메소드 호출시 실 인자가 형식 인자로 전달되는 방법

✓ 연습 과제

1. 앞서 정의한 ***Account*** 클래스의 특징 중 제공하는 기능과 관련된 특징은 저금, 출금, 잔액 확인 기능이다. 저금 기능을 위한 메소드 **deposit**()은 형식 인자 *amount*를 통해 전달받은 저금액을 이용하여 잔액을 증가시키는 기능을 수행하며, 출금 기능을 위한 메소드 **withdraw**()는 형식 인자 *amount*를 통해 전달받은 출금액을 이용하여 잔액을 감소시키는 기능을 수행하며, 반환 값은 없다. 또, 잔액 확인을 위한 메소드 **get_balance**()는 형식 인자를 갖지 않으며, 고객의 현재 잔액을 반환하는 기능을 수행한다. 고객의 잔액을 저장할 수 있는 특징을 정의하지 않았으므로 각 메소드의 기본 형식만 갖추어 정의하고, 반환 값을 갖는 **get_balance**()는 0을 반환하는 것으로 하여 ***Account*** 클래스 정의를 보완하라.

2. 앞서 정의한 ***LectureScore*** 클래스의 특징 중 제공하는 기능과 관련된 특징은 교과목 추가, 교과목 성적 추가, 교과목 성적 반환, 교과목 성적 수정, 교과목 성적 합, 전체 교과목 총점 계산 기능이다. 교과목 추가, 교과목 성적 반환, 교과목 성적의 합을 위한 메소드는 각각 **add_lecture**(), **get_lecture_scores**(), **get_lecture_sum**()이며, 이 메소드는 형식 인자 *lec_name*를 통해 교과목 명을 전달받는다. 메소드 **add_lecture**()는 세로운 교과목을 추가하며, **get_lecture_scores**()는 교과목 명에 해당하는 성적 리스트를 반환한다. 교과목 성적을 추가하는 메소드 **add_lecture_score**()는 형식 인자 *lec_name*, *score*를 통해 교과목 명과 점수를 전달받고, 그 교과목의 성적을 추가한다. 교과목 성적을 수정하는 메소드 **modify_lecture_score**()는 형식 인자 *lec_name*, *idx*,*score*를 통해 교과목 명과 점수 번호 및 점수를 전달받고, 그 교과목의 성적 중 점수 번호에 해당하는 성적을 수정한다. 전체 교과목의 총점을 계산하는 메소드 **get_total_score**()는 별도 형식 인자를 갖지 않는다. 학생의 성적을 저장할 수 있는 특징을 정의하지 않았으므로 각 메소드의 기본 형식만 갖추어 정의하고, 반환 값을 갖는 메소드는 0 또는 빈 리스트를 반환하도록 ***LectureScore*** 클래스를 정의하라.

3. 앞 ***LectureScore***에서 각 과목의 평균을 반환하는 **get_lecture_average**()와 전체 평균을 반환하는 **get_average**() 메소드를 추가하여라.

1. 기본 형식의 메소드 정의를 포함한 ***Account*** 클래스를 위한 프로그램.

```python
class Account:
    def deposit(self, amount):
        pass
    def withdraw(self, amount):
        pass
    def get_balance(self):
        return 0
kim_account = Account()
kim_account.deposit(0)
kim_account.withdraw(0)
print(kim_account.get_balance())
```

2. 기본 형식의 메소드 정의를 포함한 ***LectureScore*** 클래스를 위한 프로그램.

```python
class LectureScore:
    def add_lecture(self, lec_name):
        pass
    def get_lecture_scores(self, lec_name):
        return []
    def get_lecture_sum(self, lec_name):
        return 0
    def add_lecture_score(self, lec_name, score):
        pass
    def modify_lecture_score(self,lec_name, idx, score):
        pass
    def get_total_score(self):
        return 0
lec_score_lee = LectureScore()
lec_score_lee.add_lecture('korean')
lec_score_lee.add_lecture_score('korean', 95)
```

6.3 클래스 변수

메소드와 함께 클래스의 특징을 정의하는 것은 저장하는 정보이다. 이들 정보는 변수에 저장되며, 저장되는 위치에 따라 클래스 변수(class variable)와 인스턴스 변수(instance variable)로 나뉜다. 클래스 변수는 클래스에 저장되는 정보이며, 객체들이 그 정보를 공유할 수 있으며, 아래의 형식으로 값을 저장하거나 사용할 수 있다. 클래스 변수의 초기값은 메소드 외부에서 설정될 수 있으며, 클래스 변수를 사용하는 기본 형태는 *class_name.variable*와 같이 점(.)으로 구분된 클래스 이름과 변수 이름을 이용한다.

```
class class_name :
    variable = value # 클래스 변수 값의 초기화
    def method_name(self, [parameters]) :
        class_name.variable = new_value # 클래스 변수 값 설정
        ··· = ··· class_name.variable ··· # 클래스 변수 값 사용
```

클래스 변수를 사용하는 목적은 그 클래스에서 정의한 특정 값을 프로그램의 다른 부분에서 사용하도록 하거나, 그 클래스를 이용하여 생성된 객체들이 정보를 공유할 수 있도록 하기 위함이다. 코드 6.4는 클래스 ***Score***를 정의할 때 클래스 변수를 사용하는 예를 나타낸 것이다. 코드의 2번 줄의 명령문은 100을 변수 *point*에 저장하고 있는데, 그 위치가 클래스 정의의 안이고, 메소드 정의의 바깥이다. 이와 같이 변수에 값이 저장되는 위치가 메소드 정의 바깥이거나, 코드의 4번 줄에 있는 ***Score****.point*와 같이 **class_name**.*variable* 형식으로 사용된 변수는 클래스 변수이다. 코드의 3번 줄에서 정의되고 있는 메소드 **set**()은 형식인자 *point*를 통해 전달된 실 인자 값을 ***Score****.point* 즉, 클래스 변수 *point*에 값을 설정하고 있다. 코드의 5, 6번 줄은 각각 클래스 ***Score*** 객체를 생성하여 변수 *mine*과 *yours*에 저장하고 있다.

클래스 변수에 접근하는 방법은 코드의 7번 줄에 나타낸 것과 같이 *obj.variable* 또는 ***class_name****.variable*의 형식을 사용할 수 있다. 물론 두 형식 모두 클래스 변수 접근이 가능하지만 뒤에서 설명할 인스턴스 변수와 구별을 위해 클래스 변수로의 접근은 ***class_name****.variable*의 형식 즉, ***Score****.point*와 같은 방법이 더 선호된다. 코드의 8번 줄은 변수 *mine*에 저장된 ***Score*** 객체를 이용하여 클래스 변수의 값을 설정하는 **set**() 메소드를 호출하고 있다. 이 메소드 호출에 따라 클래스 변수의 값이 변경되었으므로 이 클래스를 이용하여 생성된 모든 객체는 동일한 클래스 변수에 접근할 수 있어, 9번 줄의 명령문은 모두 같은 값을 출력한다.

코드 6.4: 클래스 변수를 이용한 정보 공유의 예

```python
class Score:
    point = 100
    def set(self, point):
        Score.point = point
mine = Score()
yours = Score()
print(mine.point, yours.point, Score.point)
mine.set(200)
print(mine.point, yours.point, Score.point)
```

객체들의 정보 공유 목적을 위해 클래스 변수를 사용하는 것과 더불어 여러 프로그램 또는 모듈이 프로그램 실행에 필요한 설정 정보를 공유해야 하는 경우에도 클래스 변수가 사용된다. 코드 6.5는 여러 프로그램 또는 모듈이 클래스 변수를 이용하여 정보를 공유하는 예를 나타낸 것이다. 코드의 1번부터 5번 줄까지는 클래스 ***HyperParameter***를 정의하고 있으며, 이 클래스는 *units* 등 세 개의 클래스 변수를 포함하고 있으며, 코드의 6, 7번 줄은 이 클래스에서 정의한 클래스 변수를 이용하고 있다. 코드 6.5와 같이 프로그램 실행에 필요한 설정 정보 등을 클래스 변수에 저장을 하고, 이 설정 정보가 필요한 프로그램 또는 모듈은 클래스 변수에 저장된 값을 이용하여 프로그램을 실행할 수 있다. 만약 설정 정보의 변경이 요구되는 상황이 발생하였고, 변경된 설정 정보를 기반으로 프로그램을 실행해야 한다면, 이 설정 정보를 사용하는 프로그램 또는 모듈을 찾아 수정할 필요없이 클래스에 정의된 클래스 변수의 값을 수정하는 것만으로 그것을 사용하는 프로그램은 변경된 설정 정보를 반영하여 실행된다.

코드 6.5: 정보 공유를 위한 클래스 변수 사용 예

```python
1 class HyperParameter:
2     units = [32, 64, 128]
3     batch_size = 128
4     split = 0.2
5 for v in HyperParameter.units:
6     print(v)
7 print(HyperParameter.batch_size * HyperParameter.split)
```

✓ 연습 과제

1. 앞서 정의한 클래스 ***Account***에서 한 번에 입금 또는 출금할 수 있는 금액에 제한을 둔다고 하면, 이 금액은 이 클래스를 이용하여 생성된 모든 객체에 적용이 되어야 한다. 클래스 변수 *MAX_AMOUNT_PER_TRANSACTION*는 1회 입금 또는 출금 금액의 한도를 설정한 것으로 그 값을 10,000으로 설정하도록 클래스 정의를 수정하여라. 이 변수의 값은 향후 은행 정책의 변화로 변경될 수 있으므로 클래스 변수를 이용하여 설정한다.

2. 앞서 정의한 클래스 ***LectureScore***에서 과목의 점수는 모두 0점과 100점의 범위를 벗어날 수 없으며, 이 범위는 이 클래스를 이용하여 생성된 모든 객체에 적용이 되어야 한다. 클래스 ***LectureScore***에 점수의 범위를 설정한 클래스 변수 *RANGE_OF_SCORE*를 정의하고, 그 값으로 (0, 100)을 설정하도록 클래스 정의를 수정하여라.

3. 앞의 클래스 ***LectureScore***에서 점수의 범위를 설정한 클래스 변수 *RANGE_OF_SCORE*는 두 개의 값을 갖는 튜플이며, 각각 점수의 최소값과 최대값이다. 이 클래스 변수를 이용하여 점수의 최소값과 최대값을 위한 클래스 변수 *RANGE_MIN*, *RANGE_MAX*를 클래스 정의에 추가하라.

1. 클래스 변수 *MAX_AMOUNT_PER_TRANSACTION*를 포함한 ***Account*** 클래스 정의하는 프로그램.

```
class Account:
    MAX_AMOUNT_PER_TRANSACTION = 10000
    def deposit(self, amount):
        pass
    def withdraw(self, amount):
        pass
    def get_balance(self):
        return 0
print(Account.MAX_AMOUNT_PER_TRANSACTION)
```

2. 클래스 변수 *RANGE_OF_SCORE*를 포함한 ***LectureScore*** 클래스 정의하는 프로그램.

```
class LectureScore:
    RANGE_OF_SCORE = (0, 100)
    def add_lecture(self, lec_name):
        pass
    def get_lecture_scores(self, lec_name):
        return []
    def get_lecture_sum(self, lec_name):
        return 0
    def add_lecture_score(self, lec_name, score):
        pass
    def modify_lecture_score(self,lec_name, idx, score):
        pass
    def get_total_score(self):
        return 0
print(LectureScore.RANGE_OF_SCORE)
```

6.4 인스턴스 변수

인스턴스 변수는 클래스를 이용하여 생성된 각각 객체마다 생성, 저장되며, 객체들간 공유가 되지 않는다. 인스턴스 변수는 아래에 보인 것과 같이 메소드 내에서 값을 저장함으로써 생성되며, 한번 생성된 인스턴스 변수는 그 객체 내에서 계속 사용된다. 생성된 객체마다 인스턴스 변수가 별도 저장되므로 인스턴스 변수는 인스턴스 변수 이름(*variable*)과 그 인스턴스 변수를 저장하고 있는 객체(obj)를 콤마(.)로 구분한 *obj.variable*의 형식으로 사용한다. 많은 경우에 메소드 내에서 인스턴스 변수를 사용하므로 인스턴스 변수 사용은 ***self***.*variable*의 형태를 갖는다.

```
class class_name :
    def method_name(self, [parameters]) :
        self.variable = new_value # 인스턴스 변수에 값 저장
        ··· = ··· self.variable ··· # 인스턴스 변수 사용
```

코드 6.6은 한 개의 정보와 두 개의 메소드를 갖는 클래스를 정의하고, 이를 이용하여 객체를 생성한 예를 나타내고 있다. 클래스 ***Score***는 **set**(), **get**() 등 두 개의 메소드와 ***self***.*point*로 표현된 한 개의 인스턴스 변수를 포함하고 있다. 코드의 2, 3번 줄에 있는 메소드 *set()*은 형식 인자 *point*를 매개로 하여 전달받은 실 인자의 값을 인스턴스 변수 ***self***.*point*에 저장하고 있다. 이때, 형식 인자와 인스턴스 변수의 식별자가 *point*로 동일하지만 인스턴스 변수의 경우 각 객체마다 생성되는 것이므로 **self.**으로 시작한다. 코드의 4, 5번 줄에 있는 메소드 **get**()은 인스턴스 변수가 저장하고 있는 값을 반환하는 기능을 수행한다. 코드의 8번 줄의 명령문은 변수 *mine*에 저장된 객체를 이용하여 **set**() 메소드를 호출하여, 그 객체의 인스턴스 변수의 값을 99로 설정하고 있다. 인스턴스 변수는 객체간에 공유되지 않으므로 이 명령문의 실행이 변수 *yours*에 저장되어 있는 객체의 인스턴스 변수의 값에 영향을 주지 않는다.

코드 6.6의 7번과 8번 줄 사이에 *mine*.**get**() 또는 *yours*.**get**()과 같이 **get**() 메소드를 호출하는 명령문이 있다고 가정하자. 이 메소드는 인스턴스 변수 **self**.*point*의 값을 반환해야 하지만 인스턴스 변수가 생성되기 전이므로 존재하지 않는 인스턴스 변수의 값을 반환하려 시도하므로 이 메소드의 호출은 *AttributeError* 예외를 발생시킨다. 이것은 인스턴스 변수가 생성되는 시점이 객체가 생성될 때가 아니라 메소드 내에서 인스턴스 변수에 처음으로 값을 저장하는 때임을 의미한다.

코드 6.6: 정보 저장을 위한 인스턴스 변수의 사용 예

```
class Score:
    def set(self, point):
        self.point = point
    def get(self):
        return self.point
mine = Score()
yours = Score()
mine.set(99)
yours.set(95)
print(mine.get(), yours.get())
```

앞서 소개한 것과 같이 메소드 **get**()을 **set**()보다 먼저 호출하여 예외가 발생하는 것을 방지하는 방법은 발생하는 예외를 처리하는 것으로 가능하다[4]. 코드 6.7은 클래스 ***Score*** 정의를 나타낸 것으로, 존재하지 않는 인스턴스 변수에 접근하려는 시도로 인해 예외가 발생하면 인스턴스 변수 **self**.*point*에 0을 최초로 저장함으로써 인스턴스 변수를 생성하고 있다.

코드 6.7: 생성되지 않은 인스턴스 변수 접근으로 인한 오류 방지의 예

```
class Score:
    def set(self, point):
        self.point = point
    def get(self):
        while True:
            try:
                rv = self.point
                break
            except AttributeError:
                self.point = 0
        return rv
```

[4]더 효과적인 방법은 뒤에서 기술할 특수 메소드(__**init**__())를 이용하는 것이다.

✓ 연습 과제

1. 앞의 6.1절의 연습 과제 2에서 정의한 특징 중 학생이 수강한 교과목 명과 그 교과목의 성적은 이 클래스를 이용하여 생성된 객체 간 공유되지 않는 정보이다. 교과목 명과 그 성적을 관리하기 위해 클래스 ***LectureScore***는 교과목 명을 키로, 그 교과목 성적 리스트를 값으로 갖는 딕셔너리를 사용한다. 이 딕셔너리는 객체 간 공유되지 않는 것이므로 인스턴스 변수이며, 이 변수를 위한 식별자로 *lectures*를 사용할 수 있도록 ***LectureScore*** 클래스 정의를 수정하여라.

2. 앞의 6.1절의 연습 과제 1에서 정의한 특징 중 고객의 잔액 데이터는 이 클래스를 이용하여 생성된 객체 간 공유되어서는 안되는 것이다. 이를 위해 각 객체마다 고객 잔액을 저장하기 위한 인스턴스 변수 *balance*를 설정하고, 사용할 수 있도록 ***Account*** 클래스의 정의를 수정한 프로그램을 작성하라. 객체가 생성되었을 때 인스턴스 변수 *balance*는 존재하지 않으므로 이 변수를 사용하기 전에 **self.__dir__**()가 반환한 객체에서 사용할 수 있는 식별자 리스트 내에 *balance*가 존재하는가를 반드시 확인해야 한다[5].

---

1. 인스턴스 변수 *lectures*를 포함한 ***LectureScore*** 클래스의 **add_lecture**() 메소드.

```
def add_lecture(self, lec_name):
    if 'lectures' in self.__dir__():
      if lec_name not in self.lectures.keys():
            self.lectures[lec_name] = []
    else:
        self.lectures = {}
        self.lectures[lec_name] =[]
```

[5] 뒤에서 기술할 **__init__**()를 이용하면 이렇게 하지 않아도 된다.

2. 인스턴스 변수 *balance*를 포함한 ***Account*** 클래스를 정의하고, 시험한 프로그램.

```python
class Account:
    MAX_AMOUNT_PER_TRANSACTION = 10000
    def deposit(self, amount):
        if Account.MAX_AMOUNT_PER_TRANSACTION >= amount:
            if 'balance' in self.__dir__():
                self.balance += amount
            else:
                self.balance = amount
    def withdraw(self, amount):
        if Account.MAX_AMOUNT_PER_TRANSACTION >= amount:
            if 'balance' in self.__dir__() and \
                    self.balance >= amount:
                self.balance -= amount
    def get_balance(self):
        result = None
        if 'balance' in self.__dir__():
            result = self.balance
        return result
kim_account = Account()
kim_account.deposit(100)
print(f'current balance : {kim_account.get_balance()}')
kim_account.withdraw(50)
print(f'current balance : {kim_account.get_balance()}')
```

6.5 __init__() 메소드

메소드는 클래스의 특징을 정의하는 기능을 구현하는 것이다. 클래스에서 정의하는 메소드 중 특별한 기능을 수행하는 메소드가 있으며, 이들 메소드는 메소드 이름이 정해져 있다. 메소드 **__init__**()는 클래스를 이용하여 객체가 생성된 뒤 자동으로 호출되는 메소드이다. 아래는 메소드 **__init__**()를 정의하는 것을 나타낸 것으로 일반 다른 메소드와 유사한 방법으로 정의한다.

```
class class_name :
    def __init__(self, [parameters]) :
        method_body
        [return None]
```

이 메소드는 객체가 생성된 후 자동으로 호출되므로 실 인자를 형식 인자에 전달하는 방법과 반환 값에 대한 것이 일반 메소드와 차이가 있다. 일반 메소드의 형식 인자는 메소드를 호출할 때 나열한 실 인자를 전달받지만, 객체가 생성된 후 자동 호출되는 메소드 **__init__**()의 형식 인자는 객체를 생성할 때 나열한 실 인자를 전달받을 수 있다. 아래는 클래스를 이용하여 객체를 생성할 때 메소드 **__init__**()의 형식 인자에 실 인자를 전달하는 방법을 나타내고 있다. 객체를 생성할 때 나열한 실 인자 *actual_parameter*가 메소드 **__init__**()의 형식 인자로 전달되며, 그 방법은 앞서 함수에서 인자를 전달하는 방법과 동일하다.

```
variable = class_name([actual_parameter])
```

일반 메소드는 자신을 호출한 호출자(caller)에게 실행의 결과를 반환할 수 있지만 객체가 생성된 후 자동으로 호출되는 메소드 **__init__**()는 그 메소드를 호출하는 명령문이 없으므로 반환 값을 되돌려 줄 대상이 없다. 따라서, 이 메소드가 *None*이 아닌 다른 값을 반환하면 *TypeError* 실행 시간 오류가 발생한다. 이러한 실행 시간 오류 발생을 방지하기 위해 이 메소드는 **return** 문을 포함하지 않거나 명령문 **return None**을 사용해야 한다.

객체가 생성된 후 자동으로 호출되는 메소드 **__init__**()의 주요 목적은 생성된 객체를 위한 초기화에 있다–이를 커스터마이징이라고 한다–. 즉, 이 메소드는 생성된 객체가 사용되기 전에 필요한 전처리를 수행하는 것으로 주로 인스턴스 변수에 초기 값을 저장한다. 이것은 초기값이 저장되지 않은 인스턴스 변수의 값을 메소드에서 사용하려 할 때 발생하는 실행 시간 오류를 제거할 수 있다.

코드 6.8은 클래스 ***Score*** 가 메소드 **__init__**()의 정의를 포함하고 있는 예를 나타낸 것이다. 코드의 2번 줄은 생성된 객체의 초기화를 위한 메소드 **__init__**()를 위한 것으로 세 개의 형식 인자를 포함하고 있다. 첫 번째 형식인자 **self**는 생성된 객체 자신을 전달받는다. 두 번째 형식 인자 *point*는 위치 기반만의 인자이므로 실 키워드 인자 전달 방법으로 실 인자가 전달될 수 없다. 키워드 기반만의 인자인 세 번째 형식 인자 *maxpoint*는 위치 기반 인자 전달 방법으로 실 인자가 전달될 수 없다. 또, 이 두 형식 인자의 기본 값으로 각각 0과 100이 설정되어 있어, 실 인자가 전달되지 않을 경우 이 기본 값이 형식 인자의 값으로 사용된다. 이 메소드는 객체가 저장하는 정보인 점수와 최대 점수를 두 개의 인스턴스 변수 **self**.*point*, **self**.*maxpoint*를 이용하여 저장하고 있으며, 형식 인자 *point*, *maxpoint*의 값으로 각각 초기화한다.

코드 10번 줄의 명령문은 위치 기반 인자 49와 키워드 기반 인자 50(maxpoint)을 이용하여 클래스 ***Score***의 객체를 생성하고 있다. 객체를 생성할 때 나열한 두 개의 실 인자는 각각 메소드 **__init__**()의 형식 매개 변수 *point*와 *maxpoint*에 전달된다. 반면, 코드 11번 줄의 명령문은 실 인자를 모두 생략하고 객체를 생성하는 것이므로 메소드 **__init__**()는 기본 값을 이용하여 두 인스턴스 변수를 초기화 한다.

코드 6.8: 메소드 *__init__*()의 사용 예

```
1  class Score:
2      def __init__(self, point=0, /, *, maxpoint=100):
3          self.point = point
4          self.maxpoint = maxpoint
5      def set(self, point):
6          if point <= self.maxpoint:
7              self.point = point
8      def get(self):
9          return self.point
10 mine = Score(49, maxpoint=50)
11 yours = Score()
12 his = Score(90)
13 her = Score(maxpoint=50)
14 print(mine.get(), yours.get(), his.get())
```

✓ 연습 과제

1. 앞서 정의한 ***Account***를 이용하여 객체를 생성할 때 초기 예금액을 설정할 수 있도록 메소드 **__init__**()를 클래스 정의에 추가하여 프로그램을 작성하라. 이 클래스를 이용하여 객체를 생성할 때 별도 초기 예금액을 설정하지 않으면 최초 잔액은 0으로 설정한다.

2. 앞서 정의한 ***LectureScore***를 이용하여 객체를 생성할 때 호출되는 메소드 **__init__**()에서 과목 성적을 저장할 딕셔너리 *lectures*를 생성하여 사용하도록 클래스 정의를 수정하여 프로그램을 작성하라. 이 클래스를 이용하여 객체를 생성할 때 인스턴스 변수 *lectures*는 빈 딕셔너리로 설정한다.

3. 구현되어 있지 않은 ***LectureScore*** 클래스의 나머지 메소드을 구현하고, 정상적으로 동작하는 가를 시험하는 프로그램을 작성하라.

---

1. 메소드 **__init__**()를 포함한 ***Account*** 클래스를 정의하고, 시험하는 프로그램.

```
class Account:
    MAX_AMOUNT_PER_TRANSACTION = 10000
    def __init__(self, amount=0):
        self.balance = 0
        self.deposit(amount)
    def deposit(self, amount):
        if Account.MAX_AMOUNT_PER_TRANSACTION >= amount:
            self.balance += amount
    def withdraw(self, amount):
        if Account.MAX_AMOUNT_PER_TRANSACTION >= amount:
            if self.balance >= amount:
                self.balance -= amount
```

```python
    def get_balance(self):
        return self.balance
kim_account = Account()
kim_account.deposit(100)
print(f'current balance : {kim_account.get_balance()}')
kim_account.withdraw(50)
print(f'current balance : {kim_account.get_balance()}')
```

2. 메소드 **__init__()**를 포함한 ***LectureScore*** 클래스를 정의하고, 시험하는 프로그램.

```python
class LectureScore:
    RANGE_OF_SCORE = (0, 100)
    RANGE_MIN = RANGE_OF_SCORE[0]
    RANGE_MAX = RANGE_OF_SCORE[1]
    def __init__(self):
        self.lectures = {}
    def add_lecture(self, lec_name):
        if lec_name not in self.lectures.keys():
          self.lectures[lec_name] = []
    def get_lecture_scores(self, lec_name):
        return self.lectures[lec_name]
    def add_lecture_score(self, lec_name, score):
        if lec_name in self.lectures.keys():
            if LectureScore.RANGE_MIN <= score and \
                score <= LectureScore.RANGE_MAX:
                self.lectures[lec_name].append(score)
        ...
lee_lecture = LectureScore()
lee_lecture.add_lecture('korean')
lee_lecture .add_lecture_score('korean', 95)
print(lee_lecture.get_lecture_scores('korean'))
```

6.6 특수 메소드, __str__(), __call__(), __getitem__(), __setitem__()

객체를 사용할 때 특정 상황에서 자동 호출되는 메소드가 있다. 메소드 **__init__**()가 객체를 생성한 후 초기화를 위해 자동 호출되는 것과 같이 객체를 사용할 때 특정 상황에서 자동 호출되는 메소드를 정의할 수 있다. 아래는 객체를 사용할 때 자동 호출되는 메소드 **__str__**(), **__call__**(), **__getitem__**(), **__setitem__**() 를 정의하는 것을 나타낸 것이다.

```
class class_name :
    def __str__(self) :
        method_body
        return string

    def __call__(self, [parameters]) :
        method_body
        [return value]

    def __getitem__(self, key) :
        method_body
        return value

    def __setitem__(self, key, value) :
        method_body
```

메소드 **__str__**()는 객체를 인자로 하여 **str**() 또는 **print**()를 호출하는 등 객체를 문자열로 표현할 필요가 있을 때 자동 호출되는 것이다. 이 메소드는 객체를 표현할 수 있는 문자열을 반환하여야 하며, 문자열의 내용은 객체가 저장하고 있는 값, 설명 등 객체를 표현할 수 있는 문자열이면 된다. 메소드 **__call__**()는 함수를 호출하는 것과 동일한 형태로 객체에게 인자를 전달하고, 이를 객체가 처리하도록 할 때 호출된다. 따라서, 이 메소드는 형식 인자를 통해 데이터를 전달받고, 이를 이용하여 처리하며, 필요하다면 그 결과를 반환할 수 있다. 메소드 **__getitem__**()과 **__setitem__**()은 객체를 딕셔너리와 같은 방법으로 사용할 수 있도록 한다. 즉, 객체 *obj*가 저장하고 있는 변수 *name*의 값을 사용하고자 할 때 딕셔너리와 동일한 형태인 `obj[name]`을 사용하면, *name*의 값을 실 인자로 하여 메소드 **__getitem__**()가 호출된다. 일반적으로 이 메소드는 형식 인자를 통해 전달받은 실인자에 대응하는 값을 반환한다. 메소드 **__setitem__**()은 딕셔너리에 값을 저장할 때의 형식처럼 객체가 저장한 변수의 값을 설정하기 위해 `obj[key] = value` 형식으로 사용할 때 호출된다. 이 메소드의 형식 인자 *key*, *value*는 각각 `obj[key] = value`의 *key*와 *value*를 전달받는다. 이 메소드는 별도 반환하는 값이 없다.

코드 6.9는 앞서 소개한 메소드를 이용한 예이다. 코드의 18번 줄에서 객체를 인자로 하여 **print**() 함수를 호출할 때, 출력을 위해 객체를 문자열로 표현할 필요가 있으며, 이때 코드의 4번 줄에서 정의한 메소드 **__str__**()가 호출된다. 코드의 19번 줄은 딕셔너리 사용과 같은 형태로 객체 *app*의 'data'에 99를 저장한다. 이때, 6번 줄에서 정의한 **__setitem__**()가 호출된다. 코드의 22번 줄은 9번 줄의 **__setitem__**()가 호출된다. 코드의 21번 줄은 함수 **app**()를 호출하는 것과 동일한 형태를 갖고 있지만 변수 *app*는 함수가 아닌 ***App*** 객체를 위한 것이다. 하지만, 실인자를 이용한 이러한 형태의 호출은 13번 줄에서 정의한 메소드 **__call__**()이 호출되며, 연산 수행 후 객체 변수 값을 반환한다.

코드 6.9: 특별한 메소드를 이용한 예

```
1  class App:
2      def __init__(self):
3          self.data = 0
4      def __str__(self):
5          return f'data : {self.data}'
6      def __setitem__(self, key, value):
7          if key =='data':
8              self.data = value
9      def __getitem__(self, key):
10         if key == 'data':
11             return self.data
12         return return_value
13     def __call__(self, *args):
14         for v in args:
15             self.data += v
16         return self.data
17 app = App()
18 print(app)
19 app['data'] = 99
20 print(app['data'])
21 app(1, 2, 3, 4,5)
22 print(app['data'])
```

✓ 연습 과제

1. 앞서 정의한 ***Account*** 클래스 정의에 **__str__()** 메소드를 추가하여, 이 메소드가 호출될 때 'currnet balance : 1000'의 형식으로 현재 잔액을 포함한 문자열이 반환되도록 하라.

2. 앞서 정의한 ***LectureScore*** 클래스 정의에 **__str__()** 메소드를 추가하여, 이 메소드가 호출될 때 전체 과목명이 공백으로 구분된 문자열이 반환되도록 하라.

---

1. 메소드 **__str__()**를 포함한 ***Account*** 클래스를 정의하고 시험하는 프로그램.

```python
class Account:
    MAX_AMOUNT_PER_TRANSACTION = 10000
    def __init__(self, amount=0):
        self.balance = 0
        self.deposit(amount)
    def __str__(self):
        return f'current balance :{self.balance}'
    def deposit(self, amount):
        if Account.MAX_AMOUNT_PER_TRANSACTION >= amount:
            self.balance += amount
    def withdraw(self, amount):
        if Account.MAX_AMOUNT_PER_TRANSACTION >= amount:
            if self.balance >= amount:
                self.balance -= amount
    def get_balance(self):
        return self.balance
kim_account = Account()
kim_account.deposit(100)
print(kim_account)
```

7

클래스 상속

7.1 클래스 상속

상속(inheritance)은 한 클래스가 다른 클래스에서 정의된 특징–변수, 메소드 등–을 사용할 수 있도록 확장하는 것이다. 그림 7.1는 클래스 A가 클래스 B를 상속한 것을 나타낸 것이다. 클래스 A는 메소드 *method_a*, *method_c*를 정의하고 있으므로 클래스에서 이 이름들을 사용할 수 있지만, 클래스 B에서 정의하고 있는 식별자 *method_b*와 *method_d*를 사용할 수 없다. 하지만, 클래스 A가 클래스 B를 상속하여 사용할 수 있는 식별자의 범위를 확장하면 클래스 A는 클래스 B에서 정의하고 있는 식별자 *method_b*와 *method_d*도 사용할 수 있다[1].

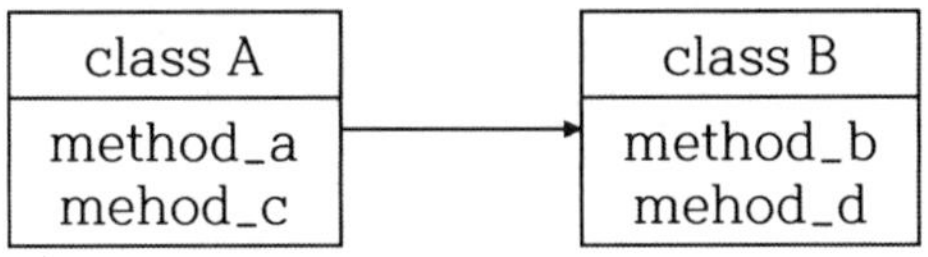

그림 7.1: 클래스 상속의 개념

코드 7.1은 상속 관계가 없는 클래스 ***Animal***, ***Dog***을 나타내고 있다. 코드 7번 줄에서 클래스 ***Dog***의 객체를 생성하고, 코드 8번과 9번 줄의 명령문은 생성한 ***Dog*** 객체를 이용하여 메소드 **noflegs**()와 **sound**()를 호출하고 있다. 클래스 ***Dog***은 메소드 **noflegs**()의 정의를 포함하고 있으므로 이 클래스를 이용하여 생성한 객체가 이 메소드를 호출하는 것은 문제가 없지만, 클래스 ***Dog***과 아무 관련이 없는 클래스 ***Animal***에서 정의하고 있는 특징 즉, 메소드 **sound**()를 사용할 수 없다. 이 처럼 한 클래스가 다른 클래스에서 정의한 특징을 이용하고자 할 경우에 상속을 이용할 수 있다.

코드 7.1: 상속관계가 없는 클래스에서 다른 클래스 식별자 사용

```
1 class Animal:
2     def sound(self):
3         return 'no sound'
4 class Dog:
5     def noflegs(self):
6         return 4
7 dog = Dog()
8 print(dog.noflegs())
9 print(dog.sound())
```

상속을 사용하는 목적은 단순히 다른 클래스의 메소드를 사용하기 위함에 있지 않고, 재사용성(reusability)과 다형성(polymorphism)을 제공하기 위해서 있다. 재사용성은 클래스에서

[1]자바 등에서 의미하는 상속과 미묘하게 차이가 난다.

정의할 특징 중 일부를 다른 클래스가 이미 정의하고 있다면, 그 클래스에서 정의하지 않는 특징만 별도 정의하고, 나머지 특징은 기존의 클래스를 이용하는 것이다. 이것은 개발자가 새롭게 정의할 특징에만 집중할 수 있어 개발 효율 증가, 오류 감소, 효율적 유지 보수 등에 긍정적 효과가 있다. 다형성은 서로 다른 클래스의 객체를 한 클래스 타입으로 하여, 같은 메소드 호출에 대해 객체 마다 다른 기능을 수행할 수 있게 함으로써 실행 환경에 따라 객체가 적절한 기능을 수행할 수 있도록 한다. 다음은 클래스를 정의할 때 상속 관계를 표현하는 방법을 나타내고 있다. 클래스 ***derived_classname***은 ***base_classname1*** 등의 클래스가 물려주는 특징을 상속하는 클래스이다. 이때, 클래스 ***derived_classname***와 같이 특징을 물려 받는 클래스를 파생 클래스, 자식 클래스 등으로 불리며, ***base_classname1*** 등과 같이 특징을 물려주는 클래스를 수퍼 클래스, 베이스 클래스, 부모 클래스 등으로 불린다.

---

class *derived_classname*(*base_classname1*[, *base_classname2*, ···]) :
    body

코드 7.2는 수퍼 클래스인 ***Animal***을 상속하는 파생 클래스 ***Dog***의 정의와 이 클래스의 객체를 이용한 메소드 호출을 나타낸 것이다. 클래스 ***Animal***과 ***Dog*** 사이의 상속 관계에 따라 파생 클래스 ***Dog***는 그 클래스에서 정의한 메소드 **nfolegs()** 뿐만 아니라 수퍼 클래스인 ***Animal***에서 정의한 메소드 **sound()**도 사용할 수 있게 되었다. 코드의 9번 줄과 같이 ***Dog***의 객체가 **sound()**를 호출하면, 파이썬 실행 환경은 파생 클래스 ***Dog***, 수퍼 클래스 ***Animal***의 순서로 식별자 **sound**를 찾는다. 이 경우는 클래스 ***Animal***의 식별자 **sound**가 사용된다.

코드 7.2: 클래스 ***Animal***의 파생 클래스인 ***Dog***에서 식별자 사용

```
1 class Animal:
2     def sound(self):
3         return 'no sound'
4 class Dog(Animal):         # Dog 클래스는 Animal 클래스 파생 클래스 임.
5     def noflegs(self):
6         return 4
7 dog = Dog()
8 print(dog.noflegs())
9 print(dog.sound())         # 수퍼 클래스의 sound()를 사용할 수 있음.
```

✓ 연습 과제

1. 앞서 정의한 ***Account*** 클래스는 고객의 잔액 관리를 하지만 이름 또는 식별 번호 등의 고객을 식별할 수 있는 정보를 포함하고 있지 않다. 이 클래스 상속받아 고객 식별 정보를 관리하는 ***IdentifiedAccount*** 클래스를 정의하고 시험하는 프로그램을 작성하라. 이 파생 클래스의 특징은 다음과 같다.

   - 고객의 식별 번호 저장
   - 식별 번호 확인 기능

   고객의 식별 번호는 정수 값 *id*이며, 이 식별 번호는 다른 객체와 공유되지 않으며, 객체 생성 시 키워드 기반 인자로 설정된 식별 번호는 변경할 수 없다. 다만, 설정된 식별 번호를 확인할 수 있는 기능은 **get_id**() 메소드를 이용하여 구현한다.

2. 앞서 정의한 ***LectureScore*** 클래스는 학생의 수강 교과목 및 성적을 관리하지만 식별 번호 등 학생을 식별할 수 있는 정보를 포함하고 있지 않다. 이 클래스 상속하여 학생 식별 번호를 위한 특징을 추가한 파생 클래스 ***IdentifiedLectureScore*** 클래스를 정의하고 시험하는 프로그램을 작성하라. 이 파생 클래스는 학생 식별 번호로 정수 값 *id*를 포함하고 있으며, 이 정보는 다른 객체와 공유되지 않으며, 객체 생성 시 키워드 기반 인자로 설정된 식별 번호는 변경할 수 없다. 다만, 설정된 식별 번호를 확인할 수 있는 기능은 **get_id**() 메소드를 이용하여 구현한다.

---

1. 클래스 ***IdentifiedAccount***의 정의 및 사용 예를 위한 프로그램.

```
class Account:
                    ...
class IdentifiedAccount(Account):
    def __init__(self, *, id):
        self.id = id
    def get_id(self):
        return self.id
```

```
my_account = IdentifiedAccount(id=135)
print(my_account.get_id())
# my_account.deposit(1000)           # ← 오류. 다음 절에서 해결됨.
# print(my_account.get_balance()) # ← 오류. 다음 절에서 해결됨.
```

2. 클래스 ***IdentifiedLectureScore***의 정의 및 사용 예를 위한 프로그램.

```
class LectureScore:
    def __init__(self):
        self.lectures = {}
    def add_lecture(self, lec_name):
        ...
    def get_lecture_scores(self, lec_name):
        return self.lectures[lec_name]
    def get_lecture_sum(self, lec_name):
        ...
    def add_lecture_score(self, lec_name, score):
        ...
    def modify_lecture_score(self,lec_name, idx, score):
        ...
    def get_total_score(self):
        ...
class IdentifiedLectureScore(LectureScore):
    def __init__(self,*, id):
        self.id = id
    def get_id(self):
        return self.id
mine = IdentifiedLectureScore(id=1357)
print(mine.get_id())
# mine.add_lecture('korean')     # ← 오류. 다음 절에서 해결됨.
```

7.2 수퍼 클래스의 *__init__*() 호출

앞서 메소드 **__init__**()는 인스턴스 변수 등에 초기값을 저장하는 등 커스터마이징을 위해 객체 생성시 자동 호출되는 것임을 기술하였다. 따라서, 상속 관계가 있는 파생 클래스를 이용하여 객체를 생성하는 경우에 그 클래스의 **__init__**()는 자동 호출된다. 하지만, 파생 클래스로 객체를 생성할 때 수퍼 클래스의 **__init__**()는 자동 호출되지 않는다. 이것은 클래스 상속이 단순히 파생 클래스가 수퍼 클래스의 특징을 사용할 수 있도록 확장하는 것이기 때문이다. 코드 7.3는 ***BaseClass***와 그 파생 클래스 ***DerivedClass***를 정의하고, 각각의 객체를 생성했을 때 호출되는 **__init__**() 메소드의 예를 나타낸 것이다. 코드의 7번 줄에서 ***DerivedClass***의 객체를 생성할 때 파생 클래스의 **__init__**() 메소드는 호출되지만 수퍼 클래스의 그 메소드는 자동 호출되지 않음을 알 수 있다. 반면, 코드 8번 줄의 클래스 ***BaseClass***의 객체 생성은 그 클래스의 **__init__**() 메소드를 자동 호출하고 있다.

코드 7.3: 파생 클래스 객체 생성시 호출되는 *__init__*() 메소드

```
1 class BaseClass:
2     def __init__(self):
3         print('Base class')
4 class DerivedClass(BaseClass):
5     def __init__(self):
6         print('Derived class')
7 d = DerivedClass()
8 b = BaseClass()
```

수퍼 클래스가 **__init__**() 메소드 정의를 포함하고 있어도 파생 클래스 객체 생성시 파생 클래스의 **__init__**() 메소드가 자동 호출되는 이유는 이 메소드의 이름 즉, 식별자 **__init__**를 찾는 순서와 관련이 있다. 즉, 파이썬 실행 환경은 상속 관계에 따라 ***DerivedClass***, ***BaseClass***의 순으로 객체 생성시 자동 호출될 메소드의 식별자 **__init__**를 찾는다. 따라서, 두 클래스가 이 메소드를 정의하고 있어도 ***DerivedClass***가 식별자 검색의 우선 순서를 가지므로 이 클래스에서 정의된 **__init__**() 메소드가 호출된다. 만약, ***DerivedClass***가 **__init__**() 메소드를 정의하지 않아 이 식별자가 없었다면, 다음 우선 순위인 ***BaseClass*** 에서 이 식별자를 찾아 호출한다. 이것은 ***DerivedClass***에 정의된 **__init__**() 메소드를 제거한 후 ***DerivedClass***의 객체를 생성하면 ***BaseClass***의 **__init__**() 메소드가 호출됨을 통해 확인할 수 있다.

파생 클래스를 이용하여 객체를 생성할 때 객체의 커스터마이징 등을 위해 수퍼 클래스의 **__init__**() 메소드 호출이 필요하면 그 메소드를 직접 호출해야 한다. 다음은 수퍼 클래스의 **__init__**() 메소드를 호출하는 형식으로, 파생 클래스의 **__init__**() 메소드에서 수퍼 클래스의 **__init__**() 메소드를 호출하는 것이 일반적이다. 이때, **super**()는 수퍼 클래스를 의미한다.

---

super().*__init__*([*parameters*])

코드 7.4는 수퍼 클래스 ***Score***, 파생 클래스 ***IDScore***의 정의와 파생 클래스를 이용한 객체 생성시 메소드 **__init__**() 를 이용한 커스터마이징의 예를 나타낸 것이다. 코드 11번 줄의 **super**().**__init__(point)**은 파생 클래스 ***IDScore***의 객체 생성시 자동 호출되는 **__init__**() 메소드에서 수퍼 클래스의 그 메소드를 호출함으로써 객체를 커스터마이징하는 것이다.

코드 7.4: 파생 클래스의 **__init__**()에서 수퍼 클래스의 **__init__**() 호출의 예

```
1  class Score:
2      def __init__(self, point=0):
3          print('__init__ of Score')
4          self.set(point)
5      def set(self, point):
6          self.point = point
7      def get(self):
8          return self.point
9  class IDScore(Score):
10     def __init__(self,id,point=0):
11         super().__init__(point)
12         print('__init__ of IDScore')
13         self.id = id
14     def getID(self):
15         return self.id
16 mine = IDScore('G1234', 99)
17 print(mine.getID(), mine.get())
```

✓ 연습 과제

1. 앞서 정의한 ***Account***의 파생 클래스 ***IdentifiedAccount***의 객체를 생성할 때 사용자 식별 번호와 초기 예금액을 형식 인자를 통해 전달받아 객체를 생성하는 프로그램을 작성하라. 이를 위해, 식별 번호는 파생 클래스가에서 관리하고, 예금액은 수퍼 클래스에서 관리하므로, 초기 예금액을 수퍼 클래스의 **__init__**()로 전달해야 한다. 만약, 초기 예금액이 설정되지 않았으면 초기 예금액은 0원으로 한다. 앞서 7.1절의 연습과제 1번에서 오류가 난 것은 파생 클래스를 이용하여 객체를 생성하였다고 하더라도 수퍼 클래스의 **__init__**()가 자동 호출되지 않으므로, 수퍼 클래스에서 사용하는 변수 *balance*가 존재하지 않기 때문이다. 따라서, 파생 클래스의 **__init__**() 메소드에서 수퍼 클래스의 **__init__**() 메소드를 호출하면 이 문제는 해결된다.

2. 앞서 7.1절의 연습과제 2번에서 오류가 난 것은 파생 클래스를 이용하여 객체를 생성하였다고 하더라도 수퍼 클래스의 **__init__**()가 자동 호출되지 않으므로, 메소드 호출 **add_lecture**() 실행을 위해 필요한 수퍼 클래스의 인스턴스 변수 *lectures*가 생성되지 않았기 때문이다. 따라서, 파생 클래스의 **__init__**() 메소드에서 수퍼 클래스의 **__init__**() 메소드를 호출하도록 수정하여 프로그램을 작성하라.

3. 2차원 공간의 도형은 2차원 좌표를 기준으로 추상화 된다. 예를 들어, 사각형은 왼쪽 위의 좌표와 폭과 높이로 표현된다. 이를 위해, 한 개의 2차원 좌표를 저장, 관리할 수 있는 클래스 ***Position***을 정의한 프로그램을 작성하라. 이 클래스는 2차원 좌표 표현을 위해 두 개의 값 x, y를 인스턴스 변수로 관리하며, 객체를 생성할 때 좌표 값이 설정되거나 **set_position**() 메소드를 이용하여 설정할 수 있다. 또, **get_position**() 메소드는 두 좌표를 원소로 갖는 튜플을 반환한다.

4. 앞의 ***Position*** 클래스를 상속하는 파생 클래스 ***Rectangle***을 정의한 프로그램을 작성하라. 이 클래스는 사각형을 추상화한 것으로 사각형 왼쪽 위의 좌표, 폭, 높이로 표현된다. 이 파생 클래스 정의는 객체를 생성할 때 2차원 좌표, 폭, 높이를 설정할 수 있도록 하며, 사각형의 폭과 높이를 조정할 수 있는 메소드 **set_size**()를 포함해야 한다. 또, 사각형의 넓이를 계산하여 반환하는 메소드 **get_area**()도 추가하여 구현하여라.

1. 수정된 ***IdentifiedAccount*** 클래스 정의를 포함한 프로그램.

```
class Account:
    ...
class IdentifiedAccount(Account):
    def __init__(self, *, id, balance=0):
        super().__init__(balance)
        self.id = id
    def get_id(self):
        return self.id
my_account = IdentifiedAccount(id=135)
print(my_account.get_id())
my_account.deposit(1000)
print(my_account.get_balance())
```

2. 수정된 ***IdentifiedLectureScore*** 클래스 정의를 포함한 프로그램.

```
class LectureScore:
    ...
class IdentifiedLectureScore(LectureScore):
    def __init__(self,*, id):
        super().__init__()
        self.id = id
    def get_id(self):
        return self.id
mine = IdentifiedLectureScore(id=1357)
print(mine.get_id())
mine.add_lecture('korean')
mine.add_lecture_score('korean', 97)
mine.add_lecture_score('korean', 90)
print(mine.get_lecture_sum('korean'))
print(mine.get_total_score())
```

7.3 객체의 비공개 변수와 메소드

클래스의 특징을 나타내는 객체 변수와 메소드는 객체 외부에서 접근하여 사용할 수 있다. 따라서, 객체가 저장하고 있는 정보에 대해 객체가 제공하는 메소드가 아닌 객체 외부에서 자유롭게 접근하는 것은 객체가 저장한 정보의 일관성을 해칠 수 있다. 즉, 객체의 변수에 대한 제한없는 접근은 특정 범위 내의 데이터만 저장해야 하는 변수가 그 범위를 벗어난 데이터를 저장하거나 전혀 다른 데이터 종류의 데이터를 저장하는 등의 문제를 일으킨다. 코드 7.5는 객체 변수 *flag*에 대한 제한없는 접근이 가능할 때 발생할 수 있는 문제를 나타낸 것이다. 객체 변수 *flag*은 **True** 또는 **False** 값을 저장하는 것으로 설계를 하였지만, 코드의 6번 줄은 이 변수에 프로그램을 설계할 때의 의도와 달리 문자열을 저장하고 있다. 이것은 객체 변수에 대한 외부에서의 제한없는 접근이 원인이다.

코드 7.5: 객체 변수에 대한 제한없는 접근의 문제점

```
1 class App:
2     def __init__(self):
3         self.flag = True              # 객체 변수 flag는 논리값을 저장함
4 app = App()                           # App 클래스의 객체를 생성
5 print(app.flag)                       # 객체 변수 flag의 값에 접근
6 app.flag = 'good morning'             # 객체 변수 flag에 문자열을 저장
7 print(app.flag)
```

이러한 문제를 해결하기 위해 객체의 변수에 대한 접근을 제한할 필요가 있다. 객체 변수에 대한 외부의 직접적인 접근을 제한하고, 이 변수에 대한 접근은 데이터의 범위를 검사하거나 데이터 형을 검증하는 등의 기능을 수행하는 메소드를 이용하도록 하면 범위를 벗어난 데이터 저장 또는 다른 데이터 형의 데이터 저장 등으로 인해 발생하는 정보의 일관성 문제를 해결할 수 있다. 파이썬은 외부에서 접근할 수 없도록 객체 변수를 비공개로 선언하는 예약어를 제공하지 않지만, 식별자가 두 개이상의 밑줄 문자(_)로 시작하는 객체 변수를 비공개 즉, 외부에서의 직접적인 접근을 허용하지 않는 변수로 사용할 수 있다.

코드 7.6은 외부에서의 접근을 제한한 비공개 변수를 사용한 예를 나타낸 것이다. 코드 3번 줄의 명령문은 객체 변수 *__flag*에 초기값을 설정하는 것이다. 이 변수의 이름이 두 개의 밑줄 글자 _로 시작을 하고 있으므로 이 변수는 외부에서의 접근이 허용되지 않는 비공개 변수이다. 따라서, 객체 생성 후 코드의 12번 줄과 같이 이 변수의 값을 사용하려고 시도할 때 오류가

발생한다. 이때 발생하는 오류의 원인은 비공개 객체 변수 *__flag*에 접근을 시도하였기 때문이 아니며, 객체의 공개된 변수 중 *__flag*이 없기 때문이다. 이것은 14번 줄과 17번 줄의 명령문 실행에 문제가 없는 것으로 확인할 수 있다. 14번 줄의 명령문에서 객체 변수 *__flag*에 값을 설정하는 것은 이미 객체 외부에서 값을 설정한 것이므로 이 변수는 비공개 변수가 될 수 없다. 반면, 3번 줄의 변수 *__flag*는 객체 내부에서 값이 설정되었으므로 비공개 변수이다. 따라서, 비공개 변수와 공개 변수의 표면적 이름이 동일하더라도 다른 변수이다. 따라서, 17번 줄에서 출력한 것은 공개 변수 *__flag*의 값을 출력한 것이다.

비공개 변수 *__flag*에 대한 접근은 외부에 공개된 두 메소드 **flag_set**(), **flag_get**()을 이용하여 가능하다. 특히, 비공개 변수의 값을 설정하는 **flag_set**() 메소드는 5번 줄과 같이 형식 인자의 값이 비공개 변수에 설정 가능한 값인가를 검사할 수 있다. 함수 **isinstance**(v, t)는 값 v가 데이터 형 t인지 검사하여 **True** 또는 **False**를 반환하는 데이터 형 검사 함수이다.

코드 7.6: 비공개 객체 변수 사용의 예

```
1  class App:
2      def __init__(self):
3          self.__flag = True                 # __flag는 비공개 객체 변수
4      def flag_set(self, value):
5          if isinstance(value, bool):        # 형식 인자 value의 형 검사
6              self.__flag = value
7          else:
8              raise ValueError
9      def flag_get(self):
10         return self.__flag
11 app = App()
12 # print(app.__flag)          # 오류 발생
13 app.flag_set(True)
14 app.__flag = 1               # 비공개 객체 변수와 다른 변수
15 # app.flag_set(1)            # 오류 발생
16 print(app.flag_get())
17 print(app.__flag)
```

✓ 연습 과제

1. 앞서 정의한 ***Account*** 및 파생 클래스 ***IdentifiedAccount***의 인스턴스 변수 *balance*, *id*는 함부로 수정되어서는 안되는 정보를 저장하고 있으므로 객체 외부에서의 접근을 제한할 필요가 있다. 이들 변수를 비공개 변수로 하도록 각 클래스의 정의를 수정하여라.

2. 앞서 정의한 ***Position*** 클래스에서 2 차원 좌표를 저장하는 두 인스턴스 변수에 대한 외부 접근을 제한할 수 있도록 클래스 정의를 수정하여 프로그램을 작성하라.

3. 앞서 정의한 ***LectureScore*** 클래스와 그 파생 클래스 ***IdentifiedLectureScore***의 인스턴스 변수 *lectures*, *id*는 객체 외부에서의 접근을 제한할 필요가 있는 것이다. 이 두 인스턴스 변수을 비공개 변수가 되도록 각 클래스를 수정하여라.

---

1. 잔액과 식별 번호를 비공개 인스턴스 변수로 변경하여 구현한 ***Account***, ***IdentifiedAccount*** 클래스를 정의한 프로그램.

```

class Account:
    MAX_AMOUNT_PER_TRANSACTION = 10000
    def __init__(self, amount=0):
        self.__balance = 0
        self.deposit(amount)
    def __str__(self):
        return f'current balance :{self.__balance}'
    def deposit(self, amount):
        if Account.MAX_AMOUNT_PER_TRANSACTION >= amount:
            self.__balance += amount
    def withdraw(self, amount):
        if Account.MAX_AMOUNT_PER_TRANSACTION >= amount:
```

```python
            if self.__balance >= amount:
                self.__balance -= amount
    def get_balance(self):
        return self.__balance

class IdentifiedAccount(Account):
    def __init__(self, *, id, balance=0):
        super().__init__(balance)
        self.__id = id
    def get_id(self):
        return self.__id
```

2. 2차원 좌표를 저장, 관리하는 ***Position*** 클래스를 정의하고, 시험하는 프로그램.

```python
class Position:
    def __init__(self,x=0, y=0):
        self.set_position(x, y)
    def __str__(self):
        return f'(x, y) = ({self.__x},{self.__y})'
    def set_position(self, x, y):
        if x >= 0 and y >= 0:
            self.__x = x
            self.__y = y
    def get_position(self):
        return (self.__x, self.__y)
center = Position(15, 20)
print(center.get_position())
print(center)
```

7.4 오버라이딩

오버라이딩(overriding)[2]은 상속 관계에 있는 클래스가 동일한 식별자를 정의하고 있을 때 그 식별자를 찾는 순서에 따라 선 순위에 있는 클래스의 식별자가 사용됨을 의미한다. 앞서 수퍼 클래스와 파생 클래스가 **__init__**() 메소드를 정의하고 있어도 식별자를 찾는 순서에서 파생 클래스가 선 순위이므로 객체 생성 시 파생 클래스의 메소드가 호출되는 것도 오버라이딩에 의한 것이다. 식별자는 변수의 이름 또는 메소드의 이름이 될 수 있으므로 개발자는 변수 또는 메소드를 오버라이딩하여 사용할 수 있다.

오버라이딩의 목적은 객체 지향의 다형성(polymorphism) 구현에 있다. 다형성은 동일한 식별자를 사용하지만 객체의 클래스 형에 따라 다른 동작 또는 다른 값을 갖도록 하여 실행 환경 또는 상황에 적합한 동작을 수행할 수 있도록 한다. 코드 7.7은 오버라이딩을 사용하여 다형성을 구현한 간단한 예를 나타내고 있으며, 그림 7.2는 코드 7.7에서 정의하고 있는 세 클래스 사이의 상속 관계와 식별자 검색 순서를 나타내고 있다. 클래스 ***Dog***과 ***Cat***는 상호 간 상속 관계가 없지만, 클래스 ***Animal***은 두 클래스의 수퍼 클래스로 정의되어 있다. 이들 세개의 클래스는 동일한 식별자 **__init__**과 *sound_str*를 정의하고 있다. 반면, 메소드 이름인 식별자 **sound**는 클래스 사이의 상속 관계에서 유일하게 정의되어 있어 이 식별자는 오버라이딩이 되지 않는다. 클래스의 상속 관계를 표현하고 있는 그림에서 파생 클래스에서 수퍼 클래스로 향하는 화살표의 방향은 식별자를 찾는 검색 순서라고 생각하면 오버라이딩에 의한 다형성 이해에 도움이 된다.

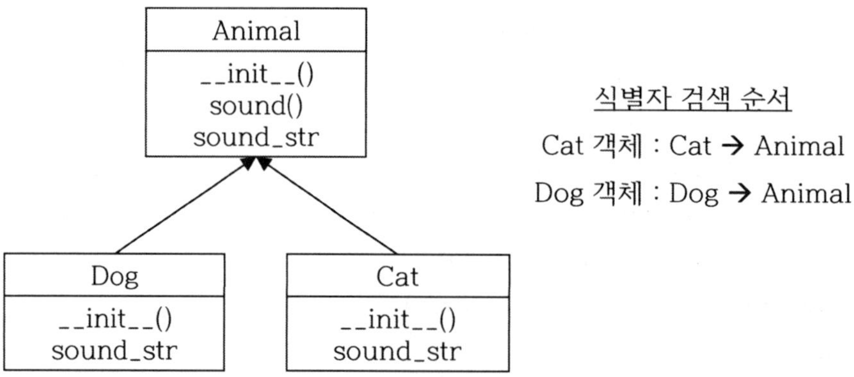

그림 7.2: 클래스 간의 상속관계 및 식별자 검색 순서

[2]더 중요한 또는 우선시 되는 등의 뜻으로 사전에 정의되어 있다.

코드 7.7 14번 줄의 ***Cat*** 클래스의 객체 생성은 메소드 **__init__()**를 자동 호출하며, 식별자 검색 순서에 따라 ***Cat*** 클래스에서 정의한 메소드가 호출되는 것과 같이 ***Cat*** 또는 ***Dog*** 등의 클래스에 따라 객체 커스터마이징을 위해 객체 생성 시 호출되는 메소드가 다르다는 점에서 오버라이딩을 이용한 다형성이라고 할 수 있지만, 실질적인 다형성의 예는 다음과 같다. 코드 16번 줄의 ***Cat*** 객체를 이용한 메소드 **sound()** 호출은 검색 순서에 따라 식별자 **sound**를 선 순위 클래스 ***Cat***와 차 순위 클래스 ***Animal***에서 찾으며, 그 결과에 따라 클래스 ***Animal***의 **sound()** 메소드가 호출된다. 이때, 수퍼 클래스 ***Animal***에서 정의된 메소드 **sound()**가 반환하는 객체 변수 *sournd_str*의 값은 수퍼 클래스의 변수가 아니다. 객체 변수 즉, 식별자 *sound_str*은 식별자 검색하는 순서에 따라 검색되며, 검색 선 순위인 ***Cat*** 클래스에서 정의하고 있는 식별자가 사용된다. 따라서, 오버라이딩은 ***Cat*** 또는 ***Dog*** 클래스의 객체가 각각 다른 객체 변수 값을 반환할 수 있어, 객체에 따라 다른 동작을 수행할 수 있는 다형성을 구현한다.

코드 7.7: 오버라이딩을 사용한 예

```
1  class Animal:
2      def __init__(self):
3          self.sound_str = 'No sound'
4      def sound(self):
5          return self.sound_str
6  class Dog(Animal):
7      def __init__(self):
8          super().__init__()
9          self.sound_str = "Bowwow"
10 class Cat(Animal):
11     def __init__(self):
12         super().__init__()
13         self.sound_str = "Mew"
14 cat = Cat()
15 dog = Dog()
16 print(cat.sound())
17 print(dog.sound())
```

✓ 연습 과제

1. 앞서 정의한 클래스 ***Account***를 상속하는 파생 클래스 ***MinusAccount***를 정의하고, 검사하는 프로그램을 작성하라. 이 클래스는 사전에 약정한 금액을 추가로 인출할 수 있는 것으로 다음의 특징을 추가로 갖는다.

   - 약정 금액을 저장(*contracted_balance*)
   - 약정 금액 중 인출한 금액 저장(*contracted_balance_withdrawal*)
   - 인출 가능 금액 확인 기능(**get_available_balance**())
   - 저금 기능(**deposit**())
   - 출금 기능(**withdraw**())

   약정 금액은 객체 생성시 결정되면 수정되지 않는다고 가정하며, 계좌의 실제 잔액외 추가로 인출할 수 있는 한계 금액이다. 약정 금액 중 인출한 금액은 약정한 금액 중 실제로 사용한 금액을 저장하는 것이며, 인출 가능 금액은 계좌의 잔액과 약정 금액 중 사용하지 않음 금액의 합이다. 즉, 약정 금액이 1,000원이고, 계좌의 잔액이 500원이면 인출 가능 금액은 1,500원이 된다. 저금 기능은 고객이 저금한 금액에서 약정 금액 중 인출한 금액을 먼저 제한 후 남은 금액을 계좌에 저금한다. 출금 기능은 고객이 출금할 금액 중 계좌의 잔액에서 먼저 제한 후 여분의 출금 금액은 약정 금액에서 사용한다.

1. 수정된 ***Account*** 클래스와 ***MinusAccount*** 클래스를 정의한 프로그램.

```python
class Account:
    MAX_AMOUNT_PER_TRANSACTION = 10000
    def __init__(self, amount=0):
        self.__balance = amount # 수정된 부분
    ...

class MinusAccount(Account):
    def __init__(self, *, init_balance=0, contracted_balance=0):
        super().__init__(init_balance)
        self.__contracted_balance = contracted_balance
        self.__contracted_balance_withdrawal = 0
    def get_available_balance(self):
        return super().get_balance() + \
            (self.__contracted_balance -
                self.__contracted_balance_withdrawal)
    def deposit(self, amount): # 오버라이딩된 메소드
        ...
    def withdraw(self, amount): # 오버라이딩된 메소드
        ...
mine = MinusAccount(init_balance=1000, contracted_balance=500)
mine.withdraw(1200)
print(mine.get_balance())
print(mine.get_available_balance())
```

7.5 다중 상속

다중 상속은 상속 관계에 있어 파생 클래스의 수퍼 클래스가 두 개 이상인 것이다. 그림 7.3은 파생 클래스 **A**가 세 개의 수퍼 클래스 **B**, **C**, **E**를 상속하는 다중 상속을 나타낸 것이다. 클래스 **B**, **C**는 클래스 **D**를 상속하는 파생 클래스이며, 클래스 **D**, **E**는 클래스 ***object***의 파생 클래스이다. 상속 관계에서 최상위 클래스인 ***object*** 클래스는 파이썬에서 정의되는 모든 클래스의 수퍼 클래스이며, 상속 관계에 대한 명시적 표현없이 정의한 클래스는 자동적으로 ***object*** 클래스의 파생 클래스가 된다.

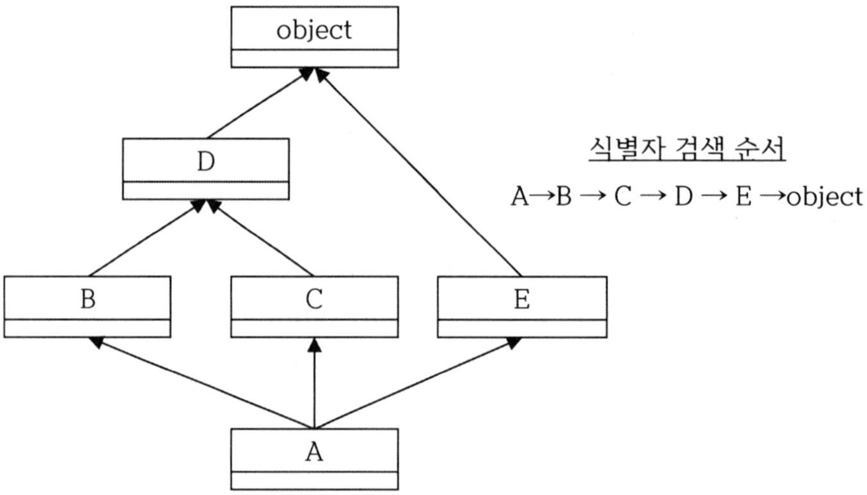

그림 7.3: 다중 상속과 식별자 검색 순서

다중 상속에서 여러 클래스가 동일한 식별자의 변수 또는 메소드를 정의한 경우에 이 식별자를 검색하는 순서에 따라 실제 사용되는 식별자가 결정된다. 식별자 검색 순서는 파생 클래스를 선 순위, 수퍼 클래스를 후 순위로 하며, 수퍼 클래스가 같은 파생 클래스의 왼쪽 편을 선 순위, 오른 편을 후 순위로 한다. 이러한 식별자 검색 순서 정책에 따라 그림 7.3에 나타낸 클래스들의 식별자 검색 순서는 상속 관계의 가장 마지막 파생 클래스인 **A**가 최우선 순위가 되어 이 클래스에서 식별자를 가장 먼저 검색한다. 만약, 클래스 **A**에서 식별자를 찾지 못하면 이 클래스의 수퍼 클래스에서 검색을 하게 되는데, 클래스 **B**, **C**의 수퍼 클래스 **D**와 클래스 **E**가 같은 상속 수준이고, 상속 수준이 동일한 경우 왼쪽에서 오른쪽 순서로 검색을 하므로 클래스 **D**와 그 파생 클래스에서 우선 검색을 한 후 **E**에서 검색한다. 클래스 **D**와 그 파생 클래스 **B**, **D** 중에서는 파생 클래스가 검색 우선 순위를 가지므로 클래스 **B**, **C**에서 식별자를 검색한 후 **D**에서 검색을 한다. 클래스 **D** 및 그 파생 클래스에서 식별자를 찾지 못하면 그 다음 검색 순서는 클래스 **D**의 오른쪽인 **E**가 된다. 이러한 식별자 검색 정책에 따라 클래스 ***object***는 검색 우선 순위가 가장 낮은 클래스이다.

코드 7.8: 다중 상속 및 식별자 검색의 예

```
1  class D(object):
2      def __init__(self):
3          print('Class D')
4          self.data = 1
5  class B(D):
6      def __init__(self):
7          print('Class B')
8          self.data = 2
9  class C(D):
10     def __init__(self):
11         print('Class C')
12         self.data = 3
13     def get(self):
14         return self.data, 3
15     def calc(self, n):
16         return self.data + n
17 class E(object):
18     def __init__(self):
19         print('Class E')
20         self.data = 4
21 class A(B, C, E):
22     def __init__(self):
23         super(C, self).__init__()
24         self.data = 5
25 obj = A()
26 print(obj.get())
27 print(obj.calc(9))
```

코드 7.8은 그림 7.3에 표현한 상속 관계를 구현한 간단한 예이다. 25번 줄에서 생성한 클래스 **A**의 객체를 이용하여 28번 줄에서는 메소드 **get**()을 호출하고 있다. 이 메소드 호출은 식별자 검색 순서에 따라 **get**을 클래스 **A**, **B**, **C**의 순서로 검색하며, 이 식별자 검색에 성공한 최초의 클래스인 **C**의 메소드가 호출된다. 동일한 방법에 따라 27번 줄에서의 메소드 호출은 클래스 **C**에서 정의된 **calc**() 메소드가 실행된다. 클래스 **A**를 이용하여 객체를 생성하면 자동으로 호출되는 클래스 **A**의 **__init__**()가 수퍼 클래스의 **__init__**() 호출을 위해 **super**().**__init__()**를 사용하면 식별자 검색 순서에 따라 클래스 **B**의 메소드가 호출된다. 만약, 클래스 **D**의 **__init__**() 메소드 호출은 23번 줄에서 사용한 것과 같이 **super**(*class*, *obj*)의 형식으로 사용하면 된다. 이때, 식별자 검색은 식별자 검색 순서 중 *class* 이후 부터 이루어진다. 따라서, **super**(*C*, **self**)는 검색 순서 상에서 **C** 이후 즉, **D** 부터 식별자를 검색하므로, 클래스 **D**에 정의되어 있는 **__init__**() 메소드를 호출할 수 있다.

✓ 연습 과제

1. 잔액을 관리하는 ***Account*** 클래스와 식별자와 잔액을 위한 ***IdentifiedAccount***, 마이너스 계좌를 위한 ***MinusAccount***가 아래와 같을 때, 식별자와 잔액, 그리고 마이너스 계좌를 모두 관리하는 ***IdentifiedMinusAccount*** 클래스를 정의하라. 단, ***IdentifiedAccount***와 ***MinusAccount***는 각각 ***Account***의 파생 클래스이며, ***IdentifiedMinusAccount***는 ***IdentifiedAccount***와 ***MinusAccount***의 파생 클래스이다.

```
class Account:
    def __init__(self, balance=0):
        self.balance = balance
class IdentifiedAccount(Account):
    def __init__(self, id, balance=0):
        self.id = id
        super().__init__(balance)
class MinusAccount(Account):
    def __init__(self, cont_balance, balance=0):
        self.contract_balance = cont_balance
        super().__init__(balance)
```

2. 각 클래스를 위해 앞서 소개한 메소드를 포함하여 구현을 하여라.

---

1. IdentifiedAccount와 MinusAccount 클래스의 파생 클래스

```
class IdentifiedMinusAccount(MinusAccount, IdentifiedAccount):
    def __init__(self, id, contract, balance):
        super().__init__(contract, balance)
        super(MinusAccount, self).__init__(id, balance)
app = IdentifiedMinusAccount(99, 1000, 2000)
print(app.id, app.contract_balance, app.balance)
```

8

모듈과 예외처리

8.1 모듈의 개념

프로그래머가 직접 정의한 함수 또는 클래스를 본인의 다른 프로젝트에서 사용할 필요가 있거나 다른 개발자와 공유해야 하는 상황에서 할 수 있는 가장 간단한 방법은 필요할 때마다 소스 코드를 복사한 후 붙여 넣기를 하는 것이다. 이 방법은 성능 개선 또는 오류 수정을 위해 원본 소스 코드가 변경이 되면, 이 소스 코드를 복사 후 붙여 넣기한 모든 곳을 찾아 반영해야 하는 문제가 있다. 또, 여러 개발자가 동시에 개발을 진행하는 프로젝트에서 특정 기능을 위한 함수 또는 클래스가 개발 중에 있다면 이들 함수 또는 클래스의 소스 코드를 복사한 후 붙여 넣기하여 개발을 진행하는 것은 현실적으로 불가능하다. 이러한 상황에서 모듈(module)은 개발이 완료되었거나 개발 중인 함수 또는 클래스를 여러 프로젝트 또는 프로제트에 참여하는 개발자들이 효과적으로 공유할 수 있는 방법을 제공한다.

파이썬에서 모듈은 함수 또는 클래스 정의와 실행 명령문을 포함하고 있는 소스 파일이다. 이 정의에 의하면 모듈은 지금까지 작성하고 실행한 소스 파일과 차이가 없으며, 실제로 지금까지 작성한 소스 파일은 모두 하나의 모듈이다. 각 모듈을 구별하기 위해 모듈 이름을 사용하며, 소스 코드를 저장하는 소스 파일의 이름이 모듈 이름이 된다. 예를 들어, 소스 파일의 이름이 'hello.py'이라면, 모듈 이름은 'hello'가 된다. 변수 '__name__'는 모듈의 이름을 저장하고 있으며, 프로그램은 이 변수를 이용하여 모듈의 이름을 알 수 있다. 코드 8.1은 한 개의 함수 **add**() 정의와 두 개의 실행 명령문을 갖는 'mod1.py' 파일을 나타낸 것이다. 코드의 7번 줄은 변수 '__name__'이 저장하고 있는 모듈 이름을 출력하는 것이다. 소스 파일의 이름이 'mod1.py'이므로 이 명령문은 'mod1'을 출력할 것으로 기대하지만 실제 출력하는 것은 '__main__'이다. 이것은 프로그램 실행을 시작할 때 사용하는 최상위 수준의 모듈을 메인 모듈이라고 하고, 파일 이름과 상관없이 그 모듈의 이름은 '__main__'이 된다.

코드 8.1: *mod1* 모듈(*mod1.py*)의 예

```
1 # filename : mod1.py
2 def add(*data):
3     total = 0
4     for v in data:
5         total = total + v
6     return total
7 print('The name of this module : ', __name__)
```

최상위 수준의 모듈 또는 그 하위 수준의 모듈은 다른 모듈을 사용할 수 있다. 아래는 한 모듈이 다른 모듈을 사용하기 위한 **import** 문의 형식을 나타내고 있다. 예약어 **as** 문은 모듈명을 위한 별명을 지정하는 것으로 프로그램에서 모듈 이름 대신 별명을 이용하여 사용할 수 있다. 이 **import** 문은 *module_name*로 명시된 모듈을 현재의 모듈에 포함 또는 삽입하는 것이 아니며, 변수 이름, 함수 이름 등 현재 모듈에서 사용하는 식별자가 적용, 사용되는 범위인 이름 공간(name space)에 *module_name*을 등록하는 역할을 수행한다. 따라서, 모듈 이름 *module_name*이 현재 모듈의 이름 공간에 등록되어 있으므로 식별자로서 이 이름을 사용할 수 있다.

---

import *moule_name* [**as** *alias*]

그림 8.1은 메인 모듈로 사용되는 코드 8.2의 '*top.py*'에서 코드 8.1에 나타낸 모듈 '*mod1*'을 사용하기 위해 **import** 했을 때의 관계를 나타낸 것이다. 코드8.2를 이용하여 실행을 하였으므로 이 모듈이 메인 모듈이 되며, 이 모듈의 모듈 이름은 '__main__'이 된다. 반면, 코드의 2번 줄의 명령문에 의해 코드 8.1의 모듈은 메인 모듈에 **import**되었으므로 이 모듈의 이름은 'mod1'이 된다. 이 명령문에 의해 메인 모듈의 이름 공간에 변수 *point*와 더불어 모듈 이름 *mod1*도 등록되어 메인 모듈 내에서 이 이름을 사용할 수 있다.

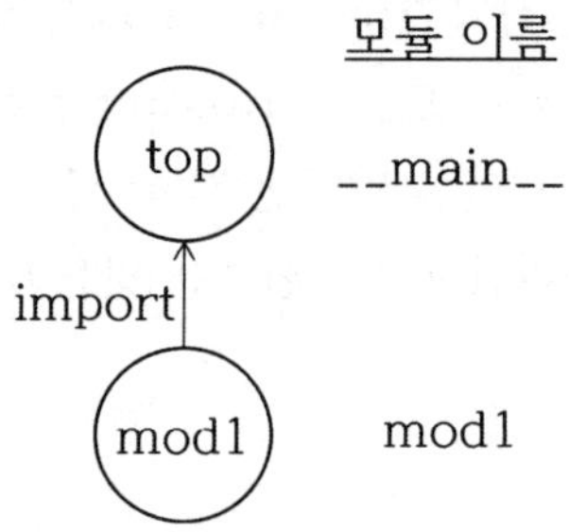

그림 8.1: 메인 모듈과 모듈 'mod1'의 관계

코드 8.2: *mod1* 모듈(*mod1.py*)의 예

```
1 # filename : top.py
2 import mod1
3 point=99
4 print('The name of this module : ', __name__)
```

✓ 연습 과제

1. 앞의 5.1절의 연습 과제 1번에서 제시한 아래의 프로그램에서 사용한 모듈이 무엇이며, 그 모듈에서 제공한 함수를 사용하는 방법을 점검하라.

```
import random
def max(x, y):
    return x if x > y else y
data =[(random.randint(0,10),random.randint(0,10)) \
    for _ in range(10)]
print(data)
large_value=[max(x,y) for x, y in data]
print(large_value)
```

2. 비어 있는 모듈 *account*를 생성하고, 이 모듈을 *act*이라는 별명으로 **import**하는 프로그램을 작성하라. 또 이 프로그램은 난수를 생성하기 위한 모듈 *random*을 *rnd*라는 별명으로 **import**하고, 수학 연산과 관련된 모듈 *math*를 **import**하여라. 모듈 *math*는 라디안 각도를 인자로 하는 삼각함수 **sin**(), **cos**(), **tan**()를 제공하고 있으며, 원주율 pi 값도 제공하고 있다. *random* 모듈의 **randint**() 함수를 이용하여 0부터 360사이의 난수를 생성하고, 이 값을 라디안을 변환한 후 각 삼각함수의 값을 출력하는 프로그램을 작성하라. 각을 위한 도를 라디안으로 변환하는 것은 **to_radian**() 함수를 정의하고 이를 이용하여라.

2. 모듈 *account*, *random*, *math*를 **import**한 프로그램.

```
import account as act
import random as rnd
import math
def to_radian(degree):
    return degree / 180 * math.pi
for _ in range(5):
    radian = to_radian(rnd.randint(0, 360))
    print(f'radian : {radian:+9.6f} \
     sin : {math.sin(radian):+9.6f}')
```

8.2 모듈의 사용

모듈을 사용하기 위해 **import**하면 현재 모듈의 이름 공간에 **import**된 모듈의 이름이 등록되고, 그 모듈의 명령문이 실행된다. 많은 모듈은 함수 또는 클래스 정의를 포함하고 있어 이 실행은 모듈의 함수와 클래스를 정의한다. 또, 코드 8.1의 7번 줄과 같이 **import**되는 모듈이 실행문을 포함하고 있으면, 그 명령문도 실행된다. **import**된 모듈이 정의하고 있는 함수, 클래스 또는 변수—즉, 그 모듈에 있는 식별자—를 사용하는 방법은 아래와 같이 *module_name*과 사용할 식별자를 점(.)으로 연결한다.

---

module_name.func()
module_name.classname()
module_name.variable

코드 8.3은 두 개의 함수 정의를 포함하고 있는 *util* 모듈을 나타낸 것이다. 이 모듈에서 정의된 함수 **getBitValue**()는 정수 n을 표현하는 이진수의 비트 번호-m의 값을 반환한다. 모듈에 있는 함수 **setBitValue**()는 정수 n을 표현하는 이진수의 비트 번호-m의 값을 1로 설정하는 것이다.

코드 8.3: 두 개의 함수 정의를 포함하고 있는 *util* 모듈

```
# filename : util.py
def getBitValue(n, m):
    target_bit = 0x1 << m
    return 1 if (n & target_bit) != 0 else 0
def setBitValue(n, m):
    target_bit = 0x1 << m
    return n | target_bit
```

코드 8.4는 코드 8.3에서 나타낸 *util* 모듈을 사용하는 예이다. 코드의 1번 줄에 있는 **import** 문은 이 모듈(*__main__* 모듈)의 이름 공간에 *util*을 추가한 것으로 이 모듈 즉, 이 프로그램에서 식별자 *util*을 사용할 수 있게 한다. 하지만, 이 **import** 문이 모듈 *util*내에 있는 이름 즉, **getBitValue** 등의 함수 이름도 함께 *__main__* 모듈의 이름 공간에 등록하는 것이 아니므로, 모듈 *util*에서 정의한 함수 호출은 코드의 4, 5번 줄에 나타낸 것과 같이 *module_name*.**func**()의

형식을 갖는다.

코드 8.4: 모듈 *util*을 사용하는 예

```
import util
n = 0b0101 # decimal 5
print(n)
print(util.getBitValue(n, 0), util.getBitValue(n, 1))
print(util.setBitValue(n, 1), util.setBitValue(n, 3))
```

모듈이 다른 모듈 내에 정의되어 있는 함수의 이름을 자신의 이름 공간에 직접 등록하면, 그 함수를 호출할 때 이 *module_name*.**func**()의 형식이 아니라 등록된 함수 이름을 이용하여 **func**()의 형식으로 함수를 호출할 수 있다. 다음은 모듈 *module_name*에 등록된 식별자 *identifier*를 자신의 이름 공간에 등록하는 형식이며, 콤마(,)로 구분하여 여러 개의 식별자를 나열하면 그 모듈에 있는 식별자들을 이름 공간에 등록할 수 있다. 이것은 모듈 이름 *module_name*을 이름 공간에 등록한 것이 아니라 그 모듈에 있는 식별자 *identifier*를 등록한 것이므로, **import**한 모듈에서는 모듈 이름 *module_name* 및 등록되지 않은 식별자를 사용할 수 없다.

from *module_name* **import** *identifier[, identifier]*

코드 8.5는 **from** 문을 이용하여 모듈 *util* 내에 있는 함수 이름 **getBitValue**, **setBitValue**를 *__main__* 모듈에 등록하는 예를 나타낸 것이다. 이 두 이름이 모듈의 이름 공간에 등록되었으므로 코드 4번 줄과 같이 모듈명 *util* 없이 그 모듈에 정의된 함수를 호출할 수 있다. 반면, 주석 처리가 되어 있는 코드의 5번 줄은 이 모듈의 이름 공간에 식별자 *util*가 등록되어 있지 않으므로 이 모듈 이름을 이용하여 함수를 호출할 수 없다.

코드 8.5: **from** 문을 이용한 모듈 내 이름을 직접 등록하고 사용하는 예

```
1 from util import getBitValue, setBitValue
2 n = 0b0101 # decimal 5
3 print(n)
4 print(getBitValue(n, 0), setBitValue(n, 1))
5 # print(util.getBitValue(n, 0), util.setBitValue(n, 1))
```

✓ 연습 과제

1. 앞서 구현한 클래스 ***Account***, ***MinusAccount***, ***IdentifiedAccount***를 *account* 모듈에 넣은 후, 이 모듈을 **import**하여 각 클래스의 객체를 생성하는 프로그램을 작성하라.

2. 앞의 *account* 모듈에서 **from**과 **import**하여 각 클래스의 객체를 생성하는 프로그램을 작성하라.

3. 앞서 구현한 클래스 ***LectureScore***, ***IdentifiedLectureScore***를 *lecture* 모듈에 넣은 후, 이 모듈을 **import**하여 각 클래스의 객체를 생성하는 프로그램을 작성하라.

1. 모듈 *account*에 있는 클래스의 객체를 생성하여 이용하는 프로그램.

```python
import account
my_acc = account.Account(1000)
my_id_acc = account.IdentifiedAccount(id=134, balance=1000)
my_minus_acc = account.MinusAccount(init_balance=1000, \
          contracted_balance=500)
my_acc.deposit(500)
print(my_id_acc.get_balance())
my_minus_acc.withdraw(700)
```

2. **from~import**를 이용하여 *account* 모듈에 있는 클래스의 객체를 생성하여 이용하는 프로그램.

```python
from account import Account, MinusAccount, IdentifiedAccount
my_acc = Account(1000)
my_id_acc = IdentifiedAccount(id=134, balance=1000)
my_minus_acc = MinusAccount(init_balance=1000, \
          contracted_balance=500)
my_acc.deposit(500)
print(my_id_acc.get_balance())
my_minus_acc.withdraw(700)
```

3. 모듈 *lecture*에 있는 클래스의 객체를 생성하여 이용하는 프로그램.

```python
import lecture as lct
my_lecture = lct.LectureScore()
my_lecture.add_lecture('Korean')
my_lecture.add_lecture_score('Korean', 99)
my_lecture.add_lecture_score('Korean', 49)
print(my_lecture.get_lecture_scores('Korean'))
```

8.3 패키지

파이썬 프로그램을 저장하고 있는 소스 파일인 모듈이 한 디렉토리–폴더–에 모두 저장되어 있다면 모듈의 이용 및 관리의 어려움이 있다. 이의 해결 방안은 기능 또는 목적에 따라 모듈들을 분류하고, 다시 세분하여 계층화하는 것이다. 그림 8.2는 세 모듈 *operation*, *statisticcs*, *basic*을 *util*로 분류한 후, 각각 *bits*와 *arth*로 세부 분류하여, 모듈 *operation*를 *bits*, 모듈 *statistics*, *basic*를 *arth*에 포함시켜 계층화한 것이다.

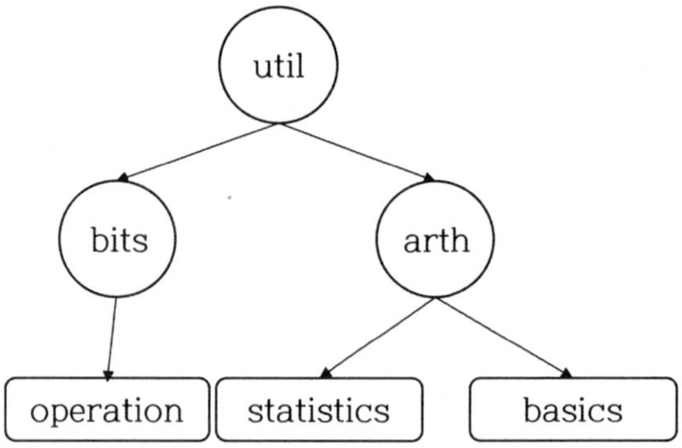

그림 8.2: 모듈의 계층화

파이썬은 모듈의 계층화를 위해 패키지를 사용한다. 패키지는 디렉토리를 의미하며, 디렉토리가 계층적 디렉토리 구조를 가지므로 패키지도 계층적 구성이 가능하다. 즉, 패키지 *util*는 *bits*, *arth* 등 두 개의 패키지를 포함하고 있으며, 패키지 *bits*는 모듈 *operation*을, 패키지 *arth*는 모듈 *statistics*와 *basics*를 각각 포함하고 있다. 각 패키지는 *__init__.py* 파일을 포함할 수 있으며, 이 파일은 패키지 이름이 **import** 또는 **from** 등의 명령문 내에 출현할 때 자동으로 실행된다. 다음은 패키지 또는 패키지 내 모듈의 이름을 현재 모듈의 이름 공간에 등록하는 형식을 나타내고 있다. 패키지가 계층적으로 구성되어 있으면 상위 패키지 명부터 하위 패키지 명까지 점(.) 심볼로 연결하여 사용을 하면 된다. 예를 들어, 그림 8.2와 같은 패키지 구성에서 모듈 *operation*은 *util.bits.operation*으로 표현할 수 있다.

---

import *package_name.moule_name*

from *package_name.module_name* **import** *identifier[, identifier]*

코드 8.6부터 8.9까지는 각각 *util.bits*과 *util.arth* 패키지에 있는 모듈들을 나타낸 것이다.

코드 8.10은 이들 패키지와 모듈을 이용하는 것으로, 1번, 2번 줄은 *__main__* 모듈의 이름 공간에 함수 이름 **setBitValue**, 모듈 이름 *statistics*, *basics*를 등록한 것이다.

코드 8.6: *util.bits.operation* 모듈

```python
# util/bits/operation.py
def setBitValue(n, bitn):
    target_bit = 0x1 << bitn
    return n | target_bit
print('name :', __name__)
```

코드 8.7: *util.bits*의 *__init__.py*

```python
# util/bits/__init__.py
print('name : ', __name__)
```

코드 8.8: *util.arth.statistics* 모듈

```python
# util/arth/statistics.py
from utils.arth.basics \
    import gettotal
def mean(lst):
    total = gettotal(lst)
    return total / len(lst)
print(__name__)
```

코드 8.9: *util.arth.basics* 모듈

```python
# util/arth/basics.py
def gettotal(lst):
    total = 0
    for v in lst:
        total += v
    return total
print(__name__)
```

코드 8.10: 패키지와 모듈을 이용하는 예

```python
1 from util.bits.operation import setBitValue
2 from util.arth import statistics, basics
3 n = 0b0101
4 n = setBitValue(n, 1)
5 print(bin(n))
6 lst=[1, 2, 3, 4, 5]
7 total = basics.gettotal(lst)
8 avg = statistics.mean(lst)
9 print(total, avg)
```

✓ 연습 과제

1. 앞서 생성한 두 모듈 *account*와 *lecture*를 *utility* 패키지에 넣으라. 그리고, 이 패키지에 있는 모듈 *account*와 *lecture*에 있는 ***Account***, ***LectureScore*** 클래스의 객체를 생성, 이용하는 프로그램을 작성하라.

2. 패키지 *utility*에 있는 모듈 *account*와 *lecture*에서 **from~import**문을 이용하여 ***Account***, ***LectureScore*** 클래스의 객체를 생성, 이용하는 프로그램을 작성하라.

1. *utility* 패키지에 있는 *account*, *lecture* 모듈의 클래스를 이용하여 객체를 생성하고, 이용하는 프로그램.

```
import utility.account
import utility.lecture
my_account = utility.account.Account(1000)
my_lecture = utility.lecture.LectureScore()
my_account.deposit(1000)
print(my_account.get_balance())
my_lecture.add_lecture('math')
my_lecture.add_lecture_score('math', 95)
print(my_lecture.get_lecture_scores('math'))
```

2. **from~import**문을 이용하여 *utility* 패키지에 있는 *account*, *lecture* 모듈의 클래스를 이용하여 객체를 생성하고, 이용하는 프로그램.

```
from utility.account import Account
from utility.lecture import LectureScore
my_account = Account(1000)
my_lecture = LectureScore()
my_account.deposit(1000)
print(my_account.get_balance())
my_lecture.add_lecture('math')
my_lecture.add_lecture_score('math', 95)
print(my_lecture.get_lecture_scores('math'))
```

8.4 예외 처리 : try ~ except

실행 시간 오류(runtime error)는 범위를 벗어난 인덱스를 이용하여 리스트에 저장된 데이터에 접근하거나, 존재하는 않는 파일에서 데이터를 읽으려고 시도하는 등 프로그램이 정상적으로 실행되지 못하도록 하는 오류를 의미하며, 예외(exception)는 실행 시간 오류로 인하여 프로그램 실행이 중단되는 경우에 발생한다. 물론 프로그램이 성공적으로 실행을 완료한 경우에는 예외가 발생하지 않는다. 프로그램 실행이 중단되는 이유가 다양하므로 예외 발생 원인 또한 다양하다. 코드 8.11은 사용자 입력을 정수로 변환하여 변수 n에 저장한 후, 정수 100에서 변수 n에 저장된 값으로 나눈 결과를 출력하는 것으로 프로그램 실행 중 오류가 발생할 수 있는 간단한 예이다.

코드 8.11: 실행 시간 오류를 위한 간단한 예

```
n = int(input('input number : '))
print(100/n)
```

```
input number : 5
20.0
```

(a) 정상 실행

```
input number : 0
Traceback (most recent call last):
  File "C:\Utst.py", line 2, in <module>
    print(100/n)
ZeroDivisionError: division by zero
```

(b) 0으로 나눈 오류

```
input number : 4a
Traceback (most recent call last):
  File "C:\Utst.py", line 1, in <module>
    n = int(input('input number : '))
ValueError: invalid literal for int() with base 10: '4a'
```

(c) 잘못된 입력으로 인한 오류

그림 8.3: 실행 시간 오류를 위한 프로그래 실행의 예

그림 8.3은 코드 8.11을 실행한 것을 나타낸 것이다. 그림 8.3a는 사용자 입력에 대해 프로그램이 정상적으로 실행된 것을 나타내고 있다. 반면, 그림 8.3b와 그림 8.3c는 사용자가 각각 '0', '4a' 를 입력하여, 0으로 나눗셈 연산을 하려고 시도하거나 정수로 변환하지 못하여

프로그램이 정상적으로 실행 완료하지 못한 것을 나타내고 있다. 발생한 실행 시간 오류를 처리한 기본 방법은 실행 시간 오류 관련 메시지를 출력한 후 프로그램을 종료하는 것이다.

예외 처리(exception handling)는 프로그램 실행 시 발생한 예외를 프로그램 자체적으로 처리하여 프로그램의 계속 실행을 위한 상황을 만들거나 정상 종료할 수 있도록 한다. 다음은 발생할 가능이 있는 예외를 처리하는 구문을 나타낸 것이다. 예약어 **try** 구문의 블록 *try-block*은 예외 발생 가능이 있는 명령문(들)이다. 이 블록에 속한 명령문을 실행하는 중에 예외가 발생하면, 예외 처리는 예외 발생의 원인에 맞는 *exception-type*에 있는 *handler-block*을 실행하는 것이다. 발생한 예외 원인을 이용한 추가적인 처리가 필요하다면 변수 *identifier*에 발생한 예외 객체를 저장하여 사용할 수 있다. 마지막의 생략이 가능한 **finally** 구문은 예외 발생 여부와 관계없이 항상 실행되는 블록 *finally-block*을 포함한다.

---

try :
    try-block
except [*exception-type* [**as** *identifier*]]:
    handler-block
finally :
    finally-block

코드 8.12는 앞의 코드 8.11에서 발생할 수 있는 예외를 처리할 수 있도록 수정한 것이다. 이 코드는 2번, 3번 줄의 명령문을 실행하는 동안에 발생할 수 있는 예외 *ZerorDivisionError*와 *ValueError*를 각각 처리하도록 두 개의 **except** 문을 포함하고 있다. 실행 중 예외가 발생하면 발생한 예외의 종류에 맞는 **excpet** 문이 예외 처리를 담당한다.

코드 8.12: 예외 처리의 예

```
1 try:
2     n = int(input('input number : '))
3     print(100/n)
4 except ZeroDivisionError as ev:
5     print('Zero is not be divisor.', ev)
6 except ValueError:
7     print('Your input is not converted to integer.')
```

✓ 연습 과제

1. 후입선출(LIFO, last-in first-out) 방법으로 데이터를 저장하거나 인출하는 스택을 구현하기 위한 ***Stack*** 클래스를 정의하고, 동작을 검증하는 프로그램을 작성하라. 후입선출은 가장 마지막에 저장된 데이터가 가장 먼저 인출되는 것을 의미하며, 데이터를 스택에 저장하는 메소드는 **push**()이고, 스택에서 데이터를 인출하는 메소드는 **pop**()이다. ***Stack*** 클래스는 데이터를 인스턴트 변수 *data*에 저장된 리스트에 저장한다. 메소드 **push**()는 형식 인자 *ele*를 통해 전달되는 데이터를 스택 즉, 리스트 *data*에 추가하며, 메소드 **pop**()은 이 리스트의 가장 마지막 데이터를 인출하여 반환한다. 단, 인스턴스 변수 *data*에 저장된 리스트가 비어 있는 상태에서 **pop**()을 하면 *IndexError* 예외가 발생하므로 이때는 **None**을 반환하도록 한다.

2. 앞의 4.4절 연습 과제 2는 후위 표기법으로 표현된 식을 연산하는 것이었다. 이를 참고하여 후위 표기법으로 표현된 식을 연산하는 ***PostfixNotation*** 클래스를 정의하라. 이 클래스는 형식 인자 *expr*을 통해 전달받은 후위 표기법의 식을 연산하고, 결과를 반환하는 **calculate**() 메소드를 포함하고 있으며, 후위 표기법의 식을 연산할 때 스택이 필요하므로 앞서 정의한 ***Stack*** 클래스의 객체를 인스턴스 변수 *stack*에 저장하여 사용한다. ***PostfixNotation*** 클래스를 정의하고, 수식을 연산하는 예를 포함한 프로그램을 작성하라.

---

1. 클래스 ***Stack***을 구현한 프로그램.

```python
class Stack:
    def __init__(self):
        self.__data = []
    def push(self, ele):
        self.__data.append(ele)
    def pop(self):
        try:
            return self.__data.pop()
```

```
        except IndexError:
            return None
    def getsize(self):
        return len(self.__data)
```

2. 클래스 ***PostfixNotatoin*** 정의 및 이를 이용한 수식 계산을 위한 프로그램.

```
class PostfixNotation:
    def __init__(self):
        self.__stack = Stack()
        self.__opr = {'+':self.__add, '*':self.__mul}
    def __add(self,n1, n2):
        return n1 + n2
    def __mul(self,n1, n2):
        return n1 * n2
    def calculate(self, expr):
        expr = expr.split()
        for item in expr:
            if item.isdigit():
                self.__stack.push(int(item))
            else:
                n2 = self.__stack.pop()
                n1 = self.__stack.pop()
                self.__stack.push(self.__opr[item](n1,n2))
        return self.__stack.pop()
postfix = PostfixNotation()
print(postfix.calculate('12 3 10 + *'))
```

8.5 예외 발생 : raise

파이썬은 범위를 벗어난 인덱스 사용, 존재하지 않은 식별자 사용 등 프로그램이 정상적으로 실행될 수 없는 상황에서 예외를 발생시켜 예외를 처리한다. 하지만, 처리할 데이터의 범위를 벗어나거나 정상 처리를 위한 조건이 충족되지 못한 경우처럼 프로그램의 정상 실행을 방해하는 요인이 프로그램마다 같지 않으므로 파이썬 실행 환경은 정상 실행 방해 요인에 대한 예외를 발생시킬 수 없다. 코드 8.13은 함수 **put**()을 이용하여 0과 100사이의 값을 리스트에 저장하는 예를 나타낸 것이다. 3번 줄의 명령문은 변수 n에 저장된 값이 0과 100사이의 값이면 리스트에 저장을 하고 있다. 이때 7번 줄의 명령문은 -1을 리스트에 저장하려고 시도하고 있고, 함수 호출이 오류없이 완료되었으므로 정상적으로 데이터가 리스트에 저장되었다고 판단을 할 수 있다. 데이터의 유효한 범위를 벗어난 -1이 리스트에 저장되지 않았음에도 불구하고 파이썬 실행 환경은 실행에 오류가 존재하지 않으므로 예외를 발생시키지 않으며, 이 함수를 호출한 명령문은 비 정상 실행에 대한 피드백이 없어 리스트에 데이터가 정상적으로 저장되었다고 판단하고, 이를 기반으로 추가적인 처리를 시도함으로써 잘못된 결과를 도출할 수 있다. 이때 프로그램은 파이썬 실행 환경이 검출하지 못하는 논리적 오류로 인한 비정상 실행 상황을 자신이 직접 생성하고, 발생시킨 예외를 통해 인지하고 처리할 수 있다.

코드 8.13: 파이썬 실행 환경이 검출하지 못하는 오류의 예

```
1 lst = []
2 def put(n):
3     if n >= 0 and n <= 100:  # 범위가 0과 100사이일 때 리스트에 저장
4         lst.append(n)
5 if __name__ == '__main__':
6     put(90)
7     put(-1)  #정상 처리에 대한 피드백 없음.
```

다음은 프로그램에서 예외를 생성하고, 발생시키는 것을 나타낸 것이다. 발생시킬 예외를 위한 예외 객체를 생성하는 *exception_class*()은 파이썬이 제공하는 예외 클래스를 이용한다. 예외 클래스로 사용할 수 있는 것으로는 ***ZeroDivisionError***, ***NameError***, ***ValueError*** 등이 있다. 예외 객체를 생성할 때 사용한 파라미터는 예외 처리를 할 때 튜플로 전달된다.

---

raise *exception_class*([arg0, ⋯])

사용법: *exception_class* - 예외를 위한 클래스

arg0, ⋯ - 예외 클래스의 객체에 전달한 파라미터

코드 8.14는 리스트에 저장할 값의 범위를 벗어난 값을 형식 인자의 값으로 전달받았을 때 *ValueError* 예외를 발생시키고, 이를 처리하는 예를 나타낸 것이다. 함수 **put**()의 3번 줄은 전달받은 형식 인자의 값이 지정되 범위 내에 있는지를 확인한 후 리스트에 저장하는 4번 줄 또는 *ValueError* 예외를 발생시키는 6번 줄을 실행한다. 코드의 6번 줄은 ***ValueError*** 예외 객체를 생성한 후 예외를 발생시킨다. 예외 객체를 생성할 때 사용된 파라미터는예외 처리 루틴의 객체에서 *args* 필드를 이용하여 접근할 수 있다.

값 90을 실인자로 하여 함수를 호출하는 9번 줄의 명령문은 함수 실행이 완료되지만, -1을 실인자로 한 10번 줄의 함수 호출은 *ValueError* 예외를 발생시키는 6번 줄의 명령문을 실행하게 한다. 예외 발생을 위해 ***ValueError*** 클래스의 객체를 생성할 때 전달한 두 개의 파라미터 'Out of Range'와 변수 *n*의 값은 이 예외를 처리하는 루틴 중 12번 줄과 같이 ***ValueError*** 객체의 *args* 변수를 이용하여 사용할 수 있다.

코드 8.14: ValueError 예외 발생 및 처리의 예

```
1  lst = []
2  def put(n):
3      if n >= 0 and n <= 100:
4          lst.append(n)
5      else:
6          raise ValueError('Out of Range', n)
7  if __name__ == '__main__':
8      try :
9          put(90)
10         put(-1)
11     except ValueError as err:
12         param = err.args
13         print(param[0], param[1], 'is not in [0,100]')
```

✓ 연습 과제

1. 패키지 *utility*의 *account* 모듈에 정의된 클래스 ***Account***는 한 거래 당 10,000원보다 큰 금액을 저금하거나, 인출하려고 시도하면 현재의 구현은 아무런 처리를 하지 않는다. 따라서, **deposit**() 또는 **withdraw**() 메소드의 호출자(caller)는 정상 처리 여부를 확인할 수 있는 방법이 없다. 이 경우 *ValueError* 예외가 정상 처리되지 않았음을 메소드 호출자에게 알릴 수 있으므로 이를 위해 ***Account*** 클래스를 수정하라.

---

1. 수정된 ***Account*** 클래스를 포함한 프로그램(수정된 부분만).

```python
class Account:
    ...
    def deposit(self, amount):
        if Account.MAX_AMOUNT_PER_TRANSACTION >= amount:
            self.__balance += amount
        else:
            raise ValueError()
    def withdraw(self, amount):
        fault_flag = True
        if Account.MAX_AMOUNT_PER_TRANSACTION >= amount:
            if self.__balance >= amount:
                self.__balance -= amount
                fault_flag = False
        if fault_flag:
            raise ValueError()
acc = Account()
try:
    acc.deposit(10001)
except ValueError:
    print('transaction limit over')
```

9

파일 입출력

9.1 텍스트 파일 입출력

파일은 디스크 등의 보조 기억장치에 데이터를 저장하는 기본 단위이다. 파일 저장에 사용되는 저장 매체- 하드 디스크, SSD, USB 드라이브 등–가 다양하게 존재하지만 프로그램은 저장 매체에 무관하게 파일에 데이터를 저장하거나 읽어 올 수 있다. 파일을 이용한 기본 기능은 파일에 데이터를 저장하는 파일 쓰기(file write), 파일에 저장된 데이터를 읽어 오는 파일 읽기 (file read) 등이 있다.

데이터가 저장되는 방법에 따라 파일은 텍스트 파일(text file)과 이진 파일(binary file)로 구분된다. 텍스트 파일은 문자열을 저장하는 파일이며, 이진 파일은 바이트열(bytes)을 저장하는 파일이다. 따라서, 정수, 실수 등 문자열이 아닌 데이터의 테스트 파일 저장은 그 데이터를 문자열로 변환하는 과정이 필요하다. 또, 이진 파일에 데이터를 저장하는 것은 그 데이터를 바이트열로 변환하는 과정이 선행되어야 한다.

텍스트 파일 사용은 파일 열기, 파일 읽기 또는 쓰기, 파일 닫기의 단계를 거친다. 텍스트 파일을 위한 파일 열기는 아래에 기술한 내장 함수 **open**()을 사용한다. 텍스트 파일 사용을 위한 함수 **open**() 호출은 텍스트 파일 사용임을 표현하기 위해 *mode* 문자열 끝에 '*rt*'와 같이 '*t*'를 붙여야 하지만 생략하면 텍스트 파일 사용이 기본이다. 파일 쓰기를 위한 *mode*인 '*w*', '*x*', '*a*'는 데이터를 파일에 쓰기 위한 모드이지만 각각 파일의 생성 방법에 차이가 있다. 모드 '*w*'는 파일의 존재 여부과 관계없이 파일을 새로 생성하여 데이터를 저장하는 반면, '*x*'는 이미 파일이 존재한다면 *FileExistsError* 예외를 발생시킨다. 또, 모드 '*a*'는 기존 파일의 끝에 데이터를 추가할 수 있으며, 존재하지 않는 파일인 경우 새롭게 파일을 생성한다.

---

open(*filename*, *mode*)

사용법: *filename* - 사용할 파일의 이름

mode - 파일 열기의 목적 즉, 파일을 대상으로 수행할 기능을 지정.

- 'r' : 파일 읽기(기본)
- 'w' : 파일 쓰기
- 'x' : 파일 생성 및 쓰기(파일이 이미 존재하면 예외 발생)
- 'a' : 파일 끝에 추가
- 'w+' : 파일의 기존 내용을 없애고 읽기/쓰기
- 'r+' : 파일의 기존 내용을 보존하고 읽기/쓰기

반환값: 파일 객체(file object)

함수 **open**()이 반환하는 파일 객체를 이용하여 읽기, 쓰기 등 파일 처리와 관련된 메소드를 호출할 수 있다. 아래는 파일 객체를 이용하여 파일 읽기, 쓰기를 위한 메소드와 파일 입출력이 완료된 후 파일 닫기를 위한 메소드를 나타내고 있다.

---

read([*size*])
  사용법: *size* - 파일에서 읽어 올 바이트 수. 생략하면 전체를 읽어 옴
  반환값: 파일에서 읽어 온 데이터

write(*str*)
  사용법: *str* - 파일에 저장할 문자열
  반환값: 파일에 저장한 바이트 수

close()

코드 9.1은 텍스트 파일에 문자열을 저장한 후 그 파일에 저장된 문자열을 읽어 출력하는 프로그램이다. 코드의 4번 줄은 변수 *msg*에 저장되어 있는 문자열을 파일에 쓰기를 하는 것이고, 텍스트 파일에 문자열을 저장하는 것이므로 별도의 변환 과정이 필요하지 않다. 반면, 코드의 5번 줄은 변수 *pi*에 저장되어 있는 실수 값을 저장하는 것으로 텍스트 파일에는 문자열이 아닌 데이터를 저장할 수 없으므로 **str**()을 이용하여 문자열로 변환한 후 파일에 저장하고 있다. 코드 4번과 5번 줄의 명령문은 각각 문자열을 별도 저장을 했지만 줄바꿈 문자 또는 공백 문자를 자동으로 삽입하지 않는다. 코드의 8번 줄은 읽을 크기를 별도 지정을 하지 않았으므로 파일에 저장된 모든 데이터를 읽어 화면에 출력하는 것으로, 4번과 5번 줄에서 파일에 저장한 문자열이 출력된다.

코드 9.1: 텍스트 파일 쓰기 및 읽기 예

```
1 msg = 'good morning'
2 pi = 3.14
3 fd = open('datafile.txt', 'w')  # 파일 쓰기 모드로 열기
4 fd.write(msg)                   # 문자열을 파일에 쓰기(저장)
5 fd.write(str(pi))               # 실수를 문자열로 변환한 후 파일에 쓰기
6 fd.close()
7 rfd = open('datafile.txt', 'r') # 파일 읽기 모드로 열기
8 print(rfd.read())               # 파일에 저장된 전체 데이터를 읽어 출력
9 rfd.close()
```

✓ 연습 과제

1. 모듈 *random*의 **randint**() 함수와 컴프리헨션을 이용하여 생성한 리스트가 0과 100사이의 난수 100개를 저장하고 있다. 이 리스트에 저장되어 있는 정수를 공백으로 구분하여 텍스트 파일에 저장하는 프로그램을 작성하라.

2. 앞서 텍스트 파일에 저장한 데이터를 읽어, 정수의 합을 계산하고 출력하는 프로그램을 작성하라.

3. ['good', 'morning', 'hello', 'welcome']과 같이 문자열을 원소로 갖는 리스트에 저장되어 있는 데이터를 개행 문자로 구분하여 텍스트 파일에 저장하는 프로그램을 작성하라.

4. 앞의 문제에서 생성한 파일에 저장된 문자열의 줄(line) 수를 출력하는 프로그램을 작성하라.

5. 사용자가 입력한 문장을 텍스트 파일에 저장하는 프로그램을 작성하라. 단, 사용자 입력의 수는 사전에 알 수 없으며, 사용자 입력의 길이가 0이면 더 이상 입력이 없는 것으로 하고 프로그램을 종료한다. 또, 사용자가 입력한 각 문장은 개행 문자로 분리하여 텍스트 파일에 저장한다.

---

1. 리스트에 저장된 정수를 텍스트 파일에 저장하는 프로그램.

```
import random
data = [random.randint(0, 100) for _ in range(100)]
fd = open('data.txt', 'w')
fd.write(' '.join([str(i) for i in data]))  #또는 아래의 두 줄
#for i in data:
#    fd.write(f'{i} ')
fd.close()
```

2. 텍스트 파일에 저장된 데이터에 있는 정수의 합을 계산하는 프로그램.

```
1  fd = open('data.txt', 'r')
2  total = 0
3  for v in [int(s) for s in fd.read().split()]:
4      total += v
5  # 또는, 3,4번 줄 대신 아래의 5, 6, 7번 줄
6  #read_data = fd.read()
7  #for s in read_data.split():
8  #    total += int(s)
9  print(f'total␣=␣{total}')
10 fd.close()
```

3. 문자열을 저장하고 있는 리스트의 내용을 개행 문자로 구분하여 텍스트 파일에 저장하는 프로그램.

```
data = ['good', 'morning', 'hello', 'welcome']
fd = open('textdata.txt', 'w')
fd.write('\n'.join(data))
fd.close()
```

4. 텍스트 파일에 저장된 줄 수를 출력하는 프로그램.

```
fd = open('textdata.txt', 'r')
n_of_line = len(fd.read().split('\n'))
print(f'the␣number␣of␣lines␣:␣{n_of_line}')
fd.close()
```

9.2 텍스트 파일 입출력 응용

텍스트 파일에서 줄(line) 단위 입출력을 위한 메소드와 그 사용법은 다음과 같다. 메소드 **writelines**(*lst*)는 형식 인자 *lst*를 통해 문자열을 원소로 하는 리스트를 전달 받으며, 그 리스트의 원소들을 파일에 저장한다. 하지만, 이름과 다르게 이 메소드는 저장하는 문자열을 줄 단위로 구분해 줄 개행 문자('\n')을 자동으로 넣어주지 않는다. 메소드 **readline**()는 텍스트 파일에서 개행 문자로 구분된 한 줄을 읽어오는 것이며, **readlines**()는 텍스트 파일에서 개행 문자로 구분된 전체 줄을 읽어 각 줄을 원소로 갖는 리스트를 반환한다. 이때, 메소드 **readline**() 또는 **readlines**()이 텍스트 파일에서 읽은 줄은 개행 문자도 포함하고 있다.

---

writelines(*lst*)

사용법: *lst* - 문자열을 원소로 갖는 리스트. 개행문자를 넣어주지 않음.

반환값: 없음

readline([*size*])

사용법: *size* - 파일에서 읽어 올 바이트 수. 생략하면 한 줄을 읽어 옴

반환값: 파일에서 읽어 온 데이터

readlines([*size*])

사용법: *size* - 파일에서 읽어 올 바이트 수. 생략하면 전체 줄을 읽어 옴

반환값: 읽어 온 줄을 원소로 갖는 리스트

코드 9.2: 텍스트 파일에서 줄 단위 저장과 읽기의 예 1

```
lst = ['good', 'morning', 'hello', 'welcome']
# write to textfile
fd = open('test.txt', 'w')
fd.writelines(lst)
fd.close()
# read from textfile
fd= open('test.txt','r')
print(fd.readline())
fd.close()
```

코드 9.2는 텍스트 파일에 리스트에 저장된 문자열을 저장한 후, 그 파일에서 한 줄을 읽어 출력하는 예이다. 코드 1번 줄은 파일에 저장할 네 개의 문자열을 원소로 갖는 리스트이며, 코드 4번 줄은 **writelines**() 메소드를 이용하여 리스트에 저장된 문자열을 텍스트 파일에 저장하는 것이다. 이 메소드는 문자열 구분을 위해 공백 문자 또는 개행 문자를 자동으로 넣어 주지 않으므로, 파일에 저장되는 것은 'goodmorninghellowelcome'이며, 이는 코드 8번 줄의 출력에서 확인할 수 있다.

만약, 리스트에 저장된 각 문자열을 개행 문자로 구분하여 저장하고자 할 경우에 3.5절에서 소개한 **join**() 메소드를 이용하여 저장하는 것이 편리하다. 코드 9.3은 리스트에 저장된 문자열을 텍스트 파일에 줄 단위로 저장하고, 이를 읽어 출력하는 예이다. 코드의 3번 줄은 **join**() 메소드를 이용하여 리스트에 저장된 문자열을 개행 문자('\n')로 연결한 후 이를 **write**() 메소드를 이용하여 파일에 저장한다. 이것은 리스트에 저장된 네 개의 문자열을 개행 문자로 구분하여 텍스트 파일에 저장하므로, **readline**() 또는 **readlines**() 메소드 호출은 각 문자열을 파일에서 읽어 올 수 있다. 7번 줄의 **readlines**() 메소드 호출은 개행 문자로 구분된 네 개의 줄을 파일에서 읽어와 그 문자열을 원소로 갖는 리스트를 반환하며, 반복문을 이용하여 읽어 온 문자열을 출력하고 있다. 이 메소드를 이용하여 읽어 온 줄은 개행 문자를 포함하고 있으므로 파일의 읽은 첫 번째 줄은 'good\n'이며, 그 길이는 5이며, 8번 줄의 출력에서 확인할 수 있다. 따라서, 개행 문자를 제거한 후 문자열을 처리해야 한다면 9번 줄과 같이 **strip**() 메소드를 사용하면 된다.

코드 9.3: 텍스트 파일에서 줄 단위 저장과 읽기의 예 2

```
1  lst = ['good', 'morning', 'hello', 'welcome']
2  fd = open('test.txt', 'w')
3  fd.write('\n'.join(lst))
4  fd.close()
5  # readlines from textfile.
6  fd = open('test.txt', 'r')
7  for line in fd.readlines():
8      print(len(line))
9      print(line.strip())
10 fd.close()
```

✓ 연습 과제

1. 앞 9.1절의 연습 과제 3번과 5번에서 저장한 텍스트 파일에서 첫 번째 줄과 마지막 줄의 내용을 출력하는 프로그램을 작성하라.

2. 앞 9.1절의 연습 과제 3번과 5번에서 저장한 텍스트 파일에서 단어 수, 줄 수를 출력하는 프로그램을 작성하라.

3. 모듈 *random*의 **randint**() 함수와 컴프리헨션을 이용하여 생성한 리스트가 0과 100사이의 난수 100개를 저장하고 있다. 이 리스트에 저장되어 있는 정수를 한 줄에 한 개씩 텍스트 파일에 저장하는 프로그램을 작성하라. 이 문제에서 생성한 파일을 대상으로 앞 2번의 프로그램을 실행시킨 결과는 100줄로 출력할 것이다.

4. 앞에서 정의한 패키지 *utility*의 *account* 모듈에 있는 ***IdentifiedAccount*** 클래스의 객체를 id는 123, 초기 예금액은 1,000원으로 하여 생성한 후 이 객체를 이용하여 500원을 적금하라. 그리고, 이 객체가 저장하고 있는 정보를 텍스트 파일에 저장하는 프로그램을 작성하라.

5. 위의 문제에서 저장한 파일에서 읽은 식별 번호와 잔액을 이용하여 ***Account*** 객체를 생성하고, 식별 번호와 잔액을 출력하는 프로그램을 작성하라.

---

1. 텍스트 파일의 첫 번째 줄과 마지막 줄을 출력하는 프로그램.

```
fd = open('textdata.txt', 'r')
lines = fd.readlines()
fd.close()
print(lines[0])
print(lines[-1])
```

2. 텍스트 파일의 단어 수와 줄 수를 출력하는 프로그램.

```
fd = open('textdata.txt', 'r')
lines = fd.readlines()
fd.close()
n_lines = len(lines)
n_words = len('␣'.join(lines).split())
print(f'lines({n_lines}),␣words({n_words})')
```

3. 리스트의 문자열을 줄 단위로 저장하는 프로그램.

```
import random
data = [random.randint(0, 100) for _ in range(100)]
print(data)
lines = [str(x)+'\n' for x in data] #또는 아래 처럼.
#lines = [f'{str(x)}\n' for x in data]
fd = open('linedata.txt', 'w')
fd.writelines(lines)
fd.close()
```

4. ***Account*** 객체가 저장하고 있는 정보를 저장하는 프로그램.

```
from utility.account import IdentifiedAccount
my_acc = IdentifiedAccount(id=123, balance=1000)
my_acc.deposit(500)
fd = open('acc.dat', 'w')
fd.write(f'{my_acc.get_id()}␣')
fd.write(f'{my_acc.get_balance()}␣')
fd.close()
```

9.3 이진 파일 입출력

이진 파일은 바이트열을 저장한다. 따라서, 이진 파일에 저장하고자 하는 데이터는 바이트 열이거나 바이트 열로 변환된 것이어야 한다 따라서, 정수, 실수, 문자열 등을 이진 파일에 저장하기 위해 이들 데이터를 바이트 열로 변환하는 과정이 필요하다. 바이트 열을 이진 파일에 쓰기 또는 읽기 위한 절차는 텍스트 파일 사용과 동일하게 파일 열기, 파일 읽기 또는 쓰기, 파일 닫기이다.

파일 열기는 텍스트 파일의 경우와 같이 내장 함수 **open**()을 사용한다. 파일 열기의 목적을 표현하는 *mode*는 파일 쓰기를 위해 '*wb*', 읽기를 위해 '*rb*' 등과 같이 *mode* 문자열이 '*b*'로 끝나는 것을 제외하고 텍스트 파일의 *mode*와 같은 의미를 갖는다.

파일 읽기, 쓰기, 닫기 등을 위해 함수 **open**()이 반환한 파일 객체가 제공하는 메소드는 아래와 같다. 이들 메소드의 사용 방법은 텍스트 파일의 그것과 유사하지만 바이트 열을 저장하거나 읽는다는 것이 다르다. 즉, 파일 저장은 메소드 **write**()를 호출할 때 바이트 열을 실인자로 사용하며, 파일 읽기를 위해 호출한 메소드 **read**()는 바이트 열을 반환한다.

---

read([*size*])

사용법: *size* - 파일에서 읽어 올 바이트 수. 생략하면 전체를 읽어 옴

반환값: 파일에서 읽어 온 바이트 열

write(*bytes*)

사용법: *str* - 파일에 저장할 바이트 열

반환값: 파일에 저장한 바이트 수

close()

코드 9.4는 이진 파일에 데이터를 저장한 후, 그 파일에서 데이터를 읽어 출력한다. 변수 *n*은 네 개의 십육진수 *FF*로 구성된 바이트 열을 저장하며, 변수 *greeting*은 문자열 '안녕'을 저장하고 있다. 코드의 4, 5번 줄의 명령문은 이들 변수에 저장된 데이터를 각각 파일에 저장하는 것으로 변수 *n*는 바이트 열을 저장하고 있어 별도의 변환없이 파일에 저장된다. 반면, 문자열을 저장하고 있는 변수 *greeting*는 **encode**() 메소드를 이용하여 바이트 열로 변환된 후 파일에 저장된다. 코드의 8번 줄은 이진 파일에 저장된 전체 바이트 열을 읽는 것으로 모두 10바이트를 읽었다. 이것은 변수 *n*에 4바이트의 바이트 열이 저장되어 있고, 변수 *greeting*에 저장된 두 글자가 각각 3바이트로 인코딩되었기 때문이다.

코드 9.4: 이진 파일 쓰기 및 읽기 예

```
n = b'\xff\xff\xff\xff'
greeting = '안녕'
fd = open('data.bin', 'wb')         # 이진 파일 쓰기를 위해 파일 열기
fd.write(n)                         # 바이트 열을 파일에 쓰기
fd.write(greeting.encode())
fd.close()
fd = open('data.bin', 'rb')         # 이진 파일 읽기를 위해 파일 열기
data =fd.read()                     # 파일에 저장된 전체 바이트 읽기
fd.close()
print(data, len(data))
```

코드 9.4의 출력 내용에서 보인 것과 같이 이진 파일에 저장되는 바이트 열은 단순히 바이트들의 연속이므로 정수, 실수 등 데이터를 구분하지 않는다. 코드 9.5는 두 개의 4바이트 데이터(변수 *n1*, *n2*)를 이진 파일에 저장하였지만, 이진 파일에서 2바이트, 4바이트, 2바이트의 순서로 읽으면 저장할 때와 동일하게 총 8바이트 데이터를 읽었지만 읽은 데이터 길이와 순서가 달라 저장때와 다른 데이터가 되는 것을 보여주고 있다. 따라서, 이진 파일에서 읽은 바이트 열을 원래의 데이터로 복원할 때 그 길이와 순서를 신중하게 고려해야 한다.

코드 9.5: 쓰기와 다른 길이로 읽은 데이터의 예

```
n1 = b'\x00\x00\x00\x01'
n2 = b'\x11\x11\x11\x11'
fd = open('data.bin', 'wb')
fd.write(n1)
fd.write(n2)
fd.close()
rfd = open('data.bin', 'rb')
print(rfd.read(2))
print(rfd.read(4))
print(rfd.read(2))
rfd.close()
```

✓ 연습 과제

1. 모듈 *random*의 **random()** 함수는 0과 1 사이의 실수 난수를 생성한다. 이 함수와 컴프리헨션을 이용하여 0과 1사이의 실수 난수 100개를 저장한 리스트를 생성하라. 그리고, 이 리스트에 저장된 각 실수를 포맷 문자열을 이용하여 소수점 이하 세 자리까지만 갖도록 문자열로 변환한 후 이를 다시 비트열로 변환하라. 이렇게 변환된 각 실수는 5바이트 길이를 갖는다. 이렇게 변환된 문자열을 이진 파일에 저장하는 프로그램을 작성하라.

2. 앞의 문제에서 저장한 이진 파일에서 데이터를 읽어 출력하는 프로그램을 작성하라. 단, 각 데이터의 길이가 5바이트이므로 5바이트를 읽어 실수로 변환하는 과정을 반복한다.

3. 앞에서 정의한 패키지 *utility*의 *account* 모듈에 있는 ***IdentifiedAccount*** 클래스의 객체를 id는 123, 초기 예금액은 1,000원으로 하여 생성한 후 이 객체를 이용하여 500원을 적금하라. 그리고, 이 객체가 저장하고 있는 정보를 앞 문제에서 사용한 방법으로 이진 파일에 저장하는 프로그램을 작성하라. 이때 저장하는 정보는 식별 번호와 잔액이므로 식별 번호는 최대 열 자리가 되도록 포맷 문자열을 사용하여라.

4. 위의 문제에서 저장한 이진 파일에서 읽은 식별 번호와 잔액을 이용하여 ***Account*** 객체를 생성하고, 식별 번호와 잔액을 출력하는 프로그램을 작성하라.

※ 이 연습 과제에서는 정수와 실수를 바이트열라 변환하기 위해 포맷 문자열을 이용하여 문자열로 변환한 뒤 이 문자열을 다시 바이트열로 변환하는 방법을 사용했지만, 이 방법보다 다음 절에서 소개하는 방법이 정수 또는 실수를 직접 바이트 열로 변환할 수 있어 실제로 사용된다.

1. 실수 100개를 저장한 리스트의 각 데이터를 문자열로 취급하여 이를 바이트열로 변환 후 이진 파일에 저장하는 프로그램.

```python
import random
data = [random.random() for _ in range(100)]
fd = open('data.bin', 'wb')
for v in data:
fd.write(f'{v:.3f}'.encode())
fd.close()
```

2. 이진 파일에 저장된 5바이트 데이터를 실수로 변환한 후 출력하는 프로그램.

```python
data = []
fd = open('data.bin', 'rb')
while True:
    read_bytes = fd.read(5)
    if len(read_bytes) != 5:
        break
    data.append(float(read_bytes.decode()))
fd.close()
print(data)
```

3. ***Account*** 객체가 저장하고 있는 정보를 포맷 문자열을 이용하여 문자열로 변환한 후 이진 파일에 저장하는 프로그램.

```python
from utility.account import IdentifiedAccount
my_acc = IdentifiedAccount(id=123, balance=1000)
my_acc.deposit(500)
fd = open('acc.bin', 'wb')
fd.write(f'{my_acc.get_id():10d}{my_acc.get_balance()}'.encode())
fd.close()
```

9.4 데이터와 바이트열 변환

모듈 *struct*는 문자열이 아닌 다른 종류의 데이터를 바이트열로 변환하거나 역변환할 때 사용된다. 다음은 데이터와 바이트열의 변환을 위해 사용되는 *struct* 모듈의 **pack**()과 **unpack**() 함수의 사용법을 나타낸 것이다. 함수 *struct*.**pack**()은 데이터를 지정한 형식 *format*에 따라 데이터 *v0, v1,* ···를 바이트열로 변환하는 기능을 수행하며, *struct*.**unpack**()은 바이트열을 지정한 형식 *format*에 따라 변환한 데이터를 원소로 갖는 튜플을 반환하는 기능을 수행한다.

---

bytedata = *struct*.**pack**(*format, v0, v1,* ···)

사용법:	*format* - 변환할 데이터 형식
	v0, v1, ··· - 콤마(,)로 구분된 바이트 열로 변환할 값
반환값:	*bytedata* - 변환된 바이트열

---

datatuple = *struct*.**unpack**(*format, bytedata*)

사용법:	*format* - 변환할 데이터 형식
	bytedata - 변환할 바이트열
반환값:	*datatuple* - 변환된 데이터를 저장하는 튜플

데이터 변환 형식 *format*은 변환할 데이터의 바이트 순서(byte order)와 각 데이터를 위한 변환 종류를 명시한 문자열이며, '[byte_order][n]Z,···'의 형태를 갖는다. 바이트 순서 *byte_order*는 정수와 같이 한 데이터가 여러 바이트로 표현될 때 각 바이트의 저장 순서이며, 각각 '>'와 '<'로 지정하는 빅-엔디언(big-endian)과 리틀-엔디어(little-endian)이 있다. 그림 9.1은 정수 AABBCCDD를 4바이트로 변환 후 저장할 때 빅-엔디언과 리틀-엔디언 방법으로 저장하는 예를 나타낸 것이다. 빅-엔디언은 최상위 바이트부터 순서대로 저장하는 것으로 메모리 a번지부터 이 바이트들을 저장한다면, a번지부터 $a+3$번지까지 최상위 바이트부터 최하위 바이트까지 순서대로 저장하며, 리틀-엔디언은 a번지부터 $a+3$번지까지 최하위 바이트부터 최상위 바이트까지 역순으로 저장한다. 데이터 변환 형식 *format*의 *[n]Z*는 변환할 형식 Z와 그 형식에 따라 변환할 데이터의 수 n을 표현한 것으로, Z에 사용할 수 있는 변환 형식은 표 9.1에 나타내고 있다.

코드 9.6은 모듈 *struct*를 이용하여 데이터와 바이트열 사이의 변환 예를 나타낸 것이다. 코드 3번 줄의 명령문의 변환 형식 '>if?'는 세 데이터의 바이트열 변환을 위한 변환 형식을 나타낸 것으로 첫 번째 데이터는 형식 '*i*'에 따라 4바이트로 변환하며, 실수인 두 번째와

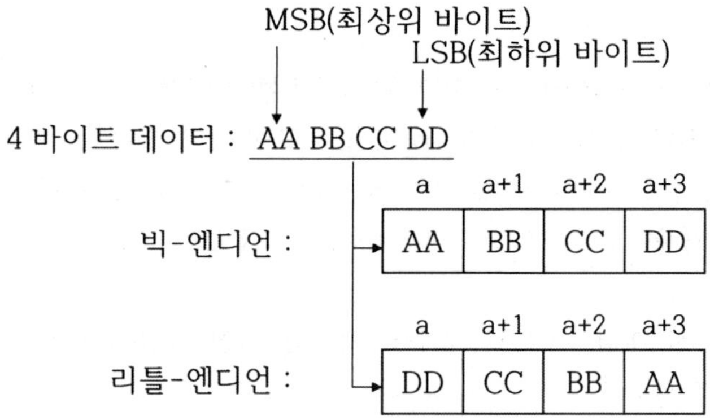

그림 9.1: 빅-엔디언과 리틀-엔디언

표 9.1: 데이터 변환 형식

형식 문자	의미	변환 바이트 수
c	길이가 1인 바이트열(bytes)	1
?	논리값: True 또는 False	1
b/B	부호있는/없는 1 바이트 정수	1
h/H	부호있는/없는 2 바이트 정수	2
i/I	부호있는/없는 4 바이트 정수	4
f/d	실수	4/8
*n*s	길이가 *n*(생략하면 1)인 바이트열	*n*

논리 값인 세 번째 데이터는 각각 4바이트, 1바이트로 변환하여 9바이트 길이의 바이트열로 변환하고, 4번 줄에서 바이트열의 길이와 값을 십육진수로 출력한 것이다. 코드의 5번 줄은 바이트열을 데이터로 역변환한 것으로 세 데이터를 원소로 갖는 튜플을 출력한다.

코드 9.6: 모듈 *struct*를 이용한 데이터, 바이트열 사이의 변환 예

```
1 import struct
2 data, height, gender = 20, 178.5, True
3 bdata = struct.pack('>if?', data, height, gender)
4 print(len(bdata), bdata.hex())
5 print(struct.unpack('>if?', bdata))
```

✓ 연습 과제

1. 모듈 *random*의 **randint**() 함수와 컴프리헨션을 이용하여 생성한 리스트가 0과 100 사이의 난수 10개를 저장하고 있다. 이 프로그램은 리스트에 저장되어 있는 열 개의 정수를 빅-엔디언 형식의 4바이트 길이의 바이트열로 변환한 후 출력하고 이진 파일에도 바이트열을 저장한다. 이때 출력되는 바이트열의 길이는 40바이트이다.

2. 앞 문제에서 열 개의 4바이트 정수를 저장한 이진 파일에서 데이터를 읽어 출력하는 프로그램을 작성하라.

3. 모듈 *random*의 **random**() 함수는 0과 1 사이의 실수 난수를 생성한 후 출력하고, 이진 파일에 저장하는 프로그램을 작성하라. 이 프로그램은 리스트에 저장되어 있는 열 개의 실수를 빅-엔디언 형식의 4바이트 길이의 바이트열로 변환한다.

4. 앞 문제에서 열 개의 4바이트 실수를 저장한 이진 파일에서 데이터를 읽어 출력하는 프로그램을 작성하라.

---

1. 리스트에 저장된 정수 열 개를 각각 4바이트 길이의 바이트열로 변환한 후 출력하고, 이진 파일에 저장하는 프로그램.

```
import struct
import random
data = [random.randint(0, 100) for _ in range(10)]
bytes_data= struct.pack('>10i',*data)
print(data)
print(bytes_data)
print(len(bytes_data))
fd = open('int40.dat', 'wb')
fd.write(bytes_data)
fd.close()
```

2. 이진 파일에 저장된 열 개의 4바이트 정수를 읽어 와 출력하는 프로그램.

```
import struct
fd = open('int40.dat', 'rb')
data = struct.unpack('>10i', fd.read())
fd.close()
print(data)
```

3. 리스트에 저장된 열 개의 실수를 각각 4바이트 길이의 바이트열로 변환한 후 출력하고, 이진 파일에 저장하는 프로그램.

```
import struct
import random
data = [random.random() for _ in range(10)]
bytes_data= struct.pack('>10f',*data)
print(data)
fd = open('float10.dat', 'wb')
fd.write(bytes_data)
fd.close()
```

9.5 *struct* 모듈, encode(), decode()를 이용한 이진 파일 입출력

이진 파일 입출력을 위해 9.3절에서 소개한 방법은 b'\x00\x00\x00\x01'과 같이 바이트 열을 파일에 저장하고, 파일에 저장된 바이트 데이터를 읽어 왔다. 따라서, 이진 파일에 데이터를 저장하기 위해 선행되어야 하는 것은 데이터를 바이트 열로 변환하는 과정이다. 또, 이진 파일에서 읽어 온 데이터를 이용하기 위해 선행되어야 하는 것은 이진 파일에서 읽어 온 바이트 열 데이터를 응용 프로그램에서 사용할 데이터로 변환하는 과정이다. 데이터와 바이트 열 사이의 상호 변환 방법은 데이터의 종류에 따라 다르다. 논리 값 또는 수 데이터는 앞의 9.4절에서 소개한 *struct* 모듈의 **pack**(), **unpack**() 함수를 이용하여 데이터를 바이트 열로 또는 바이트 열을 데이터로 변환된다.

문자열을 대상으로 바이트 열로의 변환 또는 역 변환은 *struct* 모듈 대신 부호화, 역 부호화 메소드를 이용한다. 다음은 문자열과 바이트 열 사이의 상호 변환을 위한 메소드를 나타내고 있다. 메소드 **encode**()는 인자로 전달되는 부호화 방법(encoding)에 따라 문자열을 바이트 열로 변환하는 기능을 수행한다. 메소드 **decode**()는 인자로 전달되는 부호화 방법에 따라 바이트 열을 문자열로 역 변환하는 기능을 수행한다. 두 메소드를 호출할 때 인자를 생략하면 문자열과 바이트열 사이의 변환은 'UTF-8' 부호화 방법을 기본으로 한다.

string.**encode**()	- 문자열을 바이트 열로 변환
byte_string.**decode**()	- 바이트 열을 문자열로 변환

코드 9.7은 **encode**(), **decode**() 메소드를 이용하여 문자열을 바이트열로 변환, 역 변환하는 예를 나타낸 것이다. 코드의 2번 줄은 변수 *name*에 저장된 문자열의 **encode**() 메소드 호출을 통해 바이트열로 변환하여 변수 *bs_name*에 저장한다. 코드의 3번 줄은 문자열과 그 바이트열의 길이를 출력하는 것으로 'UTF-8' 부호화 방법에 따라 한글 한 글자는 3바이트 길이의 바이트열로 변환되므로 바이트열은 9바이트이다. 코드의 4번 줄은 변수 *bs_name*에 저장된 바이트열과 **decode**() 메소드 호출을 통해 문자열로 역 변환하여 출력한다.

코드 9.7: 문자열의 바이트 열로의 변환, 역변환 예

```
1 name = '홍길동'
2 bs_name = name.encode()
3 print(len(name), len(bs_name))
4 print(bs_name, bs_name.decode())
```

코드 9.8은 2번 줄에서 각 변수에 대입한 데이터를 이진 파일 ‘data.bin’에 저장하는 예를 나타낸 것이다. 코드의 3번 줄은 *struct* 모듈의 **pack**() 함수를 이용하여 변수 *age*, *height*, *flag*에 저장된 값을 변환 형식에 따라 바이트열로 변환하여 변수 *n_data*에 저장하며, 4번 줄은 **encode**() 메소드를 이용하여 문자열을 바이트열로 변환한다. 코드 6, 7번 줄은 두 변수에 저장된 바이트열을 이진 파일에 저장한다. 이때, 이진 파일에 저장되는 바이트열의 길이는 정수, 실수 각각 4바이트, 논리값 1바이트 및 문자열 9바이트 등 총 18바이트이다.

코드 9.8: struct 모듈, encode()를 이용한 이진 파일 저장의 예

```
1 import struct
2 name, age, height, flag = '홍길동', 20, 178.5, True
3 n_data = struct.pack('>if?', age, height, flag)
4 s_data = name.encode()
5 fd = open('data.bin', 'wb')
6 fd.write(n_data)
7 fd.write(s_data)
8 fd.close()
```

코드 9.9는 앞의 코드 9.8에서 생성한 이진 파일 ‘data.bin’에서 바이트열를 읽어 데이터로 역변환하여 출력하는 예이다. 코드의 3번 줄에서 사용한 *struct*.**calcsize**()은 변환 형식에 해당하는 바이트 수를 반환하며, 변환 형식이 ‘> *if*?이므로 9를 반환한다. 따라서, 코드 3번 줄은 *struct*.**calcsize**()의 계산한 9바이트를 **read**() 메소드를 이용하여 이진 파일에서 읽고, 이것을 이용하여 정수, 실수, 논리값으로 역 변환한다. 코드 4번 줄은 이진 파일에서는 나머지 9바이트를 읽어 문자열로 역 변환한다.

코드 9.9: *struct* 모듈, **decode**()를 이용한 이진 파일 읽기의 예

```
1 import struct
2 fd = open('data.bin', 'rb')
3 n_data = struct.unpack('>if?',fd.read(struct.calcsize('>if?')))
4 name = fd.read().decode()
5 print(n_data, name)
6 fd.close()
```

✓ 연습 과제

1. 앞 8.3절의 연습 과제 1번에서 생성한 패키지 *utility*의 *lecture* 모듈에 있는 ***LectureScore*** 클래스에 현재 등록된 과목 리스트를 반환하는 메소드 **get_lecture**()를 추가 정의하라. 그 후 이 클래스의 객체를 생성하여 'korean' 성적으로 90, 95, 88 점을 저장하고, 'eng' 성적으로 88, 91, 93점을 저장하고, 각 과목의 성적을 출력하는 프로그램을 작성하라.

2. 앞의 ***LectureScore*** 객체에 저장한 전체 정보를 이진 파일에 저장하는 프로그램을 작성하라. 이 프로그램은 각 성적을 4 바이트 정수로, 과목명은 최대 50 바이트로 하며, 이진 파일 저장은 과목명, 그 과목의 성적의 순서로 한다.

3. ***LectureScore*** 객체를 생성한 후, 앞에서 저장한 이진파일에서 데이터를 읽어 과목과 그 성적을 저장하는 프로그램을 작성하라.

4. ***LectureScore*** 객체를 이진 파일에 저장하고, 읽어올 때 발행하는 문제는 과목명의 바이트열이 50 바이트가 되지 않을 때, 각 교과목 성적이 세 과목이 아니라 서로 다를 때이다. 이런 문제를 해결하는 프로그램을 작성하라.

---

1. ***LectureScore*** 클래스의 **get_lecture**() 메소드 정의.

```
    def get_lecture(self):
        return list(self.lectures.keys())
```

LectureScore 클래스 객체 생성 및 두 교과목 성적 저장하는 프로그램.

```
from utility.lecture import LectureScore
mylecture =LectureScore()
mylecture.add_lecture('korean')
mylecture.add_lecture('eng')
mylecture.add_lecture_score('korean', 90)
    - 이하 생략 -
```

2. ***LectureScore*** 객체의 정보를 이진 파일에 저장하는 프로그램.

```
from utility.lecture import LectureScore
import struct
    ··· ← 객체 생성과 과목 성적 저장은 앞과 동일
fd = open('score.dat','wb')
data = bytes()
for lec in mylecture.get_lecture():
    data += struct.pack('>50s3i', lec.encode(), \
        *mylecture.get_lecture_scores(lec))
fd.write(data)
fd.close()
```

3. 이진 파일에서 데이터를 읽어 ***LectureScore*** 객체의 내용을 복구하는 프로그램.

```
from utility.lecture import LectureScore
import struct
mylec =LectureScore()
fd = open('score.dat','rb')
while True:
    raw_data = fd.read(62) #과목, 성적 세개
    if len(raw_data) != 62:
        break
    data = struct.unpack('>50s3i', raw_data)
    lec = data[0].decode()
    mylec.add_lecture(lec)
    for score in data[1:]:
        mylec.add_lecture_score(lec, score)
fd.close()
for lec in mylec.get_lecture():
    print(lec, mylec.get_lecture_scores(lec))
```

9.6 파일 포인터 이용, seek(), tell()

앞의 207쪽에 있는 코드 9.8이 이진 파일에 저장한 18바이트의 논리적 순서는 그림 9.2에 나타낸 것과 같다. 파일 포인터(file pointer)는 읽기 또는 쓰기 위치를 표현하는 일종의 인덱스이며, **open**() 함수 호출에 따라 파일 사용이 가능해지면 파일의 첫 번째 바이트 위치 즉, 0으로 초기화된다. 파일 포인터는 파일 읽기 또는 쓰기한 바이트 수 만큼 증가된다. 그림 9.2에서 초기 파일 포인터는 0이며, 정수 데이터를 위해 4바이트를 읽어오는 **read**() 메소드 호출은 파일 포인터를 4만큼 증가시킨 위치로 이동한다. 파일 읽기를 위해 다음 **read**() 메소드 호출은 파일 포인터가 4인 위치에서 바이트 데이터를 읽는다.

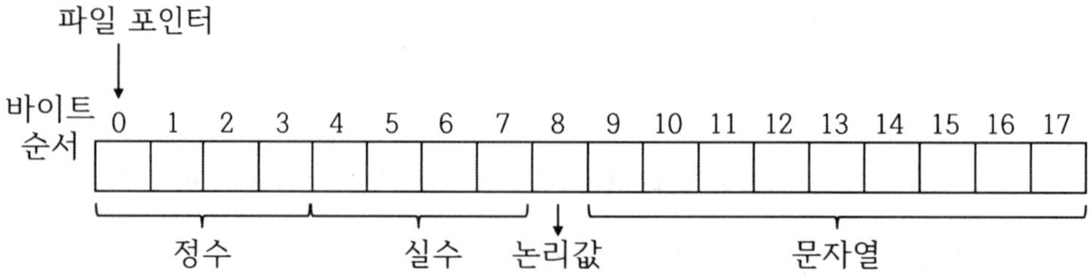

그림 9.2: 바이트열이 저장된 이진 파일의 논리적 형태

파일 포인터와 관련된 파일 객체의 메소드는 **seek**()과 **tell**()이 있으며, 다음은 이 메소드의 사용법을 나타내고 있다. 메소드 **seek**()은 파일 포인터를 임의의 위치로 이동시킬 수 있다. 인자 *offset*은 바이트 단위로 설정된 파일 포인터 이동 양을 설정하며, 인자 *ref*는 오프셋을 위한 기준 위치를 설정하는 것이다. 예를 들어, 인자 *ref*의 값을 0으로 설정한 **seek**() 메소드 호출은 파일의 초기 위치를 기준으로 *offset* 바이트 위치로 파일 포인터를 옮긴다. 메소드 **tell**()은 현재 파일 포인터의 위치를 반환한다.

---

fd.**seek**(*offset*, *ref*)

사용법: *offset* - 기준 점에서 파일 포인터를 옮기는 오프셋
ref - 파일 포인터 이동의 기준, 0: 파일 시작 위치 기준,
1: 현재 파일 포인터 위치 기준, 2: 파일 끝 위치 기준

반환: 파일 포인터의 현재 위치

fd.**tell**()

반환: 파일 포인터의 현재 위치

코드 9.10은 0부터 19까지의 정수값을 각각 4바이트로 변환하여 이진 파일에 저장하고, **seek**() 메소드를 이용하여 파일 포인터를 옮겨 4바이트 정수를 읽어 출력하는 예이며, 그림 9.3은 이진 파일의 논리적 저장 구조와 파일 포인터의 이동을 나타낸 것이다. 코드의 6번 줄의 **open**() 함수 호출은 파일 사용을 위한 객체를 반환하며, 파일 포인터의 위치는 a가 되며, 7번 줄의 **seek**() 메소드 호출은 파일 포인터를 b 위치로 옮긴다. 코드 9번 줄의 **read**() 메소드는 읽은 바이트 수 만큼 파일 포인터를 옮겨, 파일 포인터가 c로 옮겨진다. 10번 줄은 현재 위치 기준 -4바이트 만큼 파일 포인터를 옮기므로 d가 새로운 파일 포인터 위치가 된다.

코드 9.10: seek()를 이용한 파일 포인터 이동의 예

```
1  import struct
2  fd = open('data20.bin', 'wb')
3  for i in range(20):
4      fd.write(struct.pack('>i',i))
5  fd.close()
6  fd = open('data20.bin', 'rb')
7  fd.seek(8, 0)
8  for i in range(10):
9      print(struct.unpack('>i', fd.read(4))[0])
10     fd.seek(-4, 1)
11 fd.close()
```

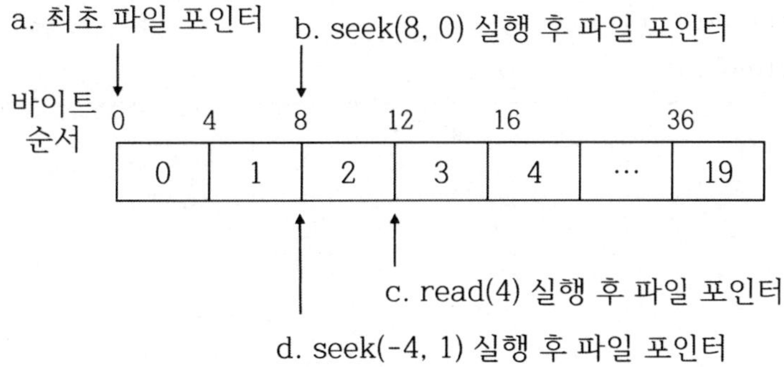

그림 9.3: **seek**(), **read**() 메소드 수행에 따른 파일 포인터

✓ 연습 과제

1. 앞에서 ***LectureScore*** 객체가 저장하고 있는 정보를 저장한 파일에서 각 과목에 대한 정보의 길이는 62바이트이다(과목명 50바이트, 세 개의 성적 각각 4바이트). 이 이진 파일에서 두 번째 과목에 대한 정보를 읽어 화면에 출력한 후 다시 첫 번째 교과목에 대한 정보를 읽어 출력하는 프로그램을 작성하라.

---

1. ***LectureScore*** 객체가 저장한 정보를 위한 이진 파일에서 두 번재 교과목 정보를 읽고, 출력하는 프로그램.

```
import struct
fd = open('score.dat', 'rb')
fd.seek(62, 0)
raw_data = fd.read(62)
data = struct.unpack('>50s3i', raw_data)
print(data[0].decode())
print(data[1:])
fd.seek(0, 0)
raw_data = fd.read(62)
data = struct.unpack('>50s3i', raw_data)
print(data[0].decode())
print(data[1:])
fd.close()
```

10

GUI 프로그래밍 기초

10.1 GUI 윈도 만들기

많은 프로그램은 자료의 입력 또는 처리 결과의 출력을 위해 사용자와 상호작용을 한다. 예를 들어, 프로그램은 사용자가 키보드를 이용하여 입력한 데이터를 처리하거나 사용자가 버튼을 선택한 동작에 반응하여 특정한 처리를 한다. 인터페이스(interface)는 프로그램이 제공하는 사용자와의 상호작용 방법을 의미하며, CLI(command line interface)와 GUI(graphical user interface)가 있다. GUI는 정보를 표현하는 그래픽적 요소와 마우스, 키보드 등을 이용하여 프로그램이 사용자와 상호작용을 할 수 있도록 하는 인터페이스이다.

모듈 *tkinter*은 파이썬 프로그램이 GUI를 구현할 수 있는 그래픽적 요소를 제공하는 모듈이다. 이 모듈은 최상위 윈도 또는 기본 윈도(base window)라고 불리는 윈도, 버튼, 레이블 등을 위한 많은 클래스를 포함하고 있다. 코드 10.1과 10.2는 위치 이동 및 크기 변경이 가능한 독립적인 윈도인 최상위 윈도를 생성하는 방법이다. 코드 10.1은 *tkinter* 모듈 내에 정의되어 있는 ***Tk***() 클래스의 객체 생성을 통해 그리고, 코드 10.2는 클래스 ***Tk***()를 상속하는 파생 클래스를 정의하고, 이 클래스의 객체 생성을 통해 최상위 윈도를 생성하는 방법이다. 클래스 ***Tk*** 또는 서브 클래스의 객체를 이용한 메소드 **mainloop**() 호출은 최상위 윈도를 위한 ***Tk*** 객체 생성 후 실행할 명령문이 없어 바로 프로그램이 종료되는 것을 방지하고, 마우스 조작, 키보드 입력 등 사용자의 동작에 대한 반응을 할 수 있는 기회를 제공한다.

코드 10.1: ***Tk*** 객체를 이용한 윈도 생성

```
from tkinter import Tk
win = Tk()

win.mainloop()
```

코드 10.2: ***Tk***의 서브 클래스 이용한 윈도

```
from tkinter import Tk
class MyWindow(Tk):
    def __init__(self):
        super().__init__()
win = MyWindow()
win.mainloop()
```

Tk 또는 파생 클래스는 윈도의 제목, 크기와 위치 등을 설정할 수 있는 메소드를 포함하고 있다. 메소드 **title**()은 윈도의 제목 표시줄에 표시할 제목을 설정하며, **geometry**()는 윈도의 크기 또는 크기와 위치를 설정하는 메소드이다. 사용자는 마우스를 이용하여 ***Tk*** 또는 파생 클래스의 객체를 이용하여 생성한 윈도–이후, ***Tk*** 윈도–의 너비와 높이를 변경할 수 있는데,

메소드 **resizable**()은 ***Tk*** 윈도의 너비 또는 높이 변경의 가능 여부를 설정한다.

---

win.**title**(*title_str*)

사용법: *title_str* - 윈도의 제목

win.**geometry**(*geo_str*)

사용법: *geo_str* - '*width*x*height*' 또는 '*width*x*height*+*xpos*+*ypos*' 형식 문자열
width, *height* : 윈도의 너비와 높이
xpos, *ypos* : 윈도가 표시된 좌표

win.**resizable**(*width*=*True* | *False*, *height*=*True* | *False*)

사용법: *width* - *True*: 윈도 너비 변경 가능. *False*: 변경 불가능
height - *True*: 윈도 높이 변경 가능. *False*: 변경 불가능

코드 10.3은 ***Tk*** 윈도의 제목, 크기와 윈도를 표시할 위치 설정 및 ***Label***() 객체를 이용한 문자열 출력의 예를 나타낸 것이다. 이 예에서 표시한 ***Tk*** 윈도는 **resizable**() 메소드를 이용하여 높이 조절이 가능하지만 너비 조절이 가능하지 않는 것으로 설정되어 있다. 또, 이 코드는 11번 줄에서 *tkinter* 모듈이 제공하는 **Label**() 클래스의 객체를 통해 문자열을 표시하고 있다.

코드 10.3: 최상위 윈도 및 문자열 출력의 예

```
1  from tkinter import *
2  class MyWindow(Tk): #파생 클래스 MyWindow 정의
3      def __init__(self):
4          super().__init__() #수퍼 클래스의 __init__() 메소드 호출
5          self.mkUI()
6      def mkUI(self):
7          self.title("The first windows") #윈도 제목 설정
8          self.geometry('300x250+500+500') #윈도 크기 및 최초 위치 설정
9          self.resizable(width=False, height=True)
10         label = Label(self, text='Good Morning')
11         label.pack() #Label 객체의 표시
12 win = MyWindow()
13 win.mainloop()
```

10.2 문자 출력과 버튼

GUI는 사용자와 상호작용을 하는 위젯(widget)이라고 부르는 GUI 요소(component)들로 구성되며, GUI 위젯 사용을 위해 프로그램은 아래의 두 단계의 절차가 필요하다. 프로그램에 GUI 위젯을 사용하기 위한 첫 번째 단계는 그 위젯을 위한 객체를 생성하며, 그 위젯의 모양 등의 속성을 지정할 수 있다. 두 번째 단계는 윈도 또는 프레임에 그 위젯을 추가하는 것으로 이 단계를 통해 GUI 위젯이 윈도 또는 프레임에 표시될 위치, 크기 등을 결정한다.

1. GUI 요소의 객체 생성
2. GUI 위젯이 출력될 윈도, 프레임 등에 배치

모듈 *tkinter*에서 문자와 이미지를 출력하는 대표적인 위젯은 라벨(label)[1]이다. GUI 위젯인 라벨을 위한 클래스는 ***Label***() 이며, 다음은 ***Label*** 객체를 생성하는 방법을 나타낸 것이다. 라벨 객체의 **configure**() 메소드는 객체를 생성할 때 설정한 속성을 변경한다. 또, **pack**() 메소드는 윈도 또는 프레임 등 *container*에 라벨을 배치하여 표시하도록 하며, 앞서 기술한 GUI 위젯 사용을 위한 두 번째 단계에 해당한다.

---

label = ***Label***(*container*, *attr*=*value*, ···)

사용법: *container* - 라벨을 표시할 상위 윈도 또는 프레임
text - 라벨에 표시할 문자열
font - ('font_name', size) 형식의 글꼴과 크기 지정
fg - '#rrggbb' 또는 'red', 'blue' 등 글자색 지정.
rr, *gg*, *bb*는 각각 RGB 값이며, 십육진수 00 ~ FF 값
bg - '#rrggbb' 또는 'red', 'blue' 등 배경색 지정.
width, *height* - 각각 글자수, 줄수로 설정한 라벨 크기
anchor - 라벨 내 문자열의 정렬 위치
N, NE, E, SE, S, SW, W, NW, CENTER 중 하나의 값
image - 라벨에 표시할 이미지

label.**configure**(*attr*=*value*, ···)

label.**pack**()

---

[1] 영어 단어 label을 사전에 찾아 보면 '종이 등에 물건에 대한 정보를 적어 붙여 놓은 표'라고 되어 있지만 우리는 그냥 라벨이라고 하자.

버튼은 사용자가 마우스의 왼쪽 버튼을 클릭하여 사전에 정의된 처리를 하도록 사용자와 상호 작용을 할 수 있는 GUI 위젯이다. 이 GUI 위젯을 위한 클래스는 ***Button***이며, 이 클래스의 객체를 생성할 때 사용할 수 있는 속성은 ***Label***과 동일하다. 아래는 Button 객체를 생성하는 방법을 나타낸 것이다.

---

button = ***Button***(*container*, *command=fn*, *attr=value*, ···)

사용법: *container* - 버튼을 표시할 상위 윈도 또는 프레임
command - 사용자가 버튼을 클릭했을 때 호출할 함수 또는 메소드 *fn*
attr - 버튼을 위한 속성으로 *Label* 클래스의 속성과 동일

코드 10.4는 코드 10.3에서 메소드 **mkUI**()와 버튼을 클릭했을 때 호출되는 **fn**()을 나타낸 것이다. 코드의 7, 9번 줄의 명령문은 각각 라벨과 버튼을 위해 ***Label***, ***Button*** 객체를 생성하는 것이다. ***Button*** 객체를 생성할 때 사용한 *command* 속성은 사용자가 버튼을 클릭했을 때 메소드 **fn**()을 호출하도록 설정한 것이다. 버튼을 클릭했을 때 호출되는 메소드 **fn**()은 객체 자신 이외의 파라미터를 갖지 않는다. 또, 버튼에서 사용할 폰트를 설정하는 10번 줄에서 *label['font']*는 라벨 객체의 속성 'font'에 접근하는 것으로 속성의 이름을 이용하여 GUI 객체가 저장하고 있는 속성에 접근할 수 있다.

코드 10.4: ***Label***과 ***Button*** 사용 예

```
1     def fn(self):
2         print('Hello')
3         exit(0)
4     def mkUI(self):
5         self.title("The first windows")
6         self.geometry('500x450+500+500')
7         label = Label(self, text='Good Morning', width=15,
8               height=2, fg='#ff4000', font=('Times Roman',14))
9         btn = Button(self, text="Click Me", width=15, height=2,
10              bg='#9ff781', command=self.fn, font=label['font'])
11        label.pack()
12        btn.pack()
```

✓ 연습 과제

1. 204쪽의 연습 과제 1번에서 생성한 파일의 정수를 보여주는 프로그램을 작성하라. ‘< Prev’ 버튼과 ‘Next >’ 버튼은 각각 현재 표시되고 잇는 정수 기준 이전과 다음 정수를 이진 파일에서 읽어 표시를 하는 한다. ‘Quit’ 버튼을 프로그램을 종료한다.

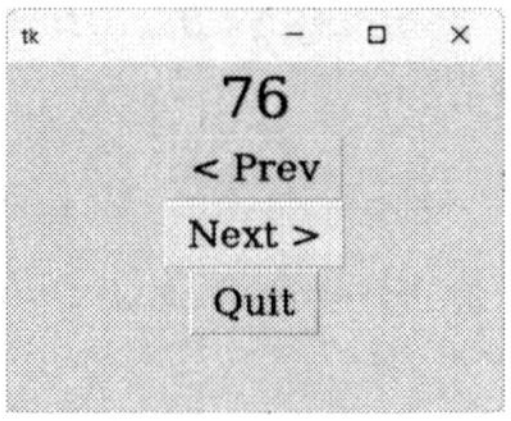

[정수를 저장한 이진 파일의 내용 보기]

2. 패키지 *utility*의 모듈 *account*에 있는 클래스 ***IdentifiedAccount***의 객체를 식별 번호로 123, 초기 예금액으로 1,000원으로 하여 생성하라. 생성한 객체의 정보를 GUI를 이용하여 표시하는 프로그램을 작성하라.

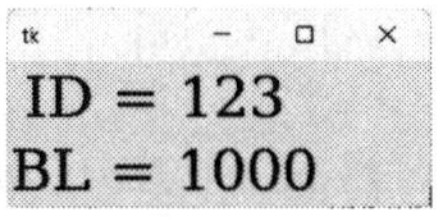

[IdentifiedAccount 객체의 내용 보기]

---

1. 이진 파일의 정수를 탐색하는 프로그램.

```
from tkinter import *
import struct
class App(Tk):
    def __init__(self):
        super().__init__()
        self.makeUI()
        self.fd = open('int40.dat', 'rb')
```

```
    def makeUI(self):
        self.geometry('350x250')
        self.label = Label(self, text='None', font=('Serif',24))
        self.label.pack()
        Button(self, text='< Prev',font=('Serif',16), \
            command=self.prev).pack()
        Button(self, text='Next >', font=('Serif', 16), \
            command=self.next).pack()
        Button(self, text='Quit', font=('Serif', 16), \
            command=exit).pack()
    def prev(self):
        if self.fd.tell() > 4:
            self.fd.seek(-8, 1)
            data = struct.unpack('>i', self.fd.read(4))[0]
            self.label.configure(text=str(data))
    def next(self):
        raw_data = self.fd.read(4)
        if len(raw_data) == 4:
            data = struct.unpack('>i', raw_data)[0]
            self.label.configure(text=str(data))
app = App()
app.mainloop()
```

10.3 체크 버튼과 라디오 버튼

버튼 위젯 중 선택 또는 해제된 상태를 유지하는 버튼이 있으며, 이 버튼은 응용 프로그램에서 특정 옵션의 선택 여부를 표시하고, 처리하기 위해 사용된다. 이러한 목적으로 사용되는 위젯은 체크 버튼과 라디오 버튼이 있다. 체크 버튼은 선택 또는 해제 상태를 나타낼 수 있는 위젯이며, 라디오 버튼은 여러 버튼 중 단 한 개만 선택 상태가 되고 나머지는 자동으로 해제 상태가 되는 위젯이다.

체크 버튼 위젯은 아래의 방법으로 생성된 ***Checkbutton*** 클래스의 객체를 이용한다. 이 위젯의 선택 또는 해제 상태는 인자 *variable*로 전달된 *tkinter* 모듈의 ***IntVar*** 객체가 저장한다. ***IntVar*** 객체는 한 개의 정수 값을 저장하며, 메소드 **set**()과 **get**()를 이용하여 정수 값 저장 또는 확인할 수 있다. 이 객체는 체크 버튼을 선택하면 1, 해제하면 0을 저장한다.

---

chkbutton = ***Checkbutton***(*container*, *variable*=intvar, *attr*=value, ···)

사용법: *container* - 버튼을 표시할 상위 윈도 또는 프레임
vairable - 선택 또는 해제 상태를 저장하는 *IntVar* 객체
attr - 버튼을 위한 속성으로 *Button* 클래스의 속성과 동일

코드 10.5: 체크 버튼을 사용한 예

```
from tkinter import *
class App(Tk):
    def __init__(self):
        super().__init__()
        self.var1 = IntVar()
        self.makeUI()
    def mkUI(self):
        Checkbutton(self, text='Red', font=('Times Roman', 14), \
            variable=self.var1, command=self.click).pack()
    def click(self):
     print(f'Red : {self.var1.get()}')
App().mainloop()
```

코드 10.5는 한 개의 체크 버튼 위젯을 사용한 것으로 위젯을 클릭할 때 마다 번갈아 가며 선택과 해제가 되며, 코드 11번 줄에서 체크 버튼의 선택(1) 또는 해제(0) 상태를 출력한다. 아래는 다수의 라디오 버튼 중 한 개만 선택되는 ***Radiobutton*** 객체를 생성하는 방법을 나타낸 것이다. 다수의 라디오 버튼을 상호 연동시키는 방법은 ***Radiobutton*** 객체 생성시 같은 ***IntVar*** 객체를 인자 *variable*로 전달하는 것이다. 따라서, 특정 ***Radiobutton***을 선택하면 그 버튼 생성시 *value* 인자로 전달한 값이 이 객체에 저장된다. 코드 10.6은 두 개의 라디오 버튼 위젯을 갖는 예이며, 이 위젯을 위해 ***Radiobutton*** 객체를 생성할 때 *variable* 인자로 동일하게 5번 줄에서 생성한 객체를 사용하였다. 선택한 버튼에 따라 ***Radiobutton*** 객체 생성시 *value* 인자로 전달된 1 또는 2가 이 객체에 저장된다.

---

rdobutton = ***Radiobutton***(···, *variable*=intvar, *value*=val)

사용법: ··· - *Button* 클래스의 속성과 동일
vairable - 선택 또는 해제 상태를 저장하는 *IntVar* 객체
value - 라디오 버튼이 선택되면 variable의 IntVar 객체에 저장될 값

코드 10.6: 라디오 버튼 위젯을 사용한 예

```
1  from tkinter import *
2  class App(Tk):
3      def __init__(self):
4          super().__init__()
5          self.var1 = IntVar()
6          self.makeUI()
7      def mkUI(self):
8          Radiobutton(self, text='Red', font=('Times Roman', 14), \
9              variable=self.var1, value=1, command=self.click).pack()
10         Radiobutton(self, text='Blue', font=('Times Roman', 14), \
11             variable=self.var1, value=2, command=self.click).pack()
12     def click(self):
13      print(f'Red : {self.var1.get()}')
14 App().mainloop()
```

✓ 연습 과제

1. 208쪽의 연습 과제 1번의 객체가 저장한 성적 정보를 저장한 이진 파일에서 각 교과목에 대한 정보를 읽고, 라디오버튼을 이용하여 선택한 과목의 성적을 표시하는 프로그램을 작성하라.

[라디오 버튼으로 선택한 과목 성적을 표시]

---

1. 라디오 버튼으로 선택한 과목 성적을 표시하는 프로그램.

```
from utility.lecture import LectureScore
from tkinter import *
import struct
class App(Tk):
    def __init__(self):
        super().__init__()
        self.lecture = LectureScore()
        self.item = IntVar()
        self.load_data()
        self.makeUI()
    def load_data(self):
        fd = open('score.dat', 'rb')
        while True:
            raw_data = fd.read(62)
            if len(raw_data) != 62:
```

```
                break
            data = struct.unpack('>50s3i', raw_data)
            lec = data[0][:data[0].find(b'\x00')].decode()
            self.lecture.add_lecture(lec)
            for score in data[1:]:
                self.lecture.add_lecture_score(lec, score)
    def makeUI(self):
        self.geometry('350x250')
        self.label=Label(self,text='None',font=('Serif',24))
        self.label.pack()
        for idx in range(len(self.lecture.get_lecture())):
            Radiobutton(self, font=('Serif', 18),\
                text=self.lecture.get_lecture()[idx],\
                 variable=self.item, \
                value=idx, command=self.select).pack()
    def select(self):
        idx = self.item.get()
        lec = self.lecture.get_lecture()[idx]
        scores = self.lecture.get_lecture_scores(lec)
        self.label.configure(\
            text=', '.join([str(s) for s in scores]))
app = App()
app.mainloop()
```

10.4 이미지 출력

모듈 *tkinter*의 ***Label***()은 *image* 인자로 전달된 이미지를 출력할 수 있다. *image* 인자에 이미지를 전달하는 간단한 방법은 *tkinter*의 ***PhotoImage***() 객체를 사용하는 것이다. 아래는 ***PhotoImage***() 객체를 생성하는 방법을 나타낸 것이다. ***PhotoImage***() 객체는 생성시 *file*인자를 통해 전달받은 이미지 파일을 이용하여 이미지를 저장하며, **subsample**() 또는 **zoom**() 메소드를 이용하여 축소 또는 확대된 이미지 객체를 반환한다. 메소드 호출을 위한 인자 x와 y는 각각 x축과 y축 방향으로 축소 또는 확대 정도를 나타내는 것으로 정수값이다. 예를 들어, 인자 x와 y의 값을 각각 2로 하면 **subsample**()은 크기를 원본 이미지의 $\frac{1}{2}$로 한 이미지를 반환하며, **zoom**()은 2배 확대된 이미지를 반환한다.

---

img = PhotoImage(file=filename)

사용법: *filename* - 이미지 파일명

img.**subsample**(*x=value, y=value*)

img.**zoom**(*x=value, y=value*)

코드 10.7은 이미지 출력을 위해 215쪽에 있는 코드 10.3의 **mkUI**() 메소드를 수정한 것이다. 코드의 4번 줄은 이미지 파일 *target.png*을 이용하여 ***PhotoImage*** 객체를 생성하고, 5, 6번 줄의 명령문은 앞서 생성한 이미지 객체를 이용하여 $\frac{1}{2}$로 축소한 이미지와 2배 확대한 이미지를 만든 것이다. 그 다음 명령문은 *image* 인자를 사용한 ***Label***() 객체를 생성한 것이다.

코드 10.7: ***Label***과 ***PhotoImage***를 이용한 이미지 출력

```
1    def mkUI(self):
2        self.title("Image View")
3        self.geometry("250x350")
4        self.img = PhotoImage(file='./target.png')
5        self.half_img = self.img.subsample(x=2, y=2)
6        self.double_img = self.img.zoom(x=2, y=2)
7        Label(self, image=self.img).pack()
8        Label(self, image=self.half_img).pack()
9        Label(self, image=self.double_img).pack()
```

Label의 *image* 인자를 이용항 이미지를 표시할 때 주의해야 하는 것은 이미지를 표시할 ***Label*** 객체와 ***PhotoImage*** 객체가 같은 접근 범위(scope)를 가져야 한다는 것이다. 코드 10.7의 ***Label***과 ***PhotoImage*** 객체는 동일한 객체 내에 존재하는 것이므로 화면에 이미지를 표시하는 것에 문제가 없지만, 코드 10.8의 변수 *img*는 **mkUI** 메소드 실행이 완료되면 없어지므로 객체(self)가 존재하는 동안에 유지되는 ***Label*** 객체와 접근 범위가 다르다. 따라서, 코드 10.3의 **mkUI**() 메소드를 코드 10.8와 같이 수정하고 실행하면 이미지가 표시되지 않는다.

코드 10.8: ***Label***과 ***PhotoImage***의 접근 범위(score)가 다른 경우

```
    def mkUI(self):
        self.title("Image View")
        self.geometry("250x350")
        img = PhotoImage(file='./target.png')
        Label(self, image=img).pack()
```

버튼도 *image* 인자를 이용하여 이미지를 표시할 수 있다. 코드 10.9는 코드 10.3의 **mkUI**() 메소드를 수정한 것이다. 코드의 4, 5번 줄은 두 개의 이미지를 위한 객체를 각각 생성하였다. 6번 줄은 *image* 인자를 포함하여 ***Button*** 객체를 생성하였으며, 버튼을 선택했을 때 **self.switch**() 메소드가 호출되도록 하였다. 버튼을 선택했을 때 호출되는 **switch**() 메소드는 **configure**() 메소드를 이용하여 버튼이 표시하는 이미지를 다른 것으로 변경한다.

코드 10.9: 버튼을 이용한 이미지 표시

```
1       def mkUI(self):
2           self.title("The Second Window")
3           self.geometry("250x350")
4           self.on_img = PhotoImage(file='./on.png')
5           self.off_img = PhotoImage(file='./off.png')
6           self.btn = Button(self,image=self.off_img,
7                       command=self.switch,border=0)
8           self.btn.pack()
9       def switch(self):
10          self.btn.configure(image=self.on_img)
```

10.5 문자열 입력, Entry

CLI 프로그램은 **input**() 함수를 이용하여 사용자가 문자열을 입력할 수 있도록 한다. *tkinter*을 이용하는 GUI 프로그램은 사용자의 문자열 입력을 위해 ***Entry***를 이용한다. ***Entry***는 사용자가 한 줄의 문자열을 입력할 수 있도록 하는 위젯이며, 아래는 ***Entry*** 객체를 생성하는 방법을 나타낸 것이다. 이 클래스의 객체를 생성할 때 사용할 수 있는 속성은 앞서 소개한 ***Label***의 속성들과 비슷하다. ***Entry*** 위젯을 위한 객체를 생성할 때 사용할 수 있는 속성 중 *textvariable*은 이 위젯이 표시하거나 사용자가 입력한 문자열을 저장하는 *tkinter* 모듈의 ***StringVar*** 객체를 값으로 갖는다. 메소드 **get**()은 입력한 문자열을 반환하는 것이며, **delete**()는 ***Entry*** 객체가 표시하고 있는 문자열을 제거한다.

---

ent = ***Entry***(*container*, *attr*=*value*, ···)

사용법: *container* - *Entry*를 표시할 상위 윈도 또는 프레임
textvariable - 초기 또는 입력된 문자열을 저장하는 *StringVar* 객체
attr - Entry를 위한 속성으로 *Label* 클래스의 속성과 거의 비슷

ent.**get**()

ent.**delete**(*first*=*idx0*, *last*=*idx1*)

ent.**configure**(*attr*=*value*, ···)

클래스 ***StringVar***는 문자열을 저장하는 것으로, 문자열을 저장하는 **set**() 메소드와 저장된 문자열을 반환하는 **get**() 메소드를 제공한다. ***str***이 문자열을 표현하는 클래스라면 이 클래스는 문자열을 저장하는 클래스라는 점에서 차이가 있다. 코드 10.10은 함수 **fn**()의 인자로 ***str***과 ***StringVar*** 객체를 전달한 예를 나타낸 것이다. 코드 11번 줄은 변수 *flag*와 *vflag*가 저장하고 있는 ***str***과 ***StringVar*** 객체를 실인자로 하여 함수를 호출하고 있으며, 이들 실인자는 각각 형식 인자 *s*, *sv*로 전달된다. 함수 호출 시 형식 인자에 전달되는 것은 변수 *flag*와 *vflag*가 아닌 그 값이므로 변수 *flag*와 *vflag*가 저장하고 있던 값이 각각 형식 인자 *s*와 *sv*로 전달되었지만 각 변수는 독립된 변수들이다. 따라서, 함수 내에서 변수 *v*의 값을 변경하더라도 *flag* 값은 변경되지 않는다. 따라서, 함수 호출 전과 후에 변수 *flag*의 값은 변경없이 그대로이다. 반면, 함수 내 변수 *sv*가 저장하고 있는 ***StringVar*** 객체의 **set**() 메소드를 이용하여 이 객체가 저장하는 문자열을 'GOOD'으로 변경하였다. 함수 호출 시 *vflag*가 저장하고 있던 객체–정확히는 객체 참조–를 변수 *sv*에 전달하였으므로 두 변수는 한 객체를 참조할 수 있다.

따라서, 함수 내 변수 *sv*를 이용하여 객체가 저장하고 있는 값을 변경한 것이 함수 호출 전, 후 변수 *vflag*가 저장하고 있는 객체의 내용에 영향을 미친다.

코드 10.10: ***str*** 객체와 ***StringVar*** 객체의 차이

```
from tkinter import *
win = Tk()
def fn(s, sv):
    v = 'GOOD'
    sv.set('GOOD')

flag = 'BAD'
vflag = StringVar()
vflag.set('BAD')
print(flag, vflag.get())
fn(flag, vflag)
print(flag, vflag.get())
```

코드 10.11은 사용자 입력을 위해 ***Entry*** 위젯을 사용하는 예를 위해 215쪽에 있는 코드 10.3에서 추가한 것이다. 코드의 4, 5번 줄은 ***StringVar***() 객체를 생성하고, 문자열을 저장하는 것이며, 이 객체를 ***Entry***() 객체를 생성할 때 *textvariable* 속성으로 전달하였다. 입력을 완료한 후 버튼을 클릭하면 실행되는 코드의 10번 줄은 사용자가 입력한 내용을 ***Entry*** 객체와 ***StringVar*** 객체를 이용하여 각각 화면에 출력하고 있다.

코드 10.11: ***Entry***를 이용한 사용자 입력의 예

```
1     def mkUI(self):
2         self.title("The Second Window")
3         self.geometry("350x150")
4         self.text = StringVar()
5         self.text.set("Input name")
6         self.ent = Entry(self, textvariable=self.text)
7         self.ent.pack()
8         Button(self, text='OK', command=self.keyin).pack()
9     def keyin(self):
10        print(self.ent.get(), self.text.get())
11        self.text.set('')
12        self.ent.configure(bg='#00ff00')
```

✓ 연습 과제

1. 204쪽의 연습 과제 1번에서 생성한 파일의 정수를 보여주는 프로그램을 작성하라. 사용자가 엔트리 위젯에 파일에 저장된 정수의 위치를 입력한 후 'view' 버튼을 클릭하면 프로그램은 그 위치에 해당하는 정수를 파일에서 읽어 표시한다.

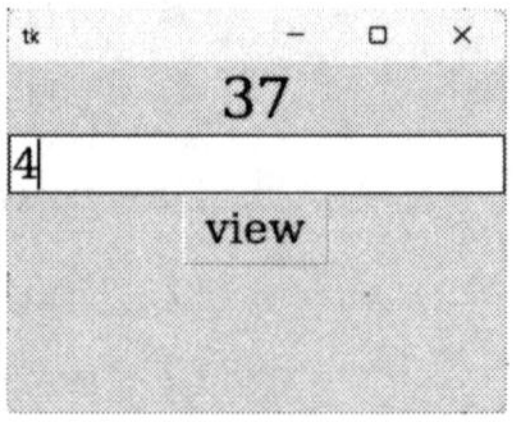

[저장된 위치를 입력하면 그 위치의 정수를 이진 파일에서 읽어 표시]

2. 패키지 *utility*의 모듈 *lecture*에 있는 ***LectureScore*** 클래스의 객체를 생성한 후 아래의 사용자 인터페이스를 통해 교과목과 성적을 입력하는 프로그램을 작성하라. 사용자 인터페이스의 첫 번째 엔트리 위젯은 과목명 입력, 두 번째 엔트리 위젯은 콤마로 구분된 한 개 이상의 성적 입력을 위한 것이다. 엔트리 위젯에 필요한 정보를 입력한 후 사용자가 'add' 버튼을 클릭하면 프로그램은 ***LectureScore*** 객체에 과목과 성적을 등록하며, 이미 존재하는 과목명이 입력되면 성적을 추가로 저장한다. 입력 완료 후 사용자가 'save' 버튼을 클릭하면 이 객체에 저장된 정보를 이진 파일에 저장하고, 프로그램을 종료한다.

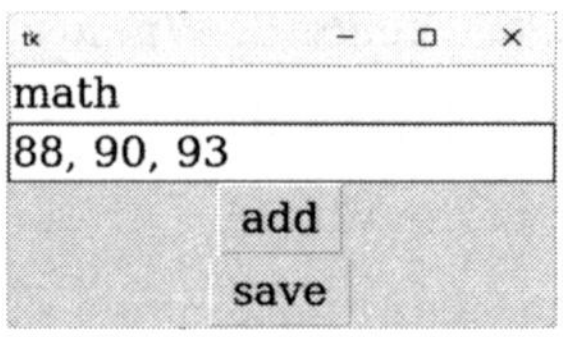

[교과목과 성적 입력하고 저장]

---

1. 저장된 위치를 입력하면 그 위치의 정수를 이진 파일에서 읽어 라벨 위젯에 표시하는 프로그램.

```
from tkinter import *
import struct
```

```python
class App(Tk):
    def __init__(self):
        super().__init__()
        self.fd = open('int40.dat', 'rb')
        self.inputtext = StringVar()
        self.makeUI()
    def makeUI(self):
        self.geometry('350x250')
        self.label=Label(self,text='None',font=('Serif',24))
        self.entry=Entry(self,textvariable=self.inputtext,\
            font=('Serif', 18))
        self.label.pack()
        self.entry.pack()
        Button(self,text='view',font=('Serif', 18),\
            command=self.view).pack()
    def view(self):
        if self.inputtext.get().isdigit():
            loc = int(self.inputtext.get())
            self.fd.seek(loc * 4, 0)
            raw_data = self.fd.read(4)
            if len(raw_data) == 4:
                data = struct.unpack('>i', raw_data)[0]
                self.label.configure(text=str(data))
        else:
            self.label.configure(text='data: none')
        self.inputtext.set('')
app = App()
app.mainloop()
```

10.6 위젯 배치, pack() - *side* 속성

Tk 또는 그 파생 클래스의 객체를 이용하여 생성한 윈도에 다수의 위젯을 표시하는 기본적인 방법은 각 위젯의 **pack**() 메소드를 호출한 순서대로 윈도의 위에서 아래 방향으로 배치를 한다. 기본적인 위젯 배치 방법의 변경은 배치 방법 및 위젯 간의 간격을 결정하는 속성을 설정하여 **pack**() 메소드를 호출함으로써 가능하다. 다음은 위젯을 상위 윈도에 배치하는 **pack**() 메소드의 사용 방법을 나타낸 것으로 각 속성을 조합하여 위젯을 배치할 수 있다.

---

widget.**pack**([*side*=value], [*pad[x|y]*=pixel_value], [*ipad[x|y]*=pixel_value], [*expand*=True|False], [*fill*=*fill_option*], [*anchor*=*pos*])

사용법: *side* - 배치 방법 설정. 'left', 'right', 'top', 'bottom'
pad[x|y] - 위젯 사이의 가로 또는 세로 간격
ipad[x|y] - 위젯 내 가로 또는 세로 간격
expand - 상위 위젯의 크기에 맞게 위젯 배치 조정, True 또는 False
fill - 위젯의 크기를 상위 위젯의 크기에 맞춤. 'x', 'y' 또는 'both'
anchor - 위젯들을 배치할 위치 지정, 'n','s','ne','nw','se','sw','center'

---

pack() 메소드의 *side* 속성은 위젯을 배치할 때 사용할 기준 면을 지정하는 것으로 설정된 기준 면을 이미 배치가 된 위젯에 붙이는 것으로 배치한다. 그림 10.2는 *side* 속성의 값을 각각 'top', 'bottom', 'left', 'right'로 설정했을 때 네 개의 버튼이 배치되는 것을 나타내고 있다. 그림 10.2a는 이 속성의 값을 'top'으로 설정했을 때를 나타내고 있다. 각 위젯의 'top' 즉, 윗면을 이전에 배치된 위젯에 붙이는 방법으로 위젯들을 배치하고 있다. 즉, 'button #0'는 배치할 첫 번째 위젯이므로 이 위젯의 윗면을 상위 위젯에 붙여 배치를 하였다. 'button ♯ 1'은 이 위젯의 윗면을 이전에 배치된 위젯인 'button ♯ 0'에 붙여 배치를 하였다. 이런 방법의 배치는 위에서 아래 방향으로 위젯을 배치할 수 있다. 그림 10.2b는 *side* 속성을 'bottom'으로 설정한 경우의 배치를 나타내고 있다. 이 설정은 각 위젯의 아래면을 배치의 기준 면으로 설정하였으므로, 첫 번째 위젯 'button ♯ 0'을 위젯의 아래면이 상위 위젯에 붙도록 배치하고, 두 번째 위젯 'button ♯ 1'을 그 아래면이 'button ♯ 0'에 붙여 배치한다. 따라서, 이 설정의 배치는 아래에서 위 방향으로 위젯을 배치할 수 있다. 그림 10.2c와 10.2d는 각각 *side* 속성의 값을 'left'와 'right'로 설정했을 때 위젯 배치를 나타낸 것이다.

코드 10.12는 그림 10.2a에 보인 네 개의 버튼을 위에서 아래로 배치하는 것이다. 생성한

Button 객체의 배치를 위해 사용한 **pack**() 메소드는 *side* 속성은 'top'으로 설정하였으며, *pady* 속성을 이용하여 각 위젯 사이의 간격을 설정하였다.

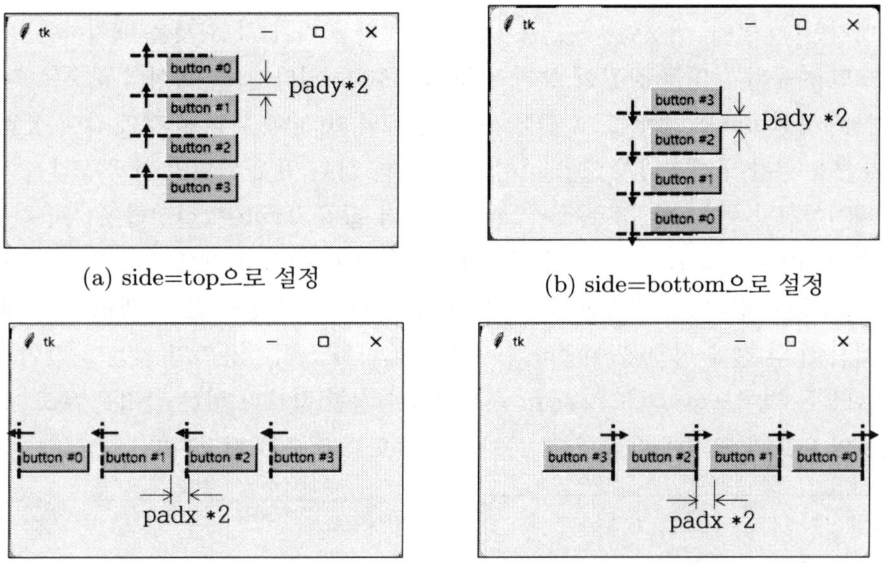

(a) side=top으로 설정

(b) side=bottom으로 설정

(c) side=left으로 설정

(d) side=right으로 설정

그림 10.2: side 옵션에 따른 위젯 배치의 예

코드 10.12: **pack**()을 이용한 위젯 배치의 예

```
from tkinter import *
class MyWindow(Tk):
    def __init__(self):
        super().__init__()
        self.makeUI()
    def makeUI(self):
        self.geometry('350x180')
        for i in range(4):
            btn = Button(self,text=f'button #{i}', bg='#c0c0c0')
            btn.pack(side='top', pady=5)
MyWindow().mainloop()
```

10.7 위젯 배치, pack() - *expand, fill, anchor* 속성

side 속성을 설정한 위젯의 **pack**() 메소드 호출은 그 속성에 설정된 방법에 따라 상위 윈도에 위젯을 배치한다. 이때, 위젯이 배치되는 상위 위젯의 크기가 각 위젯을 배치하는 공간의 크기보다 크면 사용되지 않는 공간이 상위 위젯에 생길 수 있다. *side* 속성의 값으로 각각 'top'과 'left'를 사용한 **pack**() 메소드 호출은 그림 10.3a와 10.3c에 나타낸 것과 같이 상위 위젯의 아래와 오른쪽 공간이 사용되지 않고 비어 있다. 만약 상위 위젯 윈도의 전체 공간을 사용하여 위젯을 배치하고자 하는 할 경우에 *expand* 속성의 값을 **True**로 설정하여 사용하면 된다. 그림 10.3b와 10.3d는 *expand* 속성의 값을 **True**로, *side* 속성의 값으로 각각 'top'과 'left'를 사용하여 **pack**() 메소드를 호출한 것을 나타내고 있다. 이 속성의 값을 **True**로 설정한 것은 상위 위젯 윈도의 전체 공간을 이용하여 위젯을 배치하므로 사용되지 않는 공간이 없다. 이 경우 각 위젯은 적어도 *padx* 또는 *pady* 속성에서 설정한 값보다 넓은 간격을 두고 배치되며, 상위 위젯의 윈도의 크기에 따라 위젯 사이의 간격도 동적으로 변경된다.

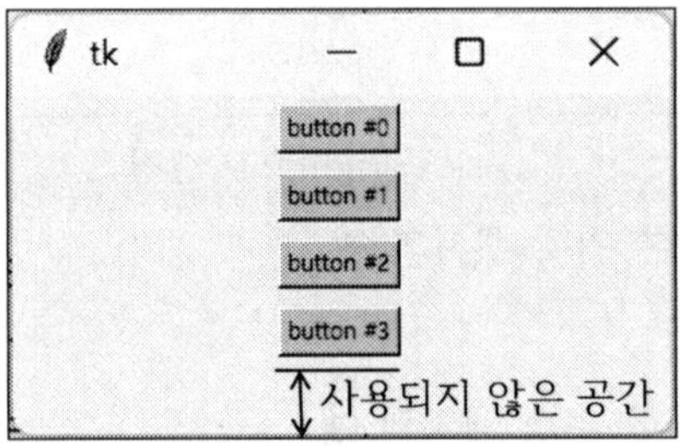

(a) expand=False, side='top'의 경우

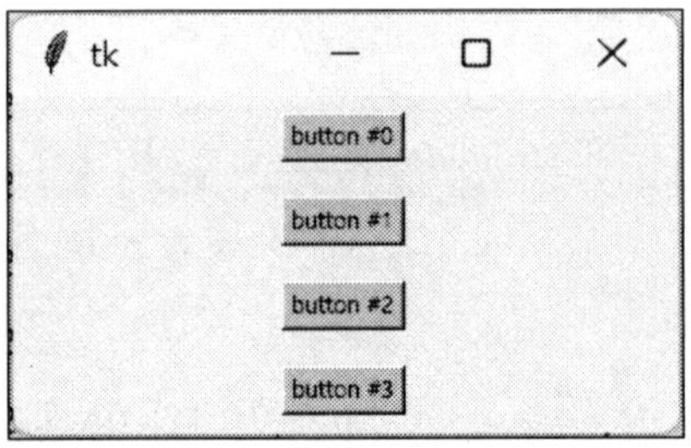

(b) expand=True, side='top'의 경우

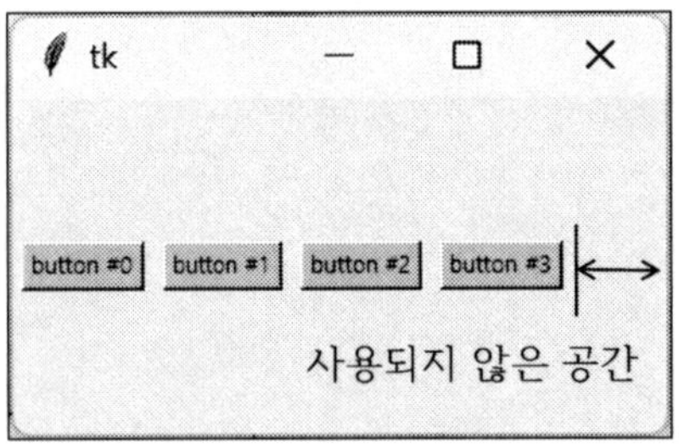

(c) expand=False, side='left'의 경우

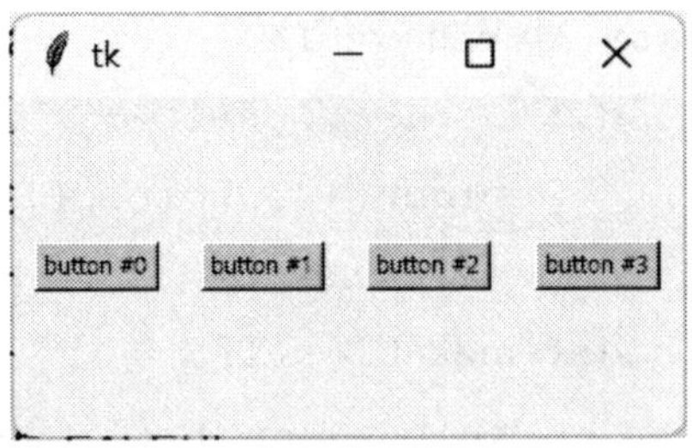

(d) expand=True, side='left'의 경우

그림 10.3: *expand* 속성의 값에 따른 차이의 예

상위 위젯에 배치되는 위젯의 기본 크기는 그 위젯이 표시해야 하는 내용에 따라 결정되지만 *fill* 속성을 이용하여 위젯의 폭과 높이를 상위 위젯의 윈도 크기에 맞출 수 있다. 이 속성의

값는 'x', 'y', 'both' 중 하나가 될 수 있으며, 각각 위젯의 크기를 상위 위젯 윈도의 폭, 높이, 폭과 높이에 맞출 수 있다. 그림 10.4는 *side*와 *fill* 속성을 함께 설정한 예를 나타낸 것으로, 그림 10.4a는 두 속성의 값으로 'top' 과 'x'로 설정한 경우에 화면에 표시되는 것이다. 이 예는 *fill* 속성을 'x'로 설정하였으므로 위젯의 폭을 상위 위젯의 윈도 폭에 맞추어 표시가 되며, 윈도의 폭 변경에 대응하여 위젯의 폭이 동적으로 변경된다. 10.4b는 두 속성의 값으로 'left' 와 'y'로 설정한 경우에 화면에 표시되는 것이며, 상위 윈도와 동일한 높이로 위젯의 높이를 결정한다. 코드 10.13은 위젯의 배치를 위해 *side, expand, fill* 속성을 조합한 것으로 각 위젯의 배치 방법이 유지되지만 상위 위젯 윈도 크기 변경에 대응하여 각 위젯의 크기가 동적으로 변경되는 예이다.

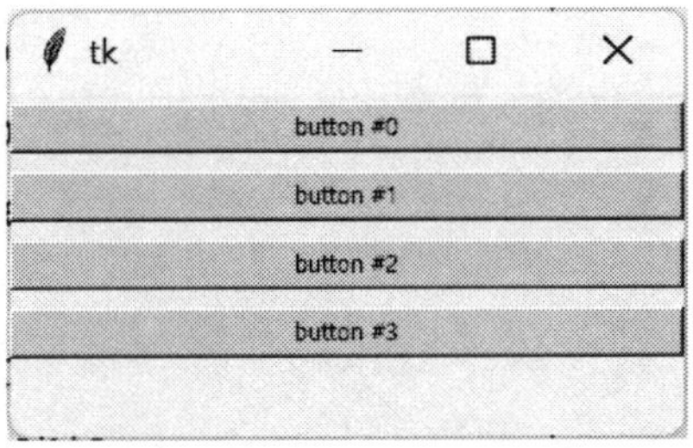

(a) side='top', fill='x'를 사용한 예

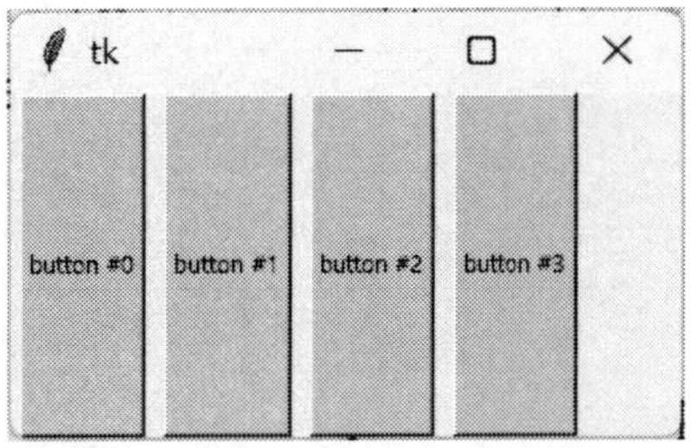

(b) side='left', fill='y'를 사용한 예

그림 10.4: *side*와 *fill* 속성을 사용한 예

코드 10.13: *side, expand, fill* 속성 조합을 이용한 **pack**() 메소드 호출의 예

```
from tkinter import *
class MyWindow(Tk):
    def __init__(self):
        super().__init__()
        self.makeUI()
    def makeUI(self):
      self.geometry('350x180')
      for i in range(4):
        btn = Button(self,text=f'button #{i}', bg='#bdbdbd')
        btn.pack(side='top', expand=True, fill='both', pady=5)
MyWindow().mainloop()
```

✓ 연습 과제

1. 앞서 작성한 각 프로그램의 사용자 인터페이스의 각 위젯을 다양한 방법으로 배치를 해 보아라.

11

GUI 프로그래밍 응용

11.1 위젯 배치 - place, grid

위젯 배치를 위한 메소드 **place**()는 개발자가 위치와 크기를 직접 설정하여 각 위젯을 배치할 수 있게 한다. 다음은 **place**() 메소드를 이용하는 형식을 나타낸 것이다. 이 메소드 호출을 위한 속성 x, y는 위젯이 표시될 위치를 설정하는 것으로 상위 위젯의 윈도를 기준으로 설정한다.

widget.**place**(*x*=xpos, *y*=ypos, *width*=w, *height*=h)

사용법:
- *x* - 위젯의 x 좌표 위치
- *y* - 위젯의 y 좌표 위치
- *width* - 위젯의 폭, 생략하면 위젯의 내용에 맞게 설정
- *height* - 위젯의 높이, 생략하면 위젯의 내용에 맞게 설정

코드 11.1은 앞의 코드 10.13에서 **makeUI**() 메소드만을 수정하여 위젯 배치를 위한 **place**() 메소드를 사용한 예이다. 이 예에서는 반복문의 변수 i의 값을 이용하여 계산한 결과를 위젯의 위치로 설정하였다.

코드 11.1: place() 사용의 예

```
    def mkUI(self):
        self.geometry('300x250')
        for i in range(5):
            Button(self, text=f'button {i}', font=('Gulim', 18)).\
                place(x=i*20, y=i*50)
```

위젯 배치를 위한 다른 방법은 상위 위젯의 윈도 영역을 n행 m열로 구성된 표의 형태로 가정하고, 행과 열 번호를 이용하여 위젯을 가상의 표를 구성하는 각 셀에 배치하는 것이다. 메소드 **grid**()는 이 배치 방법을 위해 사용하는 것이며, 아래는 이 메소드 사용 방법을 나타낸 것이다. 이 메소드 호출을 위한 *row, column* 속성은 위젯을 배치할 셀의 좌표를 설정하는 것이며, 가장 왼쪽, 가장 위에 위치하고 있는 셀의 좌표 즉, 행과 열 번호는 각각 0이다. 위젯 배치를 위해 *row, column* 속성의 값을 설정할 때 주의해야 하는 것은 이 속성의 값이 위젯을 배치할 셀의 절대 좌표가 아니라는 것이다. 즉, 위젯이 배치될 셀은 각 위젯의 배치를 위해 사용된 *row* 속성의 최소 값을 0행, *column* 속성의 최소 값을 0열로 하여, 이 속성 값 대비 각 위젯의 *row, column* 속성 값의 상대적 위치로 결정된다.

---

widget.**grid**(*row*=rowi, *column*=columni, *rowspan*=rn, *columnspan*=cn)

사용법: *row* - 위젯의 행 좌표
column - 위젯의 열 좌표
rowspan - 위젯 배치를 위해 확장할 행의 수
columnspan - 위젯 배치를 위해 확장할 열의 수

코드 11.2는 앞의 코드 10.13에서 **makeUI**() 메소드만을 수정하여 **grid**() 메소드를 사용하여 네 개의 버튼을 배치한 예를 나타내고 있다. 각 버튼의 **grid**() 호출을 위해 사용한 *row* 속성 중 가장 작은 값인 1이 0행에 해당하고, 크기 순서 상 그 다음 값인 3이 1행에 해당하는 등 속성 값의 크기 순서에 따라 행의 위치가 결정된다. *column* 속성도 동일한 방법으로 해석되어 위젯이 배치된 셀의 열 위치가 결정된다. 그림 11.1은 이 코드를 실행한 결과이다.

코드 11.2: **grid**() 메소드를 이용한 네 개의 버트 배치

```
    def mkUI(self):
        self.geometry('450x250')
        self.btns = list()
        for i in range(4):
            self.btns.append(Button(self, text=f'button {i}', \
                font=('Gulim', 18)))
        self.btns[0].grid(row=1, column=8)  # (0, 2)
        self.btns[1].grid(row=3, column=2)  # (1, 0)
        self.btns[2].grid(row=5, column=10) # (2, 3)
        self.btns[3].grid(row=7, column=4) #(3, 1)
```

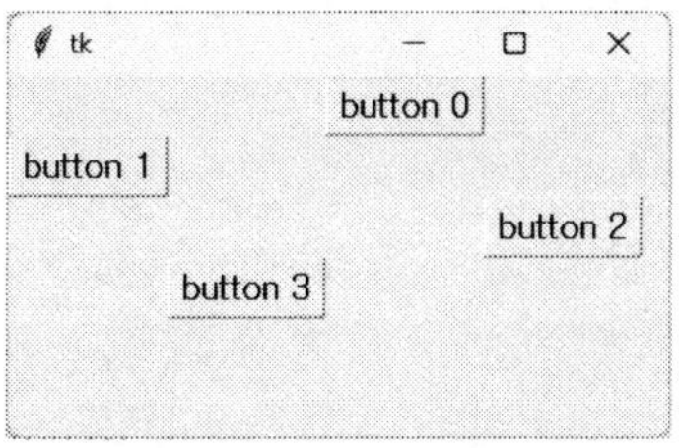

그림 11.1: 코드 실행 결과

✓ 연습 과제

1. 218쪽의 연습 과제 1번의 사용자 인터페이스를 아래와 같이 수정하여 구현하라.

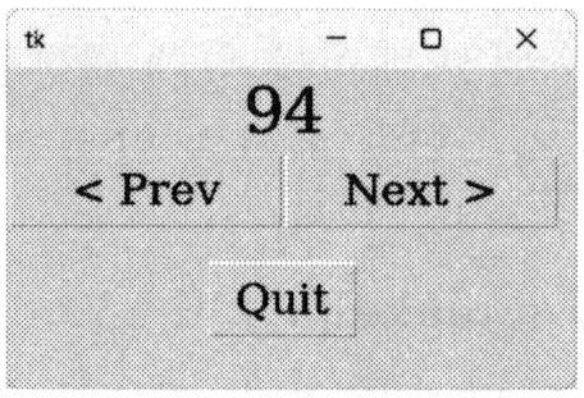

[이진 파일에 저장된 정수를 탐색하는 화면]

2. 228쪽의 연습 과제 2번의 사용자 인터페이스를 아래와 같이 수정하여 구현하여라.

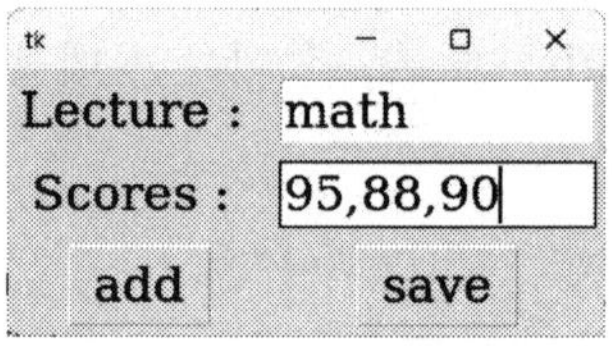

[***LectureScore*** 객체를 위한 과목명 및 점수 입력 화면]

1. 이진 파일에 저장된 정수를 탐색하는 화면을 구현한 프로그램(UI 부분).

```
    def makeUI(self):
        self.geometry('350x200')
        self.label=Label(self,text='None',font=('Serif',24))
        self.label.grid(row=0, columnspan=2)
        Button(self,text='<␣Prev',font=('Serif',16),width=8,\
            command=self.prev).grid(row=1, column=0)
        Button(self,text='Next␣>',font=('Serif', 16),width=8,\
            command=self.next).grid(row=1, column=1)
        Button(self,text='Quit',font=('Serif', 16), \
            command=exit).grid(row=2, columnspan=2, pady=20)
```

2. ***LectureScore*** 객체를 위한 과목명 및 점수 입력 화면을 구현한 프로그램(UI부분)

```
    def makeUI(self):
        Label(self, text='Lecture␣:␣',font=('Serif', 18)).\
            grid(row=0,column=0,padx=5, pady=5)
        Label(self, text='Scores␣:␣', font=('Serif', 18)).\
            grid(row=1, column=0,padx=5, pady=5)
        self.entry_lec = Entry(self, font=('Serif', 18),\
            textvariable=self.inputtext, width=10)
        self.entry_sco = Entry(self, font=('Serif', 18),\
            textvariable=self.inputtext1, width=10)
        self.entry_lec.grid(row=0,column=1,padx=5,pady=5)
        self.entry_sco.grid(row=1,column=1,padx=5,pady=5)
        Button(self, text='add', font=('Serif', 18)).\
            grid(row=2, column=0, padx=5, pady=5)
        Button(self, text='save', font=('Serif', 18)).\
            grid(row=2, column=1, padx=5, pady=5)
```

11.2 이벤트 처리

GUI를 이용한 사용자 인터페이스의 가장 큰 장점은 마우스 이동, 마우스 버튼 클릭 등의 사용자의 행동에 프로그램이 반응함으로써 사용자와 프로그램의 상호작용이 가능하다는 것이다. 이러한 상호작용은 이벤트(event) 및 이벤트 처리를 기반으로 하고 있다. 이벤트는 사용자가 마우스를 이용하여 마우스 포인터를 특정 위젯 영역 내로 이동시키거나 빠져 나가게 하는 것, 위젯 영역 내에서 마우스 버튼을 누르는 등과 같이 사용자가 위젯을 대상으로 취한 행동에 의해 발생하는 것이다. 사용자가 취한 행동에 따라 발생한 이벤트는 대상 위젯에 등록된 이벤트 처리 루틴(event handler)을 통해 처리된다. 이 이벤트 처리 루틴은 이벤트 발생 시 자동 호출된다.

이벤트를 처리할 루틴 등록은 위젯의 **bind**() 메소드를 이용하며, 다음은 이 메소드 사용 방법을 나타낸 것이다. 속성 *event_name*은 처리할 이벤트 이름으로 표 11.1에 나타낸 이벤트 가운데 하나를 지정하면 된다. 속성 *handler*는 이벤트 발생 시 그 처리를 위해 호출될 함수 또는 메소드를 설정하는 것이며, 이 처리 루틴이 호출될 때 전달되는 인자는 발생한 이벤트 객체이다. 이벤트 객체는 마우스 포인터의 위치, 입력된 키 코드 등 발생한 이벤트와 관련된 정보를 저장하고 있으며, 처리 루틴을 이벤트 객체로 부터 처리를 위한 정보를 획득한다. 이벤트 객체에 있는 변수 x, y는 이벤트가 발생한 시점에 마우스 포인터의 위치를 저장하고 있다.

---

widget.**bind**(*event_name*, *handler*)

사용법: *event_name* - 처리할 이벤트 이름
handler - 이벤트를 처리할 함수 또는 메소드

코드 11.3은 앞의 코드 10.13에서 **makeUI**() 메소드를 수정한 것으로 하나의 ***Label*** 위젯을 포함하고 있다. 사용자가 이 위젯의 영역 내에서 마우스 왼쪽 또는 오른쪽을 누르면 발생하는 이벤트를 처리할 수 있도록 코드의 6번과 7번 줄은 **bind**() 메소드 호출을 통해 처리할 이벤트 이름 ‘ <Button-1>’, ‘ <Button-3>’과 처리 루틴을 설정하고 있다. 이벤트를 처리할 루틴은 **button_press**() 메소드이며, 8번 줄에서 정의된 이 메소드는 형식 매개변수 *event*를 통해 이벤트 객체를 전달받는다. 이 객체의 변수 *num*은 버튼 번호이며, 변수 x, y는 이벤트가 발생할 시점의 마우스 포인터 위치를 저장하고 있다. 이 예와 같이 한 처리 루틴에서 여러 마우스 버튼에 대한 이벤트를 처리하는 경우 누른 버튼을 구분하는 것은 변수 *num*를 이용하면 된다.

코드 11.3: 이벤트 처리의 예

```
    def makeUI(self):
        label = Label(self,text='Good', font=('Arial',24), \
            bg='#b2ff66', width=20, height=5)
        label.pack()
        label.bind('<Button-1>', self.button_press)
        label.bind('<Button-3>', self.button_press)
    def button_press(self, event):
        print(f'Button {event.num} at ({event.x}, {event.y})')
```

표 11.1: 이벤트의 종류

종류	이벤트 이름	내용
마우스 버튼 누르기	<Button-1>	마우스 왼쪽 버튼을 누름
	<Button-2>	마우스 휠을 누름
	<Button-3>	마우스 오른쪽 버튼을 누름
마우스 버튼 놓기	<ButtonRelease-1>	마우스 왼쪽 버튼을 놓음
	<ButtonRelease-2>	마우스 휠을 놓음
	<ButtonRelease-3>	마우스 오른쪽 버튼을 놓음
마우스 이동	<Motion>	마우스를 이동시킴
	<B1-Motion>	왼쪽 버튼을 누른 채로 마우스를 이동시킴
	<B2-Motion>	휠 버튼을 누른 채로 마우스를 이동시킴
	<B3-Motion>	오른쪽 버튼을 누른 채로 마우스를 이동시킴
이중 클릭	<Double-Button-1>	마우스 왼쪽 버튼 더블 클릭
	<Double-Button-2>	마우스 휠 버튼 더블 클릭
	<Double-Button-3>	마우스 오른쪽 버튼 더블 클릭
위젯 동장	<Enter>	위젯 영역으로 마우스 포인트 진입
	<Leave>	위젯 영역에서 마우스 포인트 나감
	<FocusIn>	위젯으로 입력 포커스 이동
	<FocusOut>	다른 위젯으로 입력 포커스 이동
키 입력	<Key>	키가 입력됨
	<Return>	Enter 키 입력 시
	<BackSpace>	Backspace 키 입력 시
	<Up> <Down> <Right> <Left>	방향 키 입력 시

✓ 연습 과제

1. ***LectureScore*** 객체에 과목과 그 점수를 입력하기 위한 UI에서 엔터리 위젯과 버튼 위젯에 '< *Return* >' 이벤트를 처리할 수 있도록 프로그램을 수정하여라. 이 프로그램은 과목명을 입력하는 위젯에서 과목명을 입력한 후 사용자가 키보드의 리턴키를 누르면, 입력 포커스를 점수 입력을 위한 위젯으로 이동시킨다. 같은 방법으로 사용자가 점수를 입력한 후 리턴키를 누르면 프로그램은 입력 포커스를 'add' 버튼로 이동시키며, 사용자가 다시 리턴키를 누르면 이 벤트를 처리한 후 과목명 입력 엔트리로 입력 포커스를 이동시킨다. 이때, 각 엔트리의 내용은 제거한다. 특정 위젯의 **focus_set**() 메소드 호출은 그 위젯으로 입력 포커스를 옮긴다.

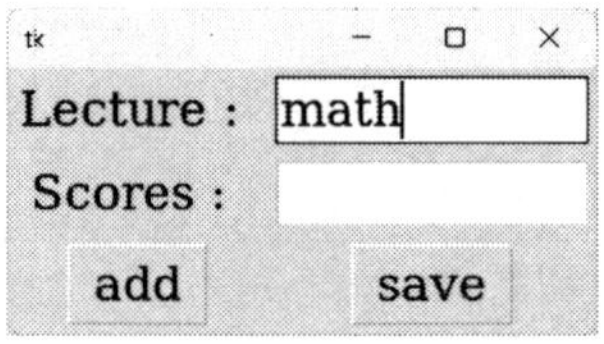

과목명 입력 후 엔터→점수 입력 엔트리

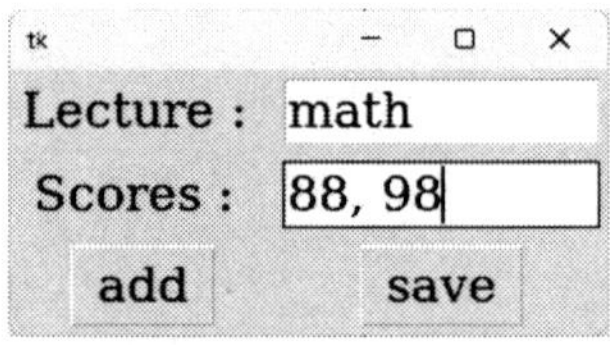

점수 입력 후 엔터 →버튼으로 포커스

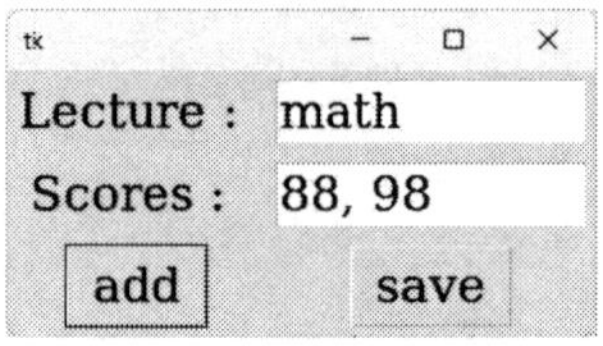

버튼에서 엔터 →과목명 입력 엔트리

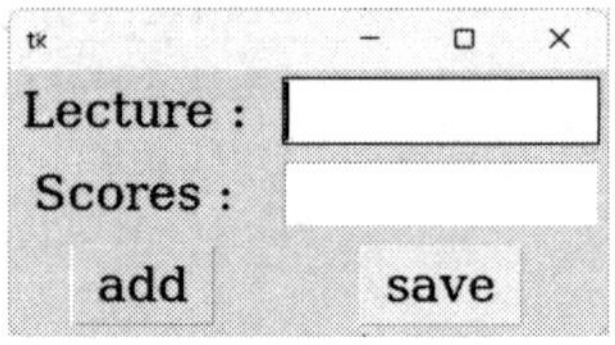

과목명 입력 엔트리 위젯

각 위젯에서 < *Return* >키를 누를 때 입력 포커스 이동

2. 238쪽의 연습 과제 1번의 UI에서 버튼 '< Prev'와 'Next >'과 동일한 기능을 할 수 있도록 키보드 <Left>와 <Right>를 위한 이벤트 처리 루틴을 구현하여라.

---

1. ***LectureScore*** 객체를 위한 과목명 및 점수 입력 화면에서 < *Return* > 키보드 이벤트를 처리하는 프로그램(UI부분)

```
def makeUI(self):
    Label(self, text='Lecture : ',font=('Serif', 18)).\
```

```
            grid(row=0,column=0,padx=5, pady=5)
        Label(self, text='Scores : ', font=('Serif', 18)).\
            grid(row=1, column=0,padx=5, pady=5)
        self.entry_lec = Entry(self, font=('Serif', 18),\
            textvariable=self.inputtext, width=10)
        self.entry_sco = Entry(self, font=('Serif', 18),\
            textvariable=self.inputtext1, width=10)
        self.entry_lec.grid(row=0,column=1,padx=5,pady=5)
        self.entry_sco.grid(row=1,column=1,padx=5,pady=5)
        self.addbtn = Button(self, text='add', font=('Serif', 18))
        self.addbtn.grid(row=2, column=0, padx=5, pady=5)
        Button(self, text='save', font=('Serif', 18)).\
            grid(row=2, column=1, padx=5, pady=5)
        self.entry_lec.bind('<Return>', \
            lambda e: self.entry_sco.focus_set())
        self.entry_sco.bind('<Return>', \
            lambda e: self.savebtn.focus_set())
        self.savebtn.bind('<Return>', self.save)
    def save(self, event):
        self.entry_lec.focus_set()
        self.inputtext.set('')
        self.inputtext1.set('')
        ... ←이 부분에 저장하는 루틴
```

2. 키보드 <Left> , <Right> 이벤트 처리를 위해 수정한 프로그램.

```
    def makeUI(self):
        ...
        self.bind('<Left>', lambda e:self.prev())
        self.bind('<Right>', lambda e:self.next())
```

11.3 메뉴 만들기 - 1

GUI에서 제공하는 응용에서 사용자는 수행할 작업을 위한 메뉴를 선택하며, 이를 통해 다양한 작업들을 진행한다. 모듈 *tkinter*은 메뉴 시스템 구성 및 사용을 위해 메뉴 위젯을 제공하고 있으며, 이를 위해 ***Menu*** 클래스의 객체를 생성하여 사용한다. 그림 11.3은 *tkinter* 모듈에서 제공하는 메뉴 시스템을 나타낸 것이다. 메뉴 시스템의 최상위 메뉴는 메뉴 바(menu bar)이며, ***Tk*** 위젯 영역의 상단에 자리한다. 메뉴 바는 메뉴 또는 메뉴 아이템을 포함한다. 메뉴 아이템(menu item)은 선택했을 때 사전 설정된 함수 또는 메소드를 호출하여 특정 기능을 수행하는 것이다. 메뉴는 그림 11.3의 'File'과 같이 서브 메뉴 또는 메뉴 아이템을 갖는다. 메뉴 시스템에 체크 버튼과 라디오 버튼이 포함될 수 있으며, 기본적 동작 방법은 10.3 절에서 소개한 것과 동일하다. 구분자는 메뉴 또는 메뉴 아이템을 구분하는 기능만을 갖는다.

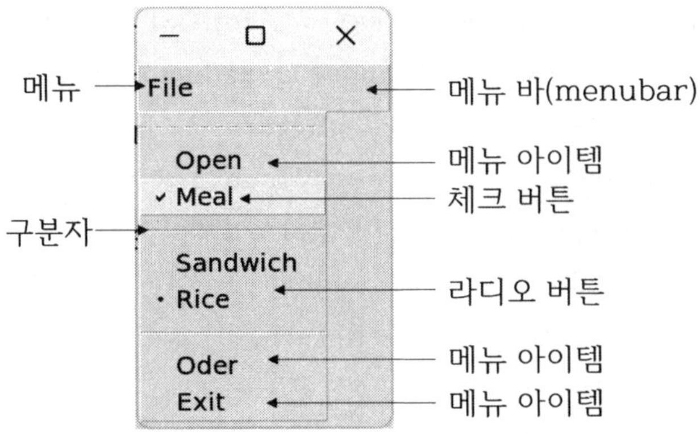

그림 11.3: *tkinter* 모듈의 메뉴 시스템

메뉴 바 또는 메뉴는 메뉴 위젯이며, *tkinter* 모듈의 ***Menu*** 객체를 생성하여 사용한다. 메뉴 바와 메뉴는 둘 다 ***Menu*** 객체이며, 이 객체가 ***Tk***와 같은 최상위 위젯에 포함되면 메뉴 바이며, 다른 메뉴 또는 메뉴 바에 포함되면 메뉴가 된다. 아래는 ***Menu*** 객체를 생성하는 방법을 나타내고 있다. ***Menu*** 객체 생성을 할 때 *owner* 인자로 전달되는 위젯은 이 메뉴를 포함할 상위 위젯이며, 최상위 위젯인 ***Tk*** 객체이거나 상위 메뉴인 ***Menu*** 객체이다. ***Menu*** 객체의 상위 위젯을 설정하였다고 하더라도 이 위젯이 화면에 표시되지 않는다. ***Menu*** 위젯을 화면에 표시하는 방법은 상위 위젯을 이용하여 **configure**() 또는 **add_cascade**() 등의 메소드를 호출하는 것이다. 생성한 메뉴 위젯을 ***Tk*** 위젯의 메뉴 바로 등록하는 것은 메뉴 위젯을 *menu* 인자로 설정하여 *configure*() 메소드를 호출하는 것이다.

---

mn = ***Menu***(*owner*)

사용법: *owner* - 메뉴 객체가 속할 상위 위젯, *Tk* 또는 *Menu* 객체

tk_obj.**configure**(*menu*=mn) - *Tk* 위젯에 메뉴 바 등록

아래는 ***Menu*** 객체를 이용하여 메뉴 시스템을 구성할 때 사용할 메소드를 나타내고 있다. **add_command**() 메소드는 메뉴 위젯에 하위 메뉴 아이템을 추가하는 것으로, 메뉴 아이템을 선택했을 때 *command* 인자로 설정된 함수 또는 메소드가 호출되도록 한다. **add_cascade**() 메소드는 메뉴 위젯에 *menu* 인자로 설정된 하위 메뉴를 추가하는 것으로, 이 하위 메뉴를 선택하면 그 메뉴에 등록된 메뉴 또는 메뉴 아이템이 화면에 표시된다.

---

mn.**add_command**(*label*=string, *command*=fn)

mn.**add_cascade**(*label*=string, *menu*=mn_obj)

사용법: *label* - 메뉴 위젯을 화면에 표시할 문자열

command - 메뉴 아이템을 선택했을 때 호출할 함수 또는 메소드

코드 11.4는 233쪽에 있는 코드 10.13에서 **makeMenu**() 메소드를 추가한 것이며, **__init__**() 메소드에 이 메소드 호출을 위해 **self.mkMenu**()를 추가한다. 코드의 2번 줄은 메뉴 바로 사용할 ***Menu*** 객체를 생성하였다. 이때, 상위 위젯으로 **self** 객체를 사용하였는데, 이 객체는 ***Tk*** 클래스를 상속한 파생 클래스의 객체이므로 ***Tk*** 객체이다. 이 메뉴 위젯을 메뉴 바로 등록하기 위해 6번 줄의 명령문은 **configure**() 메소드를 호출하였다. 코드 3번 줄은 메뉴 바인 *mb*를 상위 위젯으로 하여 메뉴 위젯을 생성한 것으로, 이를 상위 위젯 즉, *mb*에 추가하는 것은 5번 줄의 명령문이다. 코드 6번 줄은 메뉴 위젯에 메뉴 아이템을 추가한 것이며, 이것이 선택되면 **exit**() 함수를 호출하도록 하였다.

코드 11.4: 간단한 메뉴를 표시하는 예

```
1    def mkMenu(self):
2        mb = Menu(self)
3        mfile = Menu(mb)
4        mfile.add_command(label='Quit', command=exit)
5        mb.add_cascade(label='File', menu=mfile)
6        self.configure(menu=mb)
```

11.4 메뉴 만들기 - 2

메뉴 위젯을 이용하여 메뉴 시스템을 구성할 때 메뉴 구분자, 체크 버튼 및 라디어 버튼 등을 사용할 수 있다. 아래는 이를 위해 사용할 수 있는 ***Menu*** 객체의 메소드 사용법을 나타낸 것이다. **add_sperator**()는 메뉴 사이에 구분자를 추가하는 것으로 추가적인 기능을 없다. 메뉴 위젯은 체크 버튼 위젯처럼 선택 또는 해제 상태를 유지하는 메뉴 아이템을 포함할 수 있으며, 이를 위해 **add_checkbutton**() 메소드를 사용한다. 이 메소드 호출에 사용하는 *variable* 인자는 선택 또는 해제 상태를 위한 값을 저장한 ***IntVar*** 객체이다. 또 메뉴 위젯은 여러 메뉴 아이템 중 한 개만 선택할 수 있도록 라디오 버튼 위젯처럼 동작하는 라디오 버튼 메뉴 아이템을 **add_radiobutton**() 메소드를 이용하여 추가할 수 있다. 이 메소드 호출을 위해 사용한 *variable*인자는 선택된 라디오 버튼 메뉴 아이템을 식별할 수 있는 값을 저장한 ***IntVar*** 객체이며, *value* 인자는 해당 라디오 버튼 메뉴 아이템이 선택되었을 때 *variable*인자의 ***IntVar*** 객체에 저장할 정수 값 즉, 식별 값을 설정하는 것이다. 메소드 **index**()는 메뉴 위젯에 등록된 서브 메뉴 또는 메뉴 아이템의 표시 문자열을 이용하여 그것의 인덱스를 반환하며, 이 인덱스를 이용하여 메뉴 또는 메뉴 아이템의 속성을 변경할 수 있다. **entryconfig**() 메소드는 메뉴 또는 메뉴 아이템의 인덱스를 이용하여 그것의 속성을 변경할 수 있다. 변경대상이 되는 속성은 색(*foreground*), 배경색(*background*), 글꼴(*font*), 상태(*state*) 등이 있다.

---

mn.**add_sperator**()

mn.**add_checkbutton**(*label*=string, *variable*=int_var)

mn.**add_radiobutton**(*label*=string, *variable*=int_var, *value*=int_val)

mn.**index**(*menu_label*)

mn.**entryconfig**(*idx*, *attr=value*)

사용법: *label* - 메뉴 위젯을 화면에 표시할 문자열
variable - 체크 버튼 메뉴 아이템의 상태를 위한 *IntVar* 객체
value - 라디오 버튼 메뉴 아이템을 선택시 인자 *variable*에 저장할 값
menu_label - 찾고자 하는 메뉴(또는 메뉴 아이템)의 레이블
idx - 메뉴 또는 메뉴 아이템의 인덱스
attr=value - 변경할 속성 이름과 그 값

코드 11.5는 간단한 메뉴 시스템을 구성한 예이다. 코드의 9번 줄과 18번 줄은 메뉴 바를 위한 ***Menu*** 객체를 생성하고, 이를 상위 위젯인 ***Tk*** 객체에 등록하는 것이다. 코드의 10번과

17번 줄의 명령문은 'File' 메뉴를 위한 객체와 이를 메뉴 바에 등록한다. 이 'File' 메뉴는 'Open', 'Mea', Exit'를 서브 메뉴 또는 메뉴 아이템을 포함하고 있으며, 'Open' 메뉴는 'Flip'을 서브 메뉴 아이템으로 포함하고 있다. 'Flip' 메뉴를 선택할 때 호출되는 **flip**() 메소드는 'Meal' 메뉴의 상태를 'normal', 'disabled'로 번갈아 가면 설정한다.

코드 11.5: 메뉴 시스템 구성의 예

```
1  from tkinter import *
2  class App(Tk):
3      def __init__(self):
4          super().__init__()
5          self.m = IntVar() # 체크 버튼 메뉴의 상태 저장을 위한 객체
6          self.mkMenu()
7          self.flag = True
8      def mkMenu(self):
9          mbar = Menu(self)  #메뉴 바를 위한 메뉴 위젯
10         self.fmenu = Menu(mbar) # 메뉴 바의 서브 메뉴; File
11         exp_menu = Menu(self.fmenu) # File 메뉴의 서브 메뉴
12         exp_menu.add_command(label='Flip', command=self.flip)
13         self.fmenu.add_cascade(label='Open', menu=exp_menu)
14         self.fmenu.add_checkbutton(label='Meal',variable=self.m)
15         self.fmenu.add_separator()  # 메뉴 구분자
16         self.fmenu.add_command(label='Exit', command=exit)
17         mbar.add_cascade(label='File', menu=self.fmenu)
18         self.configure(menu=mbar) # 메뉴 바 등록
19     def flip(self):
20         idx = self.file_menu.index('Meal') # Meal 메뉴의 인덱스
21         self.flag ^= True
22         self.file_menu.entryconfig(idx, \
23                 state='normal' if self.flag else 'disabled')
24 App().mainloop()
```

✓ 연습 과제

1. 아래의 그림과 같은 메뉴 체계를 만드는 프로그램을 작성하라.

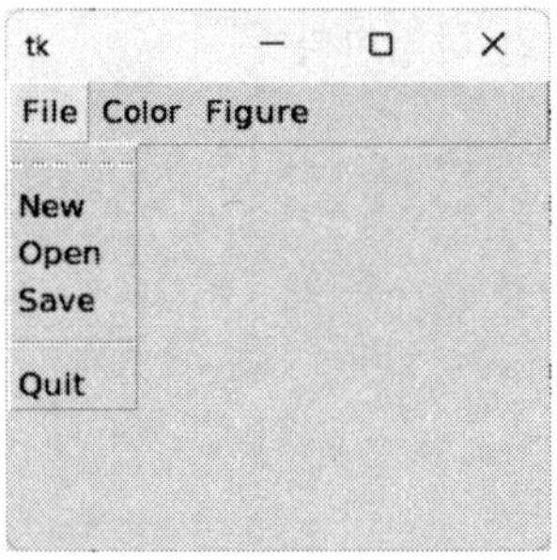

File 메뉴

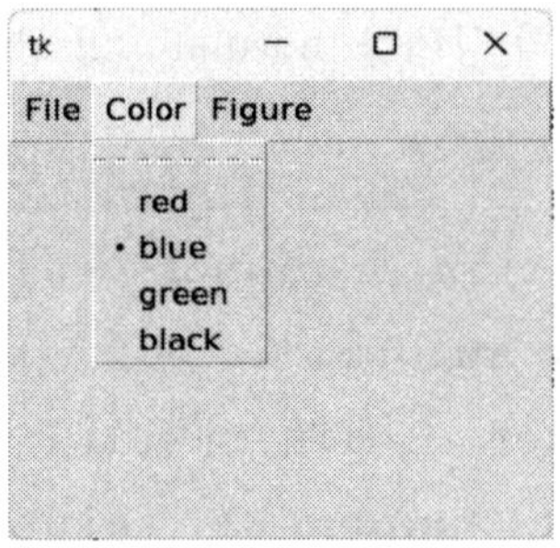

Color 메뉴

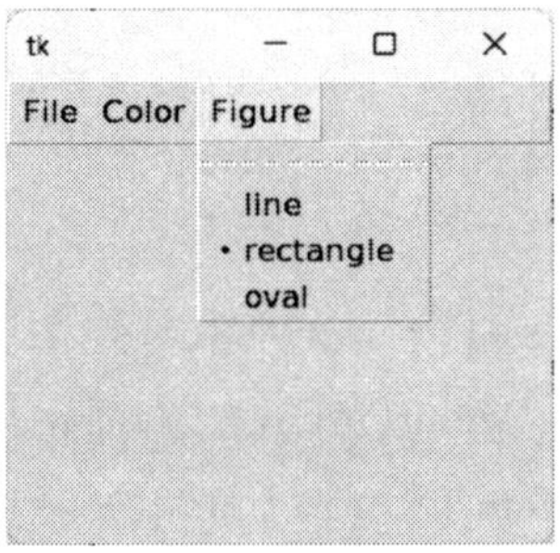

Figure 메뉴

그림판을 위한 메뉴 체계

'File' 메뉴는 네 개의 부메뉴로 되어 있으며, 이 중 'Quit'메뉴는 프로그램을 종료한다. 'Color' 메뉴는 그림판에 도형을 그릴 때 사용할 색을 선택하는 것으로 네 가지 색 중 하나를 선택할 수 있다. 'Figure' 메뉴는 그림판에 그릴 도형을 선택하는 것으로 세 가지 도형 중 하나를 선택할 수 있다.

---

1. 그림판 프로그램을 위한 메뉴 체계를 위한 프로그램(메뉴 정의 부분만 있음).

```
def makeMenu(self):
    mbar = Menu(self)
    fmenu = Menu(mbar)
```

```
pmenu = Menu(mbar)
gmenu = Menu(mbar)
fmenu.add_command(label='New',\
        command=self.new_drawing)
fmenu.add_command(label='Open', \
        command=self.open_drawing)
fmenu.add_command(label='Save', \
        command=self.save_drawing)
fmenu.add_separator()
fmenu.add_command(label='Quit', command=exit)
pmenu.add_radiobutton(label='red', \
    variable=self.color_idx, value=0)
pmenu.add_radiobutton(label='blue', \
    variable=self.color_idx, value=1)
pmenu.add_radiobutton(label='green', \
    variable=self.color_idx, value=2)
pmenu.add_radiobutton(label='black', \
    variable=self.color_idx, value=3)
gmenu.add_radiobutton(label='line', \
    variable=self.figure_idx, value=0)
gmenu.add_radiobutton(label='rectangle', \
    variable=self.figure_idx, value=1)
gmenu.add_radiobutton(label='oval', \
    variable=self.figure_idx, value=2)
mbar.add_cascade(label='File', menu=fmenu)
mbar.add_cascade(label='Color', menu=pmenu)
mbar.add_cascade(label='Figure', menu=gmenu)
self.configure(menu=mbar)
```

11.5 그림 그리기, Canvas

캔버스 위젯은 선, 사각형, 원 등 다양한 도형을 표현할 수 있으며, 이를 위해 *tkinter* 모듈은 ***Canvas*** 클래스를 제공한다. 캔버스 위젯을 이용하여 도형을 그릴 때 필요한 기본적인 정보는 좌표이다. 그림 11.5는 캔버스 위젯의 좌표 체계를 나타내고 있다. 좌표의 원점은 캔버스 위젯 영역의 왼쪽 위 모서리이며, x좌표와 y좌표 값이 각각 0 즉, (0, 0)이다. x좌표 값은 x축의 오른쪽 방향으로 이동함에 따라 증가하며, y좌표 값은 y축의 아래쪽 방향으로 이동함에 따라 증가한다. 따라서, 좌표 (x, y)는 원점 기준 x축의 오른쪽 방향으로 x픽셀, y축의 아래쪽 방향으로 y픽셀 이동한 지점의 좌표이다.

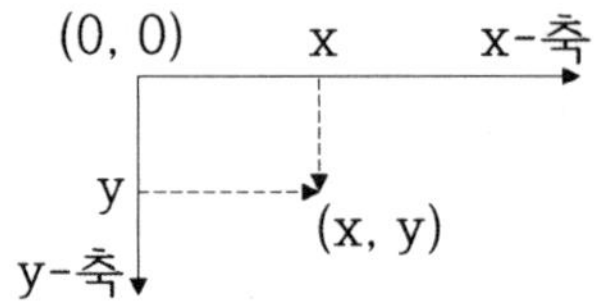

그림 11.5: 캔버스 위젯의 좌표 체계

아래는 캔버스 위젯을 위한 ***Canvas*** 객체를 생성하는 방법이다. 인자 *owner*는 ***Canvas*** 객체를 포함할 상위 위젯이며, *option=value*의 형식으로 다른 인자를 설정할 수 있다. 생성된 ***Canvas*** 객체를 상위 위젯에 배치 및 표시를 위해 **pack**(), **place**(), **grid**() 등의 메소드 호출이 필요하다.

---

canvas = ***Canvas***(*owner*, option=value)

사용법: *owner* - 캔버스 위젯을 포함하는 상위 위젯
bg - 캔버스의 배경색
width, height - 각각 캔버스의 폭과 높이, 픽셀 단위
cursor - 캔버스 위젯 영역의 마우스 포인터 모양, 'pencil', 'circle' 등

코드 11.6은 캔버스 위젯을 생성하고, 그 위에 두 개의 선을 그린 예이다. 코드의 7, 8번 줄은 배경색, 폭과 높이 및 마우스 포인터의 모양을 설정하여 ***Canvas*** 객체를 생성한 것이다. *cursor* 인자로 설정하는 마우스 포인터의 모양은 'pencil', 'circle', 'dot', 'heart', 'watch' 등 다양하게 설정할 수 있다. 코드 10, 12번 줄은 ***Canvas*** 객체를 이용하여 캔버스에 선을 그리기 위해 메소드 **create_line**()을 호출한다. 코드 10번 줄에서 그린 선은 양 끝점의 좌표가 각각 (5, 25), (250, 150)이며, 선의 색이 빨강 색, 그리고 선의 굵기가 5로 설정된 것이다.

코드 11.6: 캔버스 위젯의 생성 및 표시의 예

```
from tkinter import *
class App(Tk):
    def __init__(self):
        super().__init__()
        self.mkUI()
    def mkUI(self):
        self.canvas = Canvas(self, bg='lightgray', \
            width=350, height=250, cursor='dot')
        self.canvas.pack()
        self.canvas.create_line(5, 25, 250, 150, \
            fill='red', width=5)
        self.canvas.create_line(50, 30, 250, 30, \
            fill='blue', width=10)
App().mainloop()
```

다음은 캔버스에 선을 그리는 **create_line**() 메소드 사용법을 나타낸 것이다. 이 메소드에 사용된 인자들 중 *arrow*를 제외한 나머지는 다른 도형을 위한 메소드 호출에도 적용된다. 인자 *tags*는 선을 포함한 각 도형에 식별표를 붙이는 것으로 각 도형은 한 개 이상의 식별표를 가질 수 있다. 이 식별표는 도형의 제거하거나 도형의 속성을 일괄 변경하는 등의 동작을 수행할 때 사용된다.

---

canvas.**create_line**(*x0*, *y0*, *x1*, *y1*, option=value)

사용법: *x0*, *y0*, *x1*, *y1* - 양 끝점 (x0, y0), (x1, y0)의 좌표

fill - 선 또는 도형의 채우기 색

width - 선의 굵기

dash - 점선 그리기 패턴, (n, m, ...)로 표현, 그리는 픽셀 수 n, 그리지 않는 픽셀 수 m 등 번갈아 가며 픽셀 수 설정

tags - 도형(들)을 구분하기 위한 문자열 또는 문자열의 튜플

arrow - 선 끝에 화살표 표시 여부, 'fist', 'last', 'both' 또는, tkinter.FIRST, tkinter.LAST, tkinter.BOTH

✓ 연습 과제

1. 캔버스에 선을 그리는 프로그램을 작성하라. 이때 캔버스의 크기는 폭 500, 높이 400으로 하여라. 단, 아래의 기능을 갖도록 하여라.

   - 최초 마우스 왼쪽 버튼이 눌러진 지점을 선의 시작 지점을 한다.
   - 마우스 왼쪽 버튼을 누른 채로 마우스를 움직이면 그 위치까지 선이 임시로 그려진다.
   - 마우스 왼쪽 버튼을 놓는 순간 선이 완성되며, 두 지점의 좌표를 **print**()를 이용하여 출력한다.
   - 선이 완성되는 순간 양끝 점의 좌표와 색을 리스트 등에 저장하여라.
   - 선의 색은 선이 그려지기 시작할 때 'red', 'blue', 'green', 'blsck' 중 하나를 임의로 선택된다.
   - 선의 굵기는 3으로 한다.

2. 위의 1번에서 만든 프로그램의 ***Canvas*** 아래에 버튼 위젯을 추가하고, 이 버튼이 클릭되면 그린 도형에 대한 정보를 저장하고 있는 리스트(*figures*)내용을 이진 파일에 저장하는 기능을 추가하라.

3. 위의 2번에서 저장한 이진 파일에 있는 내용을 읽어 원래의 도형을 복원하는 프로그램을 작성하라.

---

1. 캔버스에 선을 그리는 프로그램.

```
from tkinter import *
import random
class App(Tk):
    COLORS = ['red', 'blue', 'green', 'black']
    def __init__(self):
        super().__init__()
        self.color_value = 0
        self.org_x = 0
```

```
            self.org_y = 0
            self.figures =[]
            self.makeUI()
        def makeUI(self):
            self.canvas = Canvas(self,width=500,height=400)
            self.canvas.pack()
            self.canvas.bind('<Button-1>',self.begin_drawing)
            self.canvas.bind('<ButtonRelease-1>',self.end_drawing)
            self.canvas.bind('<B1-Motion>',self.drawing)
        def begin_drawing(self,event):
            self.org_x = event.x
            self.org_y = event.y
            self.color_value=App.COLORS[random.randint(0,3)]
        def drawing(self,event):
            self.canvas.delete('tmp')
            self.canvas.create_line(self.org_x,self.org_y,\
                event.x,event.y,width=3,fill=self.color_value,\
                    tag='tmp')
        def end_drawing(self,event):
            self.canvas.create_line(self.org_x, self.org_y,\
                event.x,event.y,width=3,fill=self.color_value )
            self.figures.append([self.org_x, self.org_y, \
                event.x, event.y, self.color_value])
App().mainloop()
```

11.6 Canvas 이용한 도형 - 사각형, 타원, 호, 이미지

캠버스 위젯을 이용하여 사각형, 타원, 호, 문자열 등 다양한 도형을 그릴 수 있으며, 다음은 이러한 도형을 그리기 위한 ***Canvas*** 객체의 메소드는 다음과 같다. 메소드 **create_rectangle**()은 좌표로 설정된 (x0, y0)와 (x1, y1)를 대각의 두 모서리로 하는 사각형을 그리는 것이며, 이 메소드 호출을 위한 *outline* 인자는 외곽선의 색을 설정한다. 메소드 **create_oval**()은 좌표로 설정된 (x0, y0)와 (x1, y1)를 대각의 두 모서리로 하는 가상의 사각형을 내접하는 타원을 그리는 것이다. 타원을 그리는 메소드는 가상의 사각형을 내접하는 것이므로 사각형을 그리는 메소드와 인자가 같다. 메소드 **create_arc**()은 좌표로 설정된 (x0, y0)와 (x1, y1)를 대각의 두 모서리로 하는 가상의 사각형을 내접하는 타원의 *start* 인자로 지정된 각도부터 *extent* 인자로 지정된 각도만큼 호를 그리는 것이다. 호를 그리기 위한 각도는 오른쪽 또는 동쪽 방향을 0° 로 하여 반시계 방향으로 각도를 설정한다. 인자 *style*는 호의 모양을 설정하는 것으로 그림 11.6에 나타낸 것과 같이 세 가지 모양이 있다.

---

canvas.**create_rectangle**(*x0, y0, x1, y1*, option=value)
canvas.**create_oval**(*x0, y0, x1, y1*, option=value)
canvas.**create_arc**(*x0, y0, x1, y1*, *start*=a0, *extent*=a1, *style*=s, option=value)
canvas.**create_text**(*x0, y0*, *text*=string, *anchor*=pos, *font*=font, option=value)

사용법: *outline* - 외곽선의 그리기 색
start, extent - 호를 그리기 시작하는 각도와 그리는 각도
style - 호 그리기 스타일, PIESLICE, CHORD, ARC
text - 출력할 문자열
anchor - 문자열 출력의 좌표 (x, y) 위치. 기본은 문자열의 중심좌표
CENTER, N, S, E, W, NE, NW, SE, SW
font - 출력할 문자열의 폰트 (폰트명, 크기 [, 'bold' |'normal'])

그림 11.6: 호의 모양

메소드 **create_text**()는 문자열을 출력하는 것으로 인자 *text*는 출력할 문자열을 설정

하며, *font*는 출력할 문자열의 글꼴과 크기 및 스타일을 설정하는 것이다. *anchor*는 문자열 출력을 위한 영역 중 어느 위치를 출력 위치 (x0, y0)의 기준으로 할 것인가를 설정하는 것으로 문자열 출력을 위한 영역의 위(북쪽, N), 아래(남쪽, S), 왼쪽(서쪽, W), 오른쪽(동쪽, E) 및 이들 조합 중 한 곳을 지정한다. 예를 들어, *anchor=SW*로 하였다면 문자열 출력 영역의 왼쪽 아래 모서리를 출력 위치 (x0, y0)에 맞춘다.

코드 11.7은 앞의 코드 11.6에서 메소드 **mkUI**()를 변경하고, **change_color**()를 추가한 것이다. 코드 4, 5번 줄은 'target'을 식별표 *tags*로 설정하여 사각형을 그리는 것이다. 코드의 13번 줄은 버튼 위젯을 생성하고, 이 버튼이 클릭되면 **change_color**() 메소드가 호출되도록 설정하였다. 버튼이 클릭되면 호출되는 메소드가 실행하는 15번 줄의 명령문은 도형을 그릴 때 *tags*로 설정한 식별표를 이용하여 도형의 속성을 변경한 예를 나타내고 있다. ***Canvas*** 객체의 **itemconfigure**() 메소드는 지정된 식별표를 가진 모든 도형의 속성을 변경할 수 있으며, 15번 줄은 'target' 식별표를 가진 도형의 외곽선 색상을 'blue'로 변경하고 있다. 이 식별표를 가진 도형은 4번 줄의 사각형이므로 사각형의 외곽선 색상이 'red'에서 'blue'로 변경된다.

코드 11.7: 캔버스 위젯에 각종 도형을 그린 예

```
1      def mkUI(self):
2          self.canvas = Canvas(self, width=650, height=350)
3          self.canvas.pack()
4          self.canvas.create_rectangle(50, 50, 250, 250, \
5              width=5, outline='red', tags='target')
6          self.canvas.create_oval(50, 50, 250, 250, outline='blue')
7          self.canvas.create_arc(100, 100, 200, 200, start=45, \
8              extent=90, outline='blue', style=PIESLICE)
9          self.canvas.create_arc(100, 100, 200, 200, start=180, \
10             extent=90, outline='black',  fill='pink')
11         self.canvas.create_text(250,250,text='Canvas Drawing', \
12             fill='green', font=('Times Roman', 12), anchor=SW)
13         Button(self,text='Chnage',command=self.change_color).pack()
14     def change_color(self):
15         self.canvas.itemconfigure('target',outline='blue')
```

✓ 연습 과제

1. 앞 252쪽의 1번에서 만든 프로그램을 수정하여 선이 아닌 사각형을 그리는 프로그램을 작성하라.

2. 앞 252쪽의 1번에서 만든 프로그램을 수정하여 선이 아닌 타원을 그리는 프로그램을 작성하라.

3. 앞서 11.4절의 연습 과제 1번(248쪽)에서 정의한 메뉴 체계와 선, 사각형, 타원을 그리는 기능을 통합하여 간단한 그림판 프로그램을 작성하라. 단, 도형의 정보를 저장할 때 이제는 세 종류의 도형을 각각 구분해야 하므로 [[type, org_x, org_y, curr_x, curr_y, color], ⋯] 형식으로 리스트에 데이터를 저장하라. 도형의 종류(type)는 다음과 같이 클래스 변수를 이용하여 정의하고, 사용하라.

```
class App(Tk):
    FIG_TYPE_LINE = 0 # 선의 타입 번호
    FIG_TYPE_RECT = 1 # 사각형의 타입 번호
    FIG_TYPE_OVAL = 2 # 타원의 타입 번호

    ...
```

12

배열 연산 : numpy 모듈

12.1 다차원 배열, numpy 모듈

빅데이터 처리, 기계학습 등의 응용 분야는 수치 데이터를 다차원 배열에 저장하고, 이를 처리하고 있다. 배열(array)은 같은 종류의 데이터를 기억장치의 연속된 공간에 저장한 것이며, 저장되어 있는 순서에 따라 인덱스를 이용하여 각 데이터에 접근할 수 있도록 한다. 배열에 저장된 첫 번째 데이터의 인덱스는 0이며, *n*개의 데이터를 저장하고 있는 배열의 인덱스는 *0* 부터 (*n-1*)까지의 범위를 갖는다. 각 응용에서 데이터를 표현하고 저장하는 방법에 따라 배열은 다차원 데이터를 저장할 수 있으며, 이를 다차원 배열(multi-dimensional array)이라고 한다. 다차원 배열은 차원의 수에 해당하는 인덱스들을 이용하여 각 데이터에 접근할 수 있도록 한다. 즉, *n*차원 배열에서 데이터 접근 방법은 차원-*0*, 차원-*1*, ⋯, 차원-*(n-1)* 등 *n* 개의 인덱스를 이용한다. 예를 들어, 그림 12.1에 나타낸 2차원 배열에서는 차원-*0*과 차원-*1*을 위한 인덱스 등 두 개의 인덱스가 데이터에 접근을 위해 사용된다. 그림에서 원으로 표시한 데이터 a_{11}은 차원-*0*과 차원-*1*의 인덱스가 각각 1, 1이다.

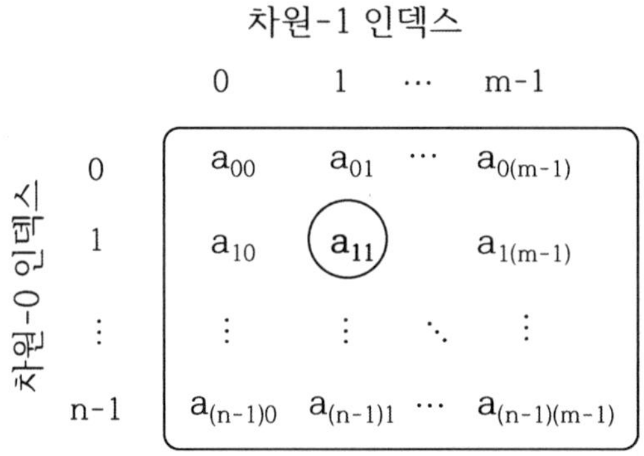

그림 12.1: 2차원 배열의 예

파이썬의 *numpy* 모듈은 데이터를 저장하고 있는 다차원 배열을 대상으로 한 다양한 연산을 간단하게 표현하고, 처리할 수있는 기능을 제공하고 있다[1]. 모듈 *numpy*은 데이터를 저장하고 있는 배열을 ***ndarray*** 객체로 표현하고, 이를 이용하여 다양한 기능을 제공한다. 다음은 배열을 위한 ***ndarray*** 객체를 생성하는 것을 나타낸 것이다. 모듈 *numpy*의 함수 **array**()은 실인자인 리스트, 튜플 또는 **range**()의 값을 저장하는 ***ndarray*** 객체를 반환한다. 파라미터 *dtype*은 배열에 저장된 데이터의 형을 설정하는 것으로 생략하면 데이터는 원래

[1]사용 중인 개발환경에서 이 모듈이 기본 설치되어 있지 않으면 *pip* 명령 등을 이용하여 별도 설치하여야 한다. 설치와 관련된 것은 부록 A.3과 A.4 절을 참고한다.

데이터의 형으로 배열에 저장된다. 배열에 저장할 데이터가 정수와 실수가 혼합되어 있으면 모든 데이터는 실수 형으로 배열에 저장된다.

---

import *numpy* **as** *np*
arr = *np*.**array**(*list* | *tuple* | **range**(*n*,*m*) [, dtype=*type*]))
사용법: *list*, *tuple*,**range**(*n*,*m*) - 배열에 저장할 데이터 시퀀스
dtype - 배열 데이터의 타입. *np.float32*, *np.int32*, *np.float64* 등

코드 12.1은 리스트와 튜플을 이용하여 배열 객체 ***ndarray***를 생성하고, 이를 이용하여 간단한 사칙 연산을 하는 예를 나타낸 것이다. 2번와 3번 줄의 명령문은 각각 리스트와 튜플을 이용하여 배열 객체를 생성하는 것이다. 덧셈 연산의 두 피연사자가 모두 배열인 코드 5번 줄의 명령문은 그림 12.2a에 나타낸 것과 같이 두 배열의 대응하는 데이터의 합을 계산하는 것이다. 반면, 6번 줄의 명령문과 같이 배열과 값을 피연산자로 한 덧셈은 그림 12.2b와 같이 배열의 각 데이터에 값을 피연산자로 하여 연산을 수행한다.

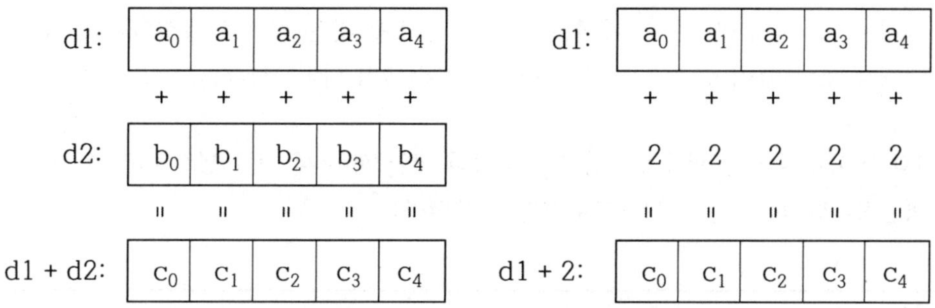

(a) 피 연사자가 모두 배열　　(b) 배열과 값이 피연산자

그림 12.2: 배열에 대한 덧셈

코드 12.1: ***ndarra***y 객체의 생성 및 연산의 예

```
1 import numpy as np
2 d1 = np.array([1, 2, 3, 4, 5])
3 d2 = np.array((3, 1, 4, 5, 2))
4 print(d1, d2)
5 print(d1 + d2) #두 배열의 값을 더함.
6 print(d1 + 2) #배열의 각 원소에 2를 더함
```

✓ 연습 과제

1. 모듈 *random*의 함수 **randint()**와 컴프리헨션을 사용하여 1과 10사이의 정수 난수 세 개를 원소로 갖는 리스트 네 개를 원소로 갖는 리스트를 생성하라. 이때 생성된 리스트는 [[⋯], [⋯], [⋯], [⋯]]의 형태를 갖는다. 이 형태를 리스트를 두 개 만든 후 각각 ***ndarrary*** 객체를 생성하고, 두 배열 객체를 이용항 덧셈, 뺄셈, 곱셈, 나눗셈, 나머지 연산을 수행하고, 그 결과를 확인하라.

2. 모듈 *random*의 함수 **randint()**와 컴프리헨션을 사용하여 1과 10 사이의 정수 난수 세 개를 원소로 갖는 리스트 네 개를 원소로 갖는 리스트와 정수 난수 세 개를 원소로 갖는 리스트를 각각 생성하고, 이를 이용하여 배열 객체를 생성하라. 이렇게 생성된 두 배열 객체를 각각 출력하고, 서로 크기가 다른 두 배열 객체를 이용하여 덧셈을 한 결과를 출력하는 프로그램을 작성하라. 이때 출력된 결과를 확인하여 크기가 다른 두 배열 객체를 대상으로 한 연산 수행 방법을 확인하라. 이 기능을 브로드캐스트(broadcast)라고 한다. 그리고, 두 번째 리스트를 이제는 네 개의 원소를 갖는 것으로 생성하여 동일한 연산을 수행해 보아라(이 연산을 정상적으로 연산 수행이 되지 않는다).

3. 1과 10사이의 정수 난수로 2행 3열 형태의 배열 객체 세 개를 생성하고, 이 배열 객체의 평균을 계산하고 출력하는 프로그램을 작성하라.

---

1. 두 개의 리스트를 이용하여 배열 객체를 생성한 후 사칙 연산을 수행하고 그 결과를 출력하는 프로그램.

```
import numpy as np
import random
lst1=[[random.randint(1,10) for _ in range(3)]\
          for _ in range(4)]
lst2=[[random.randint(1,10) for _ in range(3)]\
          for _ in range(4)]
arr1 = np.array(lst1)
arr2 = np.array(lst2)
```

```
print(arr1 + arr2)
print(arr1 - arr2)
print(arr1 * arr2)
print(arr1 / arr2)
print(arr1 ** 2)
print(arr1 % arr2)
```

2. 크기가 다른 두 배열 객체를 대상으로 한 덧셈을 수행하는 프로그램.

```
import numpy as np
import random
lst1=[[random.randint(1,10)for _ in range(3)]\
        for _ in range(4)]
lst2=[random.randint(1,10) for _ in range(3)]
arr1 = np.array(lst1)
arr2 = np.array(lst2)
print(arr1)
print(arr2)
print(arr1 + arr2)
```

3. 2행 3열의 배열 객체 세 개를 생성하고, 이것의 평균을 출력하는 프로그램.

```
import numpy as np
import random
ar1 =np.array([[random.randint(1,10) for _ in range(3)] \
        for _ in range(2)])
ar2 =np.array([[random.randint(1,10) for _ in range(3)] \
        for _ in range(2)])
ar3 =np.array([[random.randint(1,10) for _ in range(3)] \
        for _ in range(2)])
print((ar1 + ar2 + ar3) / 3)
```

12.2 다차원 배열 생성, zeros, ones, full

배열 객체의 각 원소를 0 또는 1 등 특정 값으로 초기화된 ***ndarray*** 객체 방법은 다음의 *numpy* 모듈의 함수를 이용한다. *numpy* 모듈의 함수 **zeros**(), **ones**()는 배열 원소의 초기값으로 0, 1을 저장한 배열 객체를 생성, 반환하며, 함수 **full**()은 원소의 초기값으로 *fiil_value* 속성에 설정된 값을 저장한 배열 객체를 반환한다. *numpy* 모듈의 함수 **zeros_like**(), **ones_like**(), **full_like**()는 인자로 전달되는 배열 객체 *arr*과 같은 크기를 가지며, 배열 원소가 각각 0, 1 또는 설정된 값으로 초기화된 배열 객체를 생성, 반환한다.

---

import *numpy* as *np*
np.**zeros**(*shape*=(x[, y [, ···]]) [, *dtype*=type])
np.**ones**(*shape*=(x[, y [, ···]]) [, *dtype*=type])
np.**full**(*shape*=(x[, y [, ···]]), *fill_value*=value [, *dtype*=type])

사용법:	*shape* - 각 차원의 크기
	fill_value - 배열 원소의 초기 값
	type - 배열 데이터의 타입, *np.float32*, *np.int32* 등, 기본은 *np.float64*
반환:	배열 원소가 0, 1, 또는 value로 초기화된 *ndarray* 객체

np.**zeros_like**(*arr* [, *dtype*=type])
np.**ones_like**(*arr* [, *dtype*=type])
np.**full_like**(*arr*, *fill_value*=value [, *dtype*=type])

사용법:	*arr* - 생성할 배열의 크기를 위해 참고할 배열
	fill_value - 배열 원소의 초기 값
	type - 배열 데이터의 타입, *np.float32*, *np.int32* 등, 기본은 *np.float64*
반환:	배열 *arr*과 같은 크기를 가지며, 원소가 value로 초기화된 배열 객체

속성 *shape*은 생성할 객체가 저장할 배열의 크기를 설정하는 것으로, 튜플을 이용하여 크기를 설정한다. 배열을 위한 크기의 수 즉, 튜플에 저장된 원소의 수가 차원의 개수가 된다. 예를 들어, 속성 *shape*의 값을 (4, 5, 6)으로 하여 ***ndarray*** 객체를 생성하였다고 가정하자. 이 객체가 저정한 배열의 크기는 세 개의 정수 값 즉, 세 개의 크기를 설정하고 있어 이 배열은 3차원 배열이다. 이 배열을 위한 첫 번째 크기 4는 차원-0의 크기를 설정한 것으로 이 차원을 위한 인덱스의 범위는 0~3이다. 이 배열의 두 번째, 세 번째 크기는 각각 5와 6이며, 이는

표 12.1: 속성 *dtype*의 종류

타입	내용	타입	내용
np.int32	32 비트 정수	np.int64	64 비트 정수
np.float32	32 비트 실수	np.float64	64 비트 실수

차원-1과 차원-2의 크기에 해당된다. 이들 차원을 위한 인덱스의 범위는 각각 0∼4, 0∼5이다. 따라서, 배열에 저장된 원소에 대한 접근은 차원-0, 차원-1, 차원-2 등 각 차원의 인덱스 지정을 통해 할 수 있다. ***ndarray*** 객체 생성시 *shape* 속성의 튜플에 저장된 원소의 수가 n 개라면 생성된 배열은 n차원 배열이며, 배열 원소 접근을 위해 n개의 인덱스가 필요하다.

코드 12.2는 2차원 배열을 저장한 *ndarray* 객체를 생성하고, 이 객체의 배열 원소에 접근하는 예를 나타낸 것이다. 코드의 2번 줄은 *shape* 속성으로 (3, 5)로 설정하여, 차원-0과 차원-1의 인덱스 범위가 각각 0∼2, 0∼4인 2차원 배열 객체를 생성하고 있다. 이 배열에 저장된 원소의 데이터 종류는 32비트 정수인 *np.int32*로 설정하였다. 코드 4번 줄은 차원-0과 차원-1의 인덱스가 각각 1, 2인 배열 원소에 7을 저장하는 것으로, 2차원 배열이므로 배열 원소 접근을 위해 두 개의 인덱스가 필요하다. 다은은 코드 7번 줄의 명령문에서 사용한 *ndarray* 객체의 변수를 나타낸 것이다. 표 12.1은 *dtype*으로 사용할 수 있는 타입을 나타내고 있다.

np.*shape*	- 배열의 각 차원의 크기를 저장한 튜플
np.*ndim*	- 설정된 배열 크기의 수, 차원의 크기
np.*dtype*	- 배열 원소가 저장한 데이터의 종류
np.*size*	- 배열에 저장된 데이터의 총 수

코드 12.2: **zeros**() 함수를 이용한 *ndarray* 객체 생성의 예

```
1   import numpy as np
2   arr0 = np.zeros(shape=(3,5), dtype=np.int32)
3   print(arr0)
4   arr0[1,2] = 7
5   arr0[0,4] = 8
6   print(arr0)
7   print(arr0.shape, arr0.ndim, arr0.dtype, arr0.size)
```

✓ 연습 과제

1. 배열 원소의 값을 모두 0.0으로 채운 2행 5열의 배열 객체를 생성하고, 2행(인덱스는 1)에 있는 다섯 원소 값을 0과 1사이의 실수 난수 값으로 채워 출력하는 프로그램을 작성하라.

2. 배열 원소의 값을 모두 1.0으로 채운 3행 5열의 배열 객체를 생성하고, 3열(인덱스는 2)에 있는 세 원소 값을 0과 1사이의 실수 난수 값으로 채워 출력하는 프로그램을 작성하라.

3. 배열 원소의 값을 모두 0.5로 채운 5행 5열의 배열 객체를 생성하고, 대각 방향의 원소들 값을 0과 1사이의 실수 난수 값으로 채워 출력하는 프로그램을 작성하라.

4. 초기 값이 0.0으로 설정된 10행, 10열 크기의 배열 객체를 생성하고, 배열 임의의 원소에 0과 1사이의 실수값을 저장하는 것을 10회 반복하는 프로그램을 작성하라. 즉, 원소의 인덱스와 실수값을 모두 모듈 *random*이 제공하는 함수를 이용하라.

1. 0.0으로 채워진 2행 5열 크기의 배열 객체의 2행 원소의 값을 모두 난수값으로 설정하는 프로그램.

```python
import numpy as np
import random
arr0 = np.zeros(shape=(2,5), dtype=np.float32)
for i in range(arr0.shape[1]):
    arr0[1,i] = random.random()
print(arr0)
```

2. 1.0으로 채워진 3행 5열 크기의 배열 객체의 3열 원소의 값을 모두 난수값으로 설정하는 프로그램.

```python
import numpy as np
import random
arr0 = np.ones(shape=(3,5), dtype=np.float32)
for i in range(arr0.shape[0]):
    arr0[i,2] = random.random()
print(arr0)
```

3. 모든 원소가 0.5로 설정된 5행 5열 크기의 배열 객체의 대각 방향 원소의 값을 난수값으로 설정하는 프로그램.

```python
import numpy as np
import random
arr = np.full(shape=(5,5), fill_value=0.5)
for i in range(arr.shape[0]):
    arr[i,i] = random.random()
    arr[i,arr.shape[1]- i- 1] = random.random()
print(arr)
```

12.3 동일 간격 데이터의 일차원 배열과 변환, arange, reshape

numpy 모듈은 특정 값을 초기값으로 하는 원소를 저장한 배열뿐만 아니라 설정한 범위 내에서 동일한 간격의 값을 초기값으로 하는 배열 객체도 생성할 수 있다. 다음은 데이터 값 사이의 간격 또는 범위 내 동일한 간격의 데이터 개수를 설정하여 ***ndarray*** 객체를 생성하는 함수를 나타낸 것이다. 함수 **arange()**는 범위의 시작 값인 *start*부터 *step* 값씩 증가시켜 끝 값 *stop*보다 작은 값의 범위까지 데이터를 생성하여 이를 저장한 ***ndarray*** 객체를 생성한다. 즉, 이 함수는 설정된 범위 $start \le n_i < stop$에서 step 간격으로 데이터를 생성한다. 만약, i 번째 생성된 데이터가 n_i라면, 그 다음 데이터 n_{i+1}의 값은 $n_i + step$이 된다. 생성되는 데이터의 수는 데이터의 범위와 증가 값에 따라 달라진다. 함수 **linspace()**는 데이터의 범위를 설정하고, 그 범위 내에서 설정된 데이터 수 *num* 개의 데이터를 생성하고, 이를 저장한 ***ndarray*** 객체를 생성한다. 이들 함수를 이용하여 생성한 ***ndarray*** 객체는 1차원 배열을 저장하고 있다.

---

np.**arange**(*start*, *stop*, *step*)

np.**linspace**(*start*, *stop*, *num*, *endpoint=True*)

사용법:	*start* - 범위의 시작 값
	stop - 범위의 끝 값
	step - 데이터 생성의 증가 값
	num - 생성할 데이터의 수
	endpoint - 데이터 생성시 stop 값의 포함 설정. 기본은 포함.
반환:	*ndarray* 객체

코드 12.3은 앞서 소개한 함수를 이용하여 1 차원 배열을 생성한 예이다. 코드 2번 줄은 범위 $1.5 \le n_i < 4.5$에서 0.5 간격으로 데이터를 생성하고, 이를 저장하는 배열 객체를 생성하는 것이다. 코드 3번 줄은 1부터 시작하여 10보다 작은 수의 범위에서 2씩 증가시켜 데이터를 생성하고, 이를 저장한 배열 객체를 반환한다.

코드 12.3: 동일 간격 데이터를 저장하는 배열 객체 생성의 예

```
1 import numpy as np
2 farr = np.arange(1.5, 4.5, 0.5)
3 iarr = np.arange(1, 10, 2)
4 print(farr, iarr)
```

```
print(farr.size, iarr.size, farr.shape, iarr.shape)
arr = np.linspace(1.5, 4.5, 10)
print(arr, arr.size, arr.shape)
```

배열 객체를 이용하여 *ndarray* 객체를 생성하는 방법은 기존 객체가 저장한 배열의 차원(크기) 또는 데이터 종류를 다른 것으로 변환하는 것이다. 다음은 차원 또는 데이터 형을 변환하여 새로운 배열 객체를 생성하는 방법을 나타낸 것이다. 메소드 **reshape**()은 배열의 크기를 변환하는 것으로 배열의 차원이 $arr.ndim \neq new_arr.ndim$이거나, 각 차원의 크기가 달라질 수 있다. 배열의 차원을 변경하여 배열 객체를 생성하는 **reshape**() 메소드 사용에서 고려할 점은 기존 배열 객체와 새롭게 생성되는 배열 객체가 저장한 데이터 수가 같아야 한다는 것이다. 또, 이 두 메소드 호출은 기존 배열 객체의 크기 또는 데이터 형을 변환하는 것이 아니며, 크기 또는 데이터 형을 변환한 새로운 배열 객체를 생성, 반환한다.

new_arr = *arr*.**reshape**(*shape*)
new_arr = *arr*.**astype**(*type*)

사용법:	*shape* - 변환할 배열 형태, $(n_0, n_1, \cdots)$ 또는 n_0, n_1, $\cdots$
	type - 데이터 형
반환:	변현된 *ndarray* 객체

코드 12.4는 차원과 데이터 종류를 변환하여 새로운 배역 객체를 생성한 예이다. 코드 2번 줄의 12개의 64비트 실수를 갖는 1차원 배열을 생성하고, 2번 줄은 이 배열을 이용하여 (3, 4)의 형태를 가지며, 32비트 정수를 저장하는 ***ndarray*** 객체를 생성하였다. 코드 4번 줄은 (3, 4) 형태의 2차원 배열을 (2, 6) 형태로 변환하여 객체를 생성하고 있다.

코드 12.4: 배열 객체 변환의 예

```
1 import numpy as np
2 arr_org = np.linspace(1, 12, 12)
3 arr_cvt = arr_org.reshape((3,4)).astype(np.int32)
4 arr_cvt2 = arr_cvt.reshape((2, 6))
5 print(arr_cvt)
6 print(arr_cvt2)
7 print(arr_cvt.shape, arr_cvt2.shape)
```

✓ 연습 과제

1. 0.0과 1.0 사이에 동일한 간격으로 15개의 데이터를 저장하는 배열 객체를 생성하고, 이 배열의 *shape*, *ndim*을 출력하는 프로그램을 작성하라. 이 프로그램은 생성한 배열의 데이터를 이용하여 3행 5열 크기의 배열을 생성하고, 이 배열의 *shape*, *ndim*도 출력한다. 배열의 *shape*, *dim*은 변경이 되었지만 데이터 수는 변함이 없음을 보여라.

2. 0.0과 5.0 사이에 동일 간격의 12개의 데이터를 원소로 갖는 배열 객체를 생성하고, 이를 이용하여 3행 4열 크기의 배열을 생성하라. 그리고, 각 행의 데이터를 대상으로 평균을 계산하여 배열의 크기가 (3,)인 배열에 저장하는 프로그램을 작성하라.

   ○ 평균을 크기가 (3,)인 배열에 저장하는 이유를 생각해 보라.

3. 0.0과 5.0 사이에 동일 간격의 12개의 데이터를 원소로 갖는 배열 객체를 생성하고, 이를 이용하여 3행 4열 크기의 배열을 생성하라. 그리고, 각 열의 데이터를 대상으로 평균을 계산하여 배열의 크기가 (4,)인 배열에 저장하는 프로그램을 작성하라.

   ○ 평균을 크기가 (4,)인 배열에 저장하는 이유를 생각해 보라.

4. 0.0과 5.0 사이에 동일 간격의 12개의 데이터를 원소로 갖는 배열 객체를 생성하고, 이를 이용하여 3행 4열 크기의 배열과 4행 3열 크기의 배열을 각각 생성하라. 그리고, 두 배열을 이용하여 내적(inner product)를 계산하는 프로그램을 작성하라. 계산된 내적은 shape이 (3, 3)이 배열이다.

---

1. 0.0과 1.0 사이에서 동일한 간격으로 데이서를 생성한 후 배열의 크기를 변경하여 배열을 생성하는 프로그램.

```
import numpy as np
arr0 = np.linspace(0.0, 1.0, 15)
print(arr0)
print(f'shape={arr0.shape},␣ndim={arr0.ndim}')
arr1 = arr0.reshape((3,5))
```

```
print(arr1)
print(f'shape={arr1.shape},␣ndim={arr1.ndim}')
print(f'size={arr0.size},␣{arr1.size}')
```

2. 3행 4열의 크기를 갖는 배열 객체에서 행 데이터의 평균을 계산하는 프로그램.

```
import numpy as np
arr_org = np.linspace(0.0, 5.0, 12)
arr = arr_org.reshape((3,4))
arr_avg = np.zeros(shape=(arr.shape[0] ,))
for idx0 in range(arr.shape[0]):
    total = 0
    for idx1 in range(arr.shape[1]):
        total += arr[idx0, idx1]
    arr_avg[idx0] = total / arr.shape[1]
print(arr)
print(arr_avg)
```

3. 3행 4열의 크기를 갖는 배열 객체에서 열 데이터의 평균을 계산하는 프로그램.

```
import numpy as np
arr_org = np.linspace(0.0, 5.0, 12)
arr = arr_org.reshape((3,4))
arr_avg = np.zeros(shape=(arr.shape[1] ,))
for idx1 in range(arr.shape[1]):
    total = 0
    for idx0 in range(arr.shape[0]):
        total += arr[idx0, idx1]
        arr_avg[idx1] = total / arr.shape[0]
print(arr)
print(arr_avg)
```

12.4 난수를 이용한 배열 객체 생성과 배열을 이용한 연산

numpy 모듈은 특정 확률 분포를 따르거나 난수를 생성하여 원소의 초기값으로 설정한 배열 객체를 생성하는 함수를 제공하고 있다. 다음은 이와 관련된 함수를 나타내고 있다. 함수 *random*.**normal**()은 평균이 *loc*, 표준 편차가 *scale*인 정규 분포를 따르는 값으로 배열 객체를 생성하며, 그 크기 또는 형태는 *size* 인자에 따른다. *size*의 실인자가 단일 값이면 이 함수는 1차원 배열 객체를 반환한다. 튜플이 실인자로서 *size*에 전달되면 이 함수는 튜플의 원소가 설정한 각 차원의 크기에 따라 생성한 다차원 배열 객체를 반환한다. 함수 *random*.**random**()은 0과 1 사이의 실수 난수를 생성하여 저장한 배열 객체를 반환한다. 이때, 난수 생성의 범위는 0을 포함하고, 1을 포함하지 않는 수까지이며, [0, 1)로 표현할 수 있다. 함수 *random*.**randint**()는 정수 난수를 생성하는 것으로 난수 생성을 위한 범위는 [*low*, *high*)로 표현할 수 있고, 이는 *high* 값은 난수 생성 범위에 포함되지 않음을 의미한다. 코드 12.5는 난수를 이용하여 배열 객체를 생성한 예를 나타낸 것이다.

---

np.random.**normal**(loc, scale, size)
np.random.**random**(size)
np.random.**randint**(low, high, size)

사용법:	*loc* - 정규분포의 평균
	scale - 표준편차
	size - 생성할 배열 객체의 크기 또는 튜플로 설정된 형태(shape)
	low - 생성할 정수 난수의 하한 값
	high - 생성할 정수 난수의 상한 값
반환:	***ndarray*** 객체

코드 12.5: 난수를 이용한 배열 객체 생성의 예

```
import numpy as np
narr = np.random.normal(0, 1, 12)
narr = narr.reshape((3,4))
farr = np.random.random((2,4))
iarr = np.random.randint(0, 10, (2,3))
print(narr)
```

```
print(farr)
print(iarr)
```

다양한 방법으로 생성된 ***ndarray*** 객체를 이용하여 표 12.2에 나타낸 사칙 연산 등 기본적인 연산을 수행할 수 있다. 덧셈, 뺄셈 등 두 개의 피연산자가 필요한 연산은 기본적으로 두 피연산자의 형태가 동일해야 하며, 두 배열 객체의 대응하는 원소를 대상으로 한다. 단, 내적 계산을 위한 함수 **dot**()는 두 피연산자가 표에 설명한 것과 같은 형태를 가져야 한다. 코드 12.6은 생성한 배열 객체를 이용한 연산 수행의 예를 나타낸 것이다. 6번 줄의 **transpose**() 메소드는 전치 행렬을 반환하며, 이를 이용하여 내적을 계산한다.

표 12.2: 배열 객체를 대상으로 한 연산

연산	연산자/함수	예	설명(피연산자가 2 차원 배열이라고 가정)
덧셈	+	A + B	$a_{i,j} + b_{i,j}$ 단, $a_{i,j}, b_{i,j}$는 각각 A와 B의 원소
뺄셈	-	A - B	$a_{i,j} - b_{i,j}$
곱셈	*	A * B	$a_{i,j} \times b_{i,j}$ 또는, *np*.**muliply**(A, B)
나눗셈	/	A / B	$a_{i,j} \div b_{i,j}$ 또는, *np*.**divide**(A, B)
제곱근	*np*.**sqrt**()	*np*.**sqrt**(A)	$\sqrt{a_{i,j}}$
sin()	*np*.**sin**()	*np*.**sin**(A)	$\sin(a_{i,j})$ 단, $a_{i,j}$ 은 라디안 값
sin()	*np*.**cos**()	*np*.**cos**(A)	$\cos(a_{i,j})$ 단, $a_{i,j}$ 은 라디안 값
sin()	*np*.**tan**()	*np*.**tan**(A)	$\tan(a_{i,j})$ 단, $a_{i,j}$ 은 라디안 값
내적	*np*.**dot**()	*np*.**dot**(A, B)	단, A의 shape이 (n,m)이라면 B는 (m, n)

코드 12.6: 배열 객체를 이용한 연산

```
1 import numpy as np
2 arr1 = np.arange(1, 7).reshape((2,3))
3 arr2 = np.random.randint(1,10, (2,3))
4 print(arr1 + arr2)                    # 덧셈 연산 수행
5 print(np.sqrt(arr1))                  # 각 원소의 제곱근 계산
6 arr2_t = arr2.transpose()             # arr2의 전치 행렬을 구함.
7 print(np.dot(arr1, arr2_t))           # 내적(inner product)를 계산
```

✓ 연습 과제

1. 0.0부터 360.0까지 범위에서 동일 간격의 720개 데이터를 원소로 갖는 배열 객체를 생성하고, 이 데이터를 이용하여 라디안 각도로 변환 후 삼각함수 사인과 코사인 값을 계산하는 프로그램을 작성하라. $n°$를 라디안으로 변환하는 식은 아래와 같다.

$$rad = \frac{n}{180} \times pi \tag{12.1}$$

2. *numpy.random.***random**()을 이용하여 크기가 (3, 4)인 배열 객체를 만들고, 행 데이터의 평균, 열 데이터의 평균 및 전체 데이터의 평균을 계산하는 프로그램을 작성하라.

3. 0.0과 5.0사이에 동일 간격의 12개의 데이터를 원소로 갖는 배열 객체를 생성하고, 이를 이용하여 3행 4열 크기의 배열과 4행 3열 크기의 배열을 각각 생성하라. 그리고, 두 배열을 이용한 내적(inner product) 계산은 **dot**() 함수를 이용하여 결과를 출력하는 프로그램을 작성하라. 계산된 내적은 *shape*이 (3, 3)이 배열이다.

---

1. 삼각함수 사인과 코사인 값을 계산하는 프로그램.

```
import numpy as np
import math
arr = np.linspace(0.0, 360.0, 720)
arr_sin = np.sin(arr / 180 * math.pi)
arr_cos = np.cos(arr / 180 * math.pi)
```

2. 크기가 (3, 4)인 배열의 행 데이터 평균, 열 데이터 평균 및 전체 평균을 계산하고 출력하는 프로그램.

```
import numpy as np
arr = np.random.random(size=(3,4))
avg_idx0 = np.zeros((arr.shape[1],),dtype=np.float32)
avg_idx1 = np.zeros((arr.shape[0],),dtype=np.float32)
avg_all = np.zeros((1,), dtype=np.float32)
print(arr)
# 각 열의 평균
for idx1 in range(arr.shape[1]):
    total = 0
    for idx0 in range(arr.shape[0]):
        total += arr[idx0, idx1]
        avg_idx0[idx1] = total / arr.shape[0]
print(avg_idx0)
...
```

3. 크기가 (3, 4), (4, 3)인 두 배열의 내적을 계산하고 출력하는 프로그램.

```
import numpy as np
arr= np.linspace(0.0, 5.0, 12)
arr1 = arr.reshape((3,4))
arr2 = arr.reshape((4,3))
arr_ip = np.dot(arr1, arr2)
print(arr_ip.shape)
print(arr_ip)
```

12.5 배열 객체에서 최대, 최소, 평균, 표준편차 구하기

많은 응용은 배열에 저장된 데이터를 대상으로 최대값, 최소값, 평균 또는 표준편차 등을 계산하고, 이를 이용한다. *numpy* 모듈은 배열 객체에 저장된 데이터에서 이러한 값을 구하는 함수를 제공하고 있다. 예를 들어, *numpy* 모듈이 최대값을 찾는 함수를 제공한다고 가정하자. 이때, n개의 데이터를 저장한 1차원 배열이라면 n개의 데이터 중 최대값을 찾으면 된다. 하지만, 배열이 (n, m)의 형태를 갖는 2차원이라면 전체 데이터, 행 데이터, 열 데이터 등 최대값을 찾기 위한 데이터의 대상에 따라 그 결과는 달라진다. 이를 위해, *numpy* 모듈은 축(axis)의 개념을 사용하고 있다.

축이 0인 연산은 차원-0를 따라 정해진 데이터를 대상으로 수행된다. 이것의 의미는 차원-1의 인덱스가 j일 때 연산의 대상이 되는 원소의 인덱스가 (0, j), (1, j), $\cdots$와 같이 된다는 것이다. 축이 1인 연산은 차원-0의 인덱스를 고정시키고, 차원-1를 따라 정해진 데이터를 대상으로 수행된다. 즉, 축으로 지정되지 않은 차원의 인덱스를 고정시켜 놓은 후, 축으로 지정된 차원의 인덱스 범위에 따라 지정된 원소들이 연산 수행의 대상이 된다. 따라서, n차원의 배열를 이용하여 축을 지정한 연산을 수행한 결과는 (*n-1*)차원 배열이 된다. 예를 들어, 크기가 (n, m)인 배열의 인덱스가 i, j인 원소를 $a_{i,j}$라고 하고, 2차원 배열에서 축이 0일 때 최대 값을 찾는 것은 $max(j) = \max_{0 \leq i \leq (n-1)} a_{ij}$와 같이 표현할 수 있다. 같은 방법으로 축이 1일 때 최대 값을 찾는 것은 $max(i) = \max_{0 \leq j \leq (m-1)} a_{ij}$와 같이 표현할 수 있다.

다음은 축의 개념을 이용하여 다차원 배열의 최대, 최소, 평균 및 표준 편차를 찾는 메소드를 나타내고 있다. *ndarray* 객체의 메소드 **min**(), **max**()는 이 객체가 저장한 배열 원소의 최소 값과 최대 값을 반환하며, **argmin**(), **argmax**()는 이 객체가 저장한 배열 원소의 최소 값과 최대 값을 저장하고 있는 인덱스를 반환한다. 또, **mean**()과 **std**()는 각각 배열 원소의 평균과 표준 편차를 계산하여 반환한다. 배열에서 연산의 대상이 될 데이터 결정을 위한 축을 명시하지 않고 이들 메소드를 호출하는 것은 배열에 저장된 전체 데이터를 대상으로 각 연산을 수행하고, 그 결과인 한 개의 값을 반환한다.

---

arr.**min**([*axis*=n]), *arr*.**max**([*axis*=n])
arr.**argmin**([*axis*=n]), *arr*.**argmax**([*axis*=n])
arr.**mean**([*axis*=n]), *arr*.**std**([*axis*=n])

사용법: *axis* - 연산에 사용할 축 번호, 생략하면 전체 데이터가 대상
반환: 각 메소드의 연산 수행 결과 값 또는 리스트

코드 12.7은 축 *axis* 설정을 통해 배열의 최대 및 평균 값을 구하는 예이다. 연산에 사용할 배열은 코드의 2번 줄에서 생성한 (3, 5) 형태를 갖는 2차원 배열이다. 최대 값을 찾는 4번 줄에서 *axis* 인자를 지정하지 않은 메소드 **max**() 호출은 배열 전체 데이터를 대상으로 최대 값을 찾는 것이므로 출력은 한 개의 값이 된다. 반면, *axis* 인자를 지정한 **max**(*axis*=0), **max**(*axis*=1)은 차원-0과 차원-1을 축으로 하여 최대 값을 찾으므로, 출력은 각각 5개와 3개의 원소를 갖는 배열 객체이다. 그림 12.3은 axis=0과 axis=1일 때 최대 값을 찾는 방법을 나타낸 것이며, 난수를 이용하여 배열 객체를 생성하였으므로 실행할 때 마다 각 원소의 값은 달라진다. 인자 *axis*을 0으로 설정한 것을 표현한 그림 12.3a는 차원-0의 인덱스가 0인 가장 왼쪽 열의 데이터 중에서 최대 값을 찾고, 인덱스가 1인 그 다음 열의 데이터 중에서 최대 값을 찾는다. 인자 *axis*을 1으로 설정한 그림 12.3b는 차원-1의 인덱스가 0인 가장 위 행의 데이터 중에서 최대 값을 찾고, 인덱스가 1인 그 다음 행의 데이터 중에서 최대 값을 찾는다. 코드의 5, 6번 줄은 각각 최대값을 갖는 인덱스와 평균을 계산하여 출력하는 것으로, *axis* 인자를 생략한 연산은 전체 데이터를 대상한다. *axis*를 지정한 연산은 앞서 소개한 방법과 같이 축의 차원에 따라 연산의 대상 데이터가 결정된다.

코드 12.7: *axis*를 이용한 배열 데이터의 최대 값 및 평균값 구하는 예

```
1 import numpy as np
2 arr = np.random.randint(0, 20,(3,5))
3 print(arr)
4 print(arr.max(), arr.max(axis=0), arr.max(axis=1))
5 print(arr.argmax(), arr.argmax(axis=0), arr.argmax(axis=1))
6 print(arr.mean(), arr.mean(axis=0), arr.mean(axis=1))
```

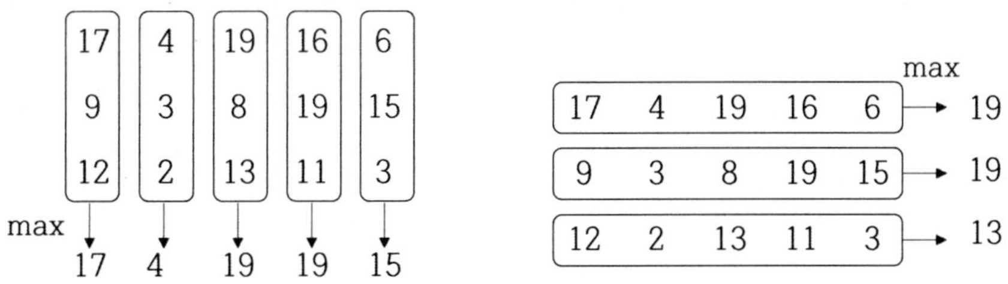

(a) axis=0인 경우

(b) axis=1인 경우

그림 12.3: *axis* 설정에 따른 **max**()의 동작 개념

✓ 연습 과제

1. 12.3절의 연습 과제 2번(268쪽)은 차원-1을 축으로 하여 평균을 계산한 것이다. *numpy* 가 제공하는 **mean**() 함수를 이용하여 차원-1을 축으로 평균을 계산하되 12.3절의 연습 과제 2번에서 출력한 결과와 비교하라.

2. 12.3절의 연습 과제 3번(268쪽)은 차원-0을 축으로 하여 평균을 계산한 것이다. *numpy* 가 제공하는 **mean**() 함수를 이용하여 차원-0을 축으로 평균을 계산하되 12.3절의 연습 과제 3번에서 출력한 결과와 비교하라.

---

1. **mean**() 함수를 이용하여 차원-1을 축으로 평균을 계산하는 프로그램.

```
import numpy as np
arr_org = np.linspace(0.0, 5.0, 12)
arr = arr_org.reshape((3,4))
print(np.mean(arr, axis=1))
```

2. **mean**() 함수를 이용하여 차원-0을 축으로 평균을 계산하는 프로그램.

```
import numpy as np
arr_org = np.linspace(0.0, 5.0, 12)
arr = arr_org.reshape((3,4))
print(np.mean(arr, axis=0))
```

13

데이터 시각화 : matplotlib

13.1 *matplotlib*를 이용한 그래프 그리기

데이터를 표현하는 방법은 문자, 수 등을 이용한 방법이 있지만 그래프 등을 이용한 시각화는 데이터를 직관적으로 표현할 수 있는 대표적 방법이다. 파이썬의 *matplotlib* 모듈은 데이터 시각화를 위한 다양한 기능을 제공한다. 그림 13.1은 *matplotlib* 모듈을 이용하여 데이터를 시각화한 그래프의 구성 요소를 나타내고 있으며, 각 구성요소의 속성 값 설정에 따라 적절한 형태로 표현된다. 그래프 제목은 그래프가 표현하고자 하는 정보를 위한 제목이며, x축 및 y축 제목은 각 축이 표현하는 데이터의 종류를 나타내는 문자열이며, x축과 y축 눈금은 각 축에서 표현하는 데이터의 범위와 눈금의 간격을 표현하고 있다. 범례라고도 하는 일러두기는 그래프가 시각화하는 각 데이터를 표현하는 문자열이다.

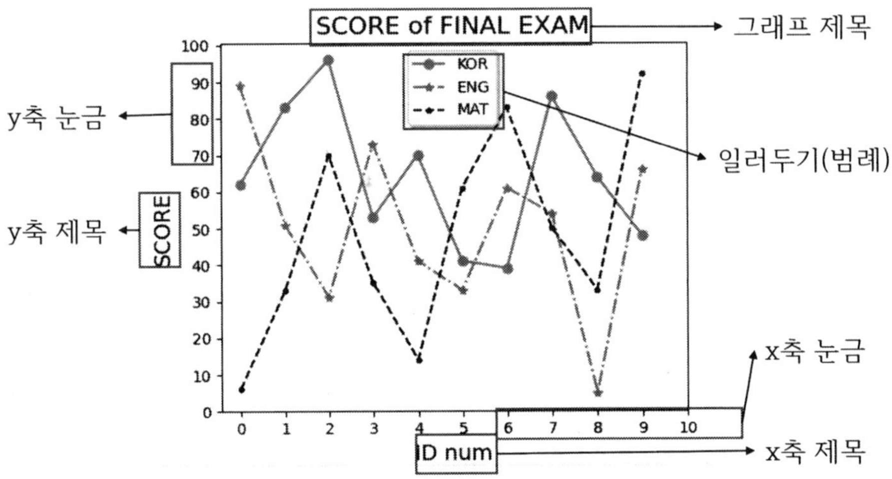

그림 13.1: *matplotlib* 그래프 구성 요소

*matplotlib*는 파이썬이 기본 제공하는 패키지가 아니므로 설치가 되어야 한다[1]. 데이터 시각화를 위해 이 절에서 사용할 모듈은 이 패키지에 포함되어 있는 *pyplot* 모듈이다. 이 모듈을 이용하여 그래프를 표시하는 단계는 아래와 같다.

1. 시각화 대상 데이터 준비
2. 그래프를 위한 속성 설정
3. 데이터를 이용한 그래프 작성
4. 그래프 표시

[1]matplotlib 패키지 설치 방법은 부록 A.5절을 참고한다.

데이터를 이용하여 그래프 작성은 *matplotlib* 패키지의 *pyplot* 모듈에 정의되어 있는 **plot**() 함수를 이용한다. 그래프에 표현하려는 데이터 종류가 여러 개라면 각 데이터 종류마다 이 함수를 호출하여 그래프를 작성한다. 이 함수 호출로 작성된 그래프가 화면에 나타나지 않으며, 작성된 그래프는 *matplotlib* 패키지의 *pyplot* 모듈에 정의되어 있는 **show**() 함수 호출로 화면에 표시된다. 아래는 **plot**()와 **show**() 함수 사용법을 나타낸 것이다. **import** 문은 프로그램의 이름 공간을 패키지 *matplotlib*의 *pyplot* 모듈까지 확장하는 것으로 이 이름을 *plt*로 사용하겠다는 의미이다. 식별자 *plt*는 *matplotlib.pyplot* 모듈을 위한 것이므로 임의의 식별자를 사용해도 되지만, 이 식별자를 사용하는 것이 일반적이다. 그래프를 작성하기 위해서는 x 축의 값과 그 값에 대응하는 y축 값이 필요하며, 함수 **plot**()의 인자 *x-axis-value*와 *y-axis-value*는 이 값을 설정하는 것이다. 인자 *x-axis-value*를 생략하면 x축의 값은 0부터 순서대로 설정이 된다. 코드 13.1은 난수로 생성한 두 개의 y축 값을 그래프로 시각화한 것이다. 코드 3, 4번 줄은 난수를 이용하여 y축을 위한 데이터를 생성한 것이며, 5번과 6번 줄은 이를 위한 그래프를 생성한 것이다. 그래프 생성에 x축의 값이 인자로 전달되지 않았으므로 x 축의 값은 0부터 9까지 기본 설정된다.

---

import matplotlib.pyplot **as** *plt*

plt.**plot**([*x-axis-value*,] *y-axis-value*[, *style*])

사용법: *x-axis-value* - x-축 값의 리스트, 튜플, numpy의 ndarray 객체
y-axis-value - y-축 값의 리스트, 튜플, *numpy*의 *ndarray* 객체
style - 그래프를 표시할 CML(color, marker, line) 스타일

plt.**show**()

코드 13.1: 간단한 그래프 그리기

```
1 import matplotlib.pyplot as plt
2 import random
3 y1_value = [random.random() for _ in range(10)]
4 y2_value = [random.random() for _ in range(10)]
5 plt.plot(y1_value)
6 plt.plot(y2_value)
7 plt.show()
```

✓ 연습 과제

1. 앞 12.4절의 연습 과제 1번(272쪽)은 360도를 0.5도 단위로 720개의 데이터를 생성하고, 각각 삼각함수 **sin**(), **cos**()를 이용하여 배열을 생성하였다. 이 데이터를 이용하여 그래프를 생성하는 프로그램을 작성하라.

2. 앞 9.4절의 연습 과제 1번(204쪽)에서 저장한 파일에서 정수를 읽어 그래프를 생성하는 프로그램을 작성하라.

3. 9.5절의 연습 과제 1번(208쪽)에서 생성한 ***LectureScore*** 객체에 저장된 교과목 'korean', 'eng'의 성적을 이용하여 그래프를 생성하는 프로그램을 작성하라. 단, 성적의 변화를 주기 위해 'korean' 과목의 성적을 90, 75, 88점으로 하고, 'eng' 과목의 성적을 80, 91, 65로 하여 프로그램을 작성하라.

---

1. *numpy*의 배열 객체가 저장하고 있는 사인, 코사인값을 이용하여 그래프를 생성하는 프로그램.

```
import numpy as np
import math
import matplotlib.pyplot as plt
arr = np.linspace(0.0, 360.0, 720)
arr_sin = np.sin(arr / 180 * math.pi)
arr_cos = np.cos(arr / 180 * math.pi)
plt.plot(arr_sin)
plt.plot(arr_cos)
plt.show()
```

2. 이진 파일에서 데이터를 읽어 와 그래프를 생성하는 프로그램.

```
import struct
import matplotlib.pyplot as plt
```

```
data = []
fd = open('int40.dat', 'rb')
while True:
    raw_data = fd.read(4)
    if len(raw_data) != 4:
        break
    data.append(struct.unpack('>i', raw_data)[0])
fd.close()
plt.plot(data)
plt.show()
```

3. ***LectureScore*** 객체가 저장하고 있는 성적을 이용하여 그래프를 작성하는 프로그램.

```
from utility.lecture import LectureScore
import matplotlib.pyplot as plt
mylecture =LectureScore()
mylecture.add_lecture('korean')
mylecture.add_lecture('eng')
mylecture.add_lecture_score('korean', 90)
        ...
mylecture.add_lecture_score('eng', 65)
soc_korean = mylecture.get_lecture_scores('korean')
soc_eng = mylecture.get_lecture_scores('eng')
plt.plot(soc_korean)
plt.plot(soc_eng)
plt.show()
```

13.2 그래프의 x축과 y축 값 및 스타일 설정

그래프의 x축, y축 값을 설정하는 **plot**() 함수의 *x-axis-value*와 *y-axis-value* 인자는 1차원 또는 2차원 리스트, 튜플 또는 *ndarray* 배열이 될 수 있다[2]. 2차원의 y축 데이터는 차원-0의 인덱스 값을 x축 데이터로 하여, 차원-1의 크기에 해당하는 수의 그래프를 작성할 수 있다. 그림 13.2는 인자 *y-axis-value*로 전달되는 값이 크기가 (*n*, *m*)인 2차원 배열인 경우를 나타낸 것이다. 이 배열의 차원-0의 인덱스 값의 범위 $0 \sim (n-1)$가 x축의 기본 값으로 사용되며, 차원-1의 인덱스 각각이 한 그래프를 위한 y축 값으로 사용된다. 즉, 차원-1의 인덱스가 0인 *n*개의 데이터 $a_{00}, a_{10}, \cdots, a_{(n-1)0}$가 0번 그래프를 위한 y축 데이터가 되고, 차원-1의 인덱스가 (*m-1*)인 *n*개의 데이터 $a_{0(m-1)}, a_{1(m-1)}, \cdots, a_{(n-1)(m-1)}$가 (*m-1*)번 그래프를 위한 y축 데이터가 된다. 따라서, 크기가 (*n*, *m*)인 2차원 배열이 인자 *y-axis-value* 설정된 것은 *n*개의 값으로 구성된 *m*개의 그래프를 포함하고 있다.

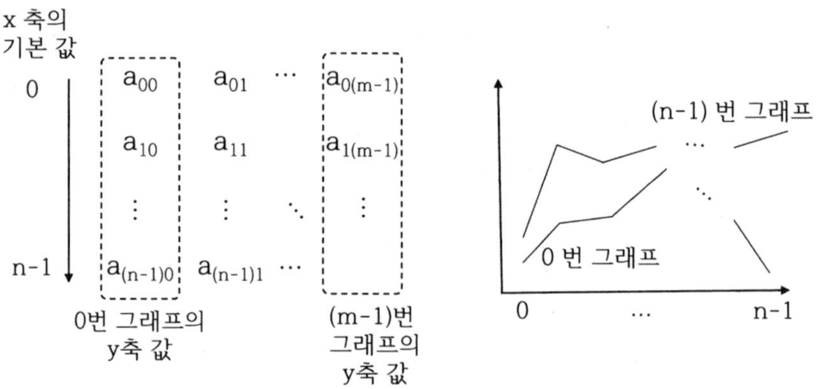

그림 13.2: y축 값이 2차원 배열인 경우

x축 값을 위한 *x-axis-value* 인자도 1차원 또는 2차원 리스트, 튜플 또는 ***ndarray*** 배열이 될 수 있다. x축 값과 y축 값을 위한 *x-axis-value*, *y-axis-value* 인자가 모두 크기가 (*n*,)인 1차원 배열이라면 두 배열의 대응하는 원소가 그래프 작성을 위한 $(x_i, y_i)_{0 \leq i \leq (n-1)}$으로 사용된다. x축 값은 크기가 (*n*,)인 1차원 배열이고, y축 값은 크기가 (*n*, *m*)인 2차원 배열일 때 *k*번째 그래프 작성을 위한 원소는 차원-0를 축으로 대응하는 두 값 $(x_i, y_{ik})_{0 \leq i \leq (n-1)}$이 된다. 만약, x축 값과 y축 값을 위한 인자가 크기가 모두 (*n*, *m*)인 2차원 배열일 때 *k*번째 그래프

[2]리스트와 튜플은 1차원, 2차원의 개념을 갖지 않으나 편의상 [···]와 (···)를 1차원 리스트, 튜플이라고 하고, [[···], [···]] 또는 ((···), (···))를 2차원 리스트, 튜플이라고 하자.

작성을 위한 원소는 차원-0를 축으로 대응하는 두 값 $(x_{ik}, y_{ik})_{0 \leq i \leq (n-1)}$이 된다. 따라서, 1차원 또는 2차원 데이터를 x축, y축 값으로 사용할 경우 차원-0의 크기는 같아야 한다.

x축 값과 y축 값을 이용하여 그래프를 작성할 때 *style*인자는 색, 값 표시 모양, 선 모양을 설정하는 문자열이며, 그래프의 모양을 설정할 수 있다. 표 13.1은 각 속성을 위해 사용하는 문자열을 나타낸 것이다. 각 속성 변경을 위해 *color*, *marker*, *linestyle* 인자를 사용할 수 있지만 보통 세 가지 속성을 조합한 문자열을 이용한다. 예를 들어, 사각형으로 데이터 값이 표시되는 파랑색 실선의 그래프를 위한 스타일은 'b-s'로 정할 수 있다. 코드 13.2는 x축과 y축의 값이 각각 1차원, 2차원인 배열로 설정된 그래프를 작성한 것으로, 빈 둥근 문자로 데이터 값이 표시되는 점선 그래프이며, 명시적으로 지정되지 않은 색은 자동 결정된다.

표 13.1: 색, 값 표시 모양, 선 모양을 위한 문자열

색	
문자	색상
b	파랑색
g	초록색
r	빨강색
c	청록색
m	자홍색
y	노랑색
k	검정색
w	흰색

선 모양	
문자	모양
-	실선
–	반복된 줄표 선
-.	반복된 줄표-점 선
:	점선

값 표시 모양	
문자	모양
.	점
o	빈 둥근 표시
ˆ	위 방향 화살표 머리
ˇ	아래 방향 화살표 머리
<	왼쪽 방향 화살표 머리
>	오른쪽 방향 화살표 머리
s	사각형
*	별표
+	+ 표시
x	x 표시
d	다이아몬드 모양

코드 13.2: x축, y축 값 및 스타일을 설정한 그래프

```
import numpy as np
import matplotlib.pyplot as plt
x_value = np.linspace(start=0,stop=3,num=10)
y_values = np.random.random((10, 3))
plt.plot(x_value, y_values,'o:')
plt.show()
```

✓ 연습 과제

1. 13.1절의 연습 과제 1번(280쪽)에서 생성한 그래프에서 사인 그래프는 청록색의 점선으로, 코사인 그래프는 파랑색의 줄표-점 선으로 표시하도록 프로그램을 수정하여라.

2. 13.1절의 연습 과제 2번(280쪽)에서 생성한 그래프의 색은 빨강색, 선의 모양은 반복된 줄표, 그리고 값은 사각형으로 표시되도록 프로그램을 수정하여라.

3. 13.1절의 연습 과제 3번(280쪽)에서 생성한 그래프에서 'korean' 과목의 성적 그래프는 빨강색, 반복된 줄표 선으로 표시하며, 각 값은 빈 둥근 모양으로 표시하며, 'eng' 과목의 성적 그래프는 파랑색, 반복된 줄표-점 선으로 표시하고, 각 값은 사각형으로 표시하도록 프로그램을 수정하여라.

---

1. 사인과 코사인 그래프의 색과 모양을 설정하는 프로그램.

```
import numpy as np
import math
import matplotlib.pyplot as plt
arr = np.linspace(0.0, 360.0, 720)
arr_sin = np.sin(arr / 180 * math.pi)
arr_cos = np.cos(arr / 180 * math.pi)
plt.plot(arr_sin, 'm:')
plt.plot(arr_cos, 'b-.')
plt.show()
```

2. 값을 표시하는 그래프의 색과 모양 및 값 표시 모양을 설정하는 프로그램.

```
import struct
import matplotlib.pyplot as plt
data = []
```

```
fd = open('int40.dat', 'rb')
while True:
    raw_data = fd.read(4)
    if len(raw_data) != 4:
        break
    data.append(struct.unpack('>i', raw_data)[0])
fd.close()
plt.plot(data, 'r--s')
plt.show()
```

3. 'korean' 과 'eng' 과목의 그래프 색상, 모양을 설정하는 프로그램.

```
from utility.lecture import LectureScore
import matplotlib.pyplot as plt
    ...
soc_korean = mylecture.get_lecture_scores('korean')
soc_eng = mylecture.get_lecture_scores('eng')
plt.plot(soc_korean, 'r--o')
plt.plot(soc_eng, 'b-.s')
plt.show()
```

13.3 제목과 범례

matplotlib 패키지를 이용하여 작성한 그래프에는 그래프 제목, x축과 y축의 제목 그리고, 데이터 그래프 각각에 붙이는 제목인 일러두기 등 네 종류의 제목이 있다. 아래는 네 종류 제목을 설정하는 함수 사용법을 나타내고 있다. 함수 **title**(), **xlabel**(), **ylabel**()은 각각 그래프 제목, x축 제목, y축 제목을 설정하는 것이다. 그림 13.1(278쪽)에 나타낸 것과 같이 제목, x축 제목, y축 제목의 기본 위치는 각각 그래프 위, x축 아래, y축 왼쪽의 중간에 있다. 인자 *loc*는 각 제목의 위치를 변경하는 것으로, 그래프 제목과 x축 제목은 *left* 또는 *right*으로, y축 제목은 *top* 또는 *bottom*으로 그 위치가 변경될 수 있다. 인자 *fontdict*는 제목 표시에 사용될 글꼴, 크기, 강조, 강조를 설정하는 것으로, 'family', 'size', 'weight', 'color'를 키로 갖는 딕셔너리이다.

---

import matplotlib.pyplot **as** *plt*

plt.**title**(*string*, *pad*=value, *fontdict*=fontdict, *loc*=loc_str)

plt.**xlabel**(*string*, *labelpad*=value, *fontdict*=fontdict, *loc*=loc_str)

plt.**ylabel**(*string*, *labelpad*=value, *fontdict*=fontdict, *loc*=loc_str)

사용법: *string* - 그래프, x축 또는 y축 제목 문자열
pad - 제목의 여백
labelpad - 축과 축 제목 사이의 여백
loc - 제목 표시 위치. y축 제목은 'top', 'center', 또는 'bottom'
그래프 제목과 x축 제목은 'left', 'center', 또는 'right'
fontdict - 제목의 글꼴, 크기, 색 등을 설정하는 딕셔너리.
'family' : 폰트종류, 'color' : 색, 'weight' : 강조, 'size' : 크기

plt.**plot**(· · ·, *label*=string)

plt.**legend**(*loc*=loc_str, *ncols*=n, *fontsize*=size, *frameon*=logic, *shadow*=logic)

사용법: *label* - 각 데이터 그래프의 일러두기(범례) 문자열 또는 리스트
loc - 일러두기 표시 위치. 'upper', 'lower', 'center', 'left', 'right'의 조합
ncols - 일러두기 표시를 위한 열의 수.
fontsize - 일러두기 표시 글자 크기
frameon - 일러두기의 외곽선 표시 여부, **True**(기본) 또는 **False**
shadow - 일러두기 외곽선 그림자 표시 여부, **True** 또는 **False**(기본)

범례라고 하는 일러두기는 각 데이터 그래프가 표현하는 정보에 대한 문자열을 그래프에 표시한 것이다. 각 데이터 그래프에 대한 문자열은 **plot**() 함수 호출에서 *label* 인자에 설정하면 되며, 그래프에 표시할 y축 데이터가 2차원이면 각 데이터 그래프를 위한 문자열이 원소인 리스트를 이 인자의 값으로 설정하면 된다. 함수 **legend**()는 각 데이터 그래프에 설정된 *label* 인자의 값을 그래프에 일러두기로 표시한다. 일러두기가 표시되는 위치는 *loc* 인자에 설정된 값에 따라 결정된다. 위치는 'upper lower' 와 같이 서로 공존할 수 없는 위치가 아니라면 각 위치를 조합할 수 있다. 예을 들어, *loc*인자가 'upper left'로 설정된 일러두기는 그래프의 왼쪽 위에 표시된다. 인자 *loc* 설정을 생략하면 일러두기가 표시되는 위치는 자동 결정된다. 그래프에 표시되는 일러두기는 한 행에 한 데이터 그래프의 *label*을 표시하지만 인자 *ncols*에 설정된 값에 따라 한 행에 표시되는 데이터 그래프 *label* 수가 결정된다.

코드 13.3은 각각 10개의 데이터로 구성된 여덟 개의 데이터 집합을 생성하고, 이를 그래프에 표시한 예를 나타낸 것이다. 코드 4번 줄은 난수를 이용하여 데이터 집합을 생성하고, 8번 줄은 이 데이터 집합의 그래프를 생성한다. 각 제목은 코드 9번, 10번, 11번 줄에서 설정되었으며, 제목 표시를 위한 글꼴 설정은 6번, 7번 줄에 있다. 여덟 개 데이터 그래프의 일러두기는 그래프의 왼쪽 위에 표시되도록 12번 줄에서 설정되었다.

코드 13.3: 제목과 일러두기를 표시한 예

```
1  import numpy as np
2  import matplotlib.pyplot as plt
3  x_value = np.linspace(start=0,stop=3,num=10)
4  y_values = np.random.random((10, 8))
5  label=[f'data #{x}' for x in range(8)]
6  titlefont={'family':'Serif', 'size':30, 'color':'#ff00bf'}
7  axisfont={'family':'Serif', 'size':20, 'color':'blue'}
8  plt.plot(x_value, y_values, 'o-', label=label)
9  plt.title('HELLO', pad=20, fontdict=titlefont)
10 plt.xlabel("Time(s)", labelpad=10, fontdict=axisfont)
11 plt.ylabel("Value(mA)", labelpad=10, fontdict=axisfont)
12 plt.legend(loc='upper left', fontsize=15)
13 plt.show()
```

✓ 연습 과제

1. 13.1절과 13.2절의 연습 과제에서 생성한 사인, 코사인 그래프의 제목, 축제목, 범례를 모두 넣어 표시되도록 프로그램을 수정하라.

2. 13.1절과 13.2절의 연습 과제에서 생성한 ***LectureScore*** 객체의 'korean', 'eng' 교과목의 성적 그래프의 제목, 축제목, 범례를 모두 넣어 표시되도록 프로그램을 수정하라.

3. 13.1절과 13.2절의 연습 과제에서 생성한 열 개의 정수 데이터 그래프의 제목, 축제목, 범례를 모두 넣어 표시되도록 프로그램을 수정하라. 제목, 축제목, 범례는 적절하게 설정하라.

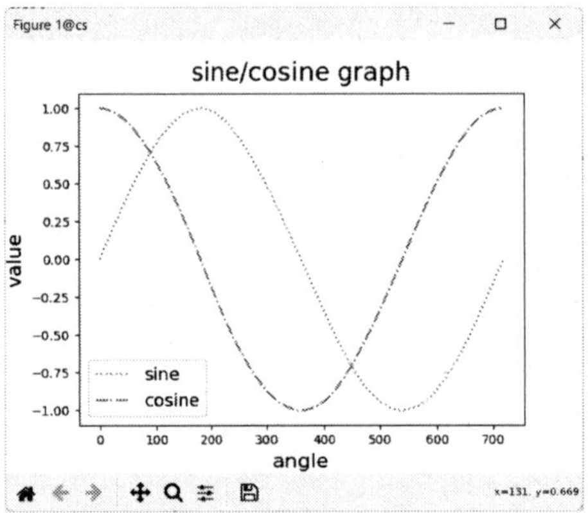

삼각함수 sin/cos그래프

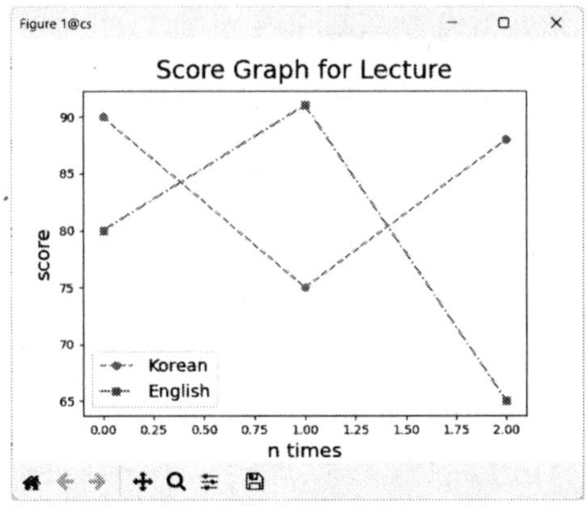

LectureScore 객체 내용의 그래프

---

1. 사인, 코사인 그래프의 제목과 일러두기를 표시하는 프로그램.

```
import numpy as np
import math
import matplotlib.pyplot as plt
arr = np.linspace(0.0, 360.0, 720)
```

```
arr_sin = np.sin(arr / 180 * math.pi)
arr_cos = np.cos(arr / 180 * math.pi)
plt.title('sine/cosine graph',pad=10, fontdict={'size':20})
plt.xlabel('angle', labelpad=5, fontdict={'size':16})
plt.ylabel('value', labelpad=5, fontdict={'size':16})
plt.plot(arr_sin, 'm:', label='sine')
plt.plot(arr_cos, 'b-.', label='cosine')
plt.legend(fontsize=14)
plt.show()
```

2. ***LectureScore*** 객체의 정보를 표시하는 그래프의 제목과 일러두기를 표시하는 프로그램.

```
from utility.lecture import LectureScore
import matplotlib.pyplot as plt
    ...
plt.title('Score Graph for Lecture',pad=10, fontdict={'size':20})
plt.xlabel('n times', labelpad=5, fontdict={'size':16})
plt.ylabel('score', labelpad=5, fontdict={'size':16})
plt.plot(soc_korean, 'r--o', label='Korean')
plt.plot(soc_eng, 'b-.s', label='English')
plt.legend(fontsize=14)
plt.show()
```

13.4 그래프 축의 범위,그리드, 그리고 문자열 넣기

그래프를 작성하면 각 축의 범위와 눈금은 x축과 y축 값을 고려하여 자동으로 결정된다. 그러나, 축의 범위 또는 눈금을 설정할 필요가 있는 응용이 있을 수 있다. 아래는 축의 범위와 표시할 눈금을 설정하는 함수 **xlim**(), **ylim**(), **axis**(), **xticks**(), **yticks**() 사용법을 나타내고 있다. 함수 **xlim**(), **ylim**()는 각각 x축과 y축의 범위를 설정하며, **axis**()는 x축과 y축의 범위를 함께 설정할 수 있다. 함수 **xticks**(), **yticks**()는 각각 x축, y축 눈금을 설정한다. 인자 *values*는 각 축에서 눈금을 표시할 위치를 원소로 갖는 리스트, 튜플 또는 배열이며, 설정된 위치에 값을 출력한다. 인자 *labels*는 인자 *values*에 설정되어 있는 값 대신 출력할 문자열을 설정하는 것으로 *values*와 이 인자에 포함되어 있는 원소의 수는 같아야 한다. x축, y축의 눈금과 함께 함수 **grid**()를 이용하여 각 눈금에서 눈금이 속한 축이 아닌 다른 축과 평행한 선을 표시할 수 있다. 즉, x축의 눈금을 위한 선은 y축과 평행하며, y축의 눈금을 위한 선은 x축과 평행하다. 이 함수의 *axis* 인자는 눈금 선을 표시할 눈금의 축을 설정하는 것으로 'x'는 x축 눈금을 위한 세로 눈금 선을 표시, 'y'는 y축 눈금을 위한 가로 눈금 선을 표시하는 것이다.

```
import matplotlib.pyplot as plt
plt.xlim(x_min, x_max)
plt.ylim(y_min, y_max)
plt.axis([x_min, x_max, y_min, y_max])
  사용법:    x_min, x_max - x축의 범위
             y_min, y_max - y축의 범위
plt.xticks(values[, labels=label_list[, fontdict=font]])
plt.yticks(values[, labels=label_list[, fontdict=font]])
  사용법:    values - 축 눈금 값의 리스트, 튜플 또는 배열
             labels - 축 눈금 값 대신 출력할 축 눈금 문자열 리스트
             fontdict - 축 눈금 문자열의 글자 모양
plt.grid(flag[, axis='x'|'y'|'both'])
  사용법:    flag - 눈금 선 표시 여부, True(기본) 또는 False
             axis - 눈금 선을 그릴 축. 'x', 'y' 또는 'both'
```

코드 13.4는 축의 범위와 눈금 및 축 눈금 줄을 표시한 예이다. 코드의 7번 줄은 두 축의 범위를 설정하며, 8번과 10번 줄은 축 눈금과 각 눈금을 위한 눈금 표시 문자열을 설정하고

있다. 코드의 12번 줄은 축 눈금 줄을 그래프에 표시하도록 한 것이다.

코드 13.4: 축의 범위, 눈금 및 눈금 줄을 표시한 예

```
1  import numpy as np
2  import matplotlib.pyplot as plt
3  y_values = np.random.random((10, 4))
4  axisfont={'family':'Serif', 'size':20, 'color':'blue'}
5  plt.plot(y_values, 'o-')
6  plt.axis([-1, 10, -0.2, 1.2])
7  plt.xticks((0.0, 5, 9), labels=['begin', 'mid', 'end'])
8  plt.yticks(np.linspace(0.0, 1.0, 5),np.linspace(0.0, 1.0, 5),\
9          fontdict=axisfont)
10 plt.grid()
11 plt.show()
```

그래프 임의의 위치에 문자열을 표시할 수 있다. 아래는 그래프에 문자열을 표시하는 **text**() 함수의 사용법을 나타낸 것으로, 인자 x, y는 출력할 문자열의 위치를 설정하는 것으로 x축과 y축의 값을 기준으로 한다. 코드 13.5는 그래프에 문자열을 출력한 예이다.

plt.**text**(x, y, string[, *fontdict*=font])

사용법: x, y - 문자열을 표시할 위치
string - 그래프에 표시할 문자열
fontdict - 축 눈금 문자열의 글자 모양

코드 13.5: 그래프에 문자열 표시

```
import matplotlib.pyplot as plt
textfont={'family':'Sans Serif', 'size':15, 'color':'red'}
plt.axis([-1, 1, -1, 1])
plt.text(-0.5, -0.5,'GOOD', fontdict=textfont)
plt.text(0.0, 0.0,'MORNING', fontdict=textfont)
plt.show()
```

13.5 막대그래프, 파이 차트, 박스

패키지 *matplotlib*는 꺽은 선 그래프 생성을 위한 함수 **plot**()와 함께 막대 그래프, 파이 그래프, 박스 그래프 등을 생성할 수 있는 함수도 제공한다. 그림 13.4는 막대 그래프의 구성을 나타낸 것이다. 그림 13.4a에 나타낸 한 개의 수직 막대 그래프는 x, *value*, *width* 값을 이용하여 표현된다. 인자 x는 수직 막대 그래프가 표시될 x축 상의 위치이며, 인자 *width*는 막대 그래프의 폭을 설정한다. 따라서, 수직 막대 그래프의 왼쪽과 오른쪽 가장자리의 x축 상의 위치는 각각 $x - \frac{width}{2}$와 $x + \frac{width}{2}$이다. 인자 value는 막대 그래프의 길이를 설정한다. 그림 13.4b에 나타낸 수평 막대 그래프의 구성은 중심축이 y축인 것과 막대 그래프의 폭 설정을 인자 *height*로 설정하는 것을 제외하면 수직 막대 그래프와 동일하다. 수직, 수평 막대 그래프 작성을 위한 함수 **bar**(), **barh**()의 사용법은 아래에 나타낸 것과 같다. 인자 *tick_label*은 눈금 문자열이며, **xticks**() 함수를 사용해도 동일하게 표현할 수 있다.

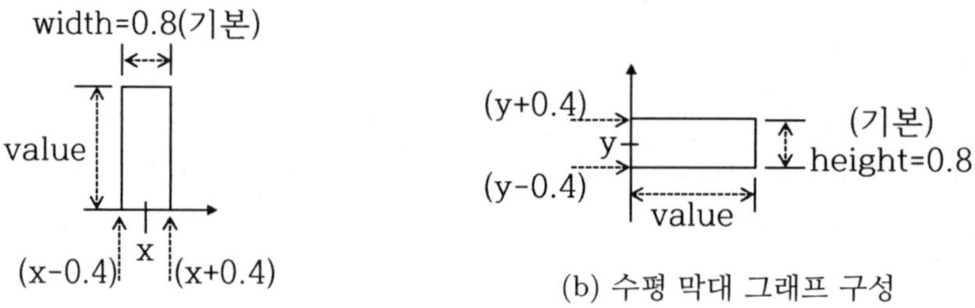

(a) 수직 막대 그래프 구성

(b) 수평 막대 그래프 구성

그림 13.4: 막대 그래프 구성 기본

```
import matplotlib.pyplot as plt
plt.bar(x, values[, color=colors] [, width=width] [, label=label] [, tick_label=labels])
plt.barh(y, values[, color=colors] [, height=height] [, label=label] [, tick_label=labels])
  사용법:        x, y - 막대 그래프 위치를 위한 x(y) 축 값의 리스트
                 values - x와 같은 크기(size)의 값의 리스트. 막대의 길이를 설정
                 color - 막대 그래프의 색 또는 각 막대 그래프를 위한 색 리스트
                 width, height - 막대 그래프의 폭
                 label - 일러두기에 표시할 문자열
                 tick_label - 각 막대 그래프(눈금)에 표시할 문자열 리스트
```

막대 그래프와 더불어 데이터 시각화를 위해 많이 사용하는 것이 파이 차트(pie chart)이다. 파이 차트는 각 데이터의 크기에 비례하는 호를 이용하여 데이터를 표현하므로 데이터 간의 상대적 크기를 비교할 수 있어 다양한 목적으로 사용된다. 아래는 파이 차트를 생성하는 함수 **pie**()의 사용 방법을 나타낸 것이다. 파이 차트는 값의 상대적 크기를 시각화하는 것이므로 데이터 리스트 또는 배열인 *values*의 총 합 대비 값의 비율에 따라 원호를 그린다. 원호를 그리는 기본 시작 각도는 0°이며, 그래프의 정동 즉, 오른쪽 가운데를 기준으로 하여 반시계 방향으로 호를 그린다. 작성된 원호는 원의 중심을 기준으로 모두 모여 있으나 인자 *explode*를 이용하여 각 호가 원의 중심에서 벗어나는 정도를 설정할 수 있다. 코드 13.6은 수직 막대 그래프를 작성한 예를 나타낸 것이며, 코드 6, 7번 줄은 주석처리하고, 9번과 10번 줄의 '#'를 제거하면 파이 차트를 작성할 수 있다.

---

plt.**pie**(values[, *labels*=labels] [, *autopct*=fmt] [, *startangle*=angle] [, *explode*=explode])

사용법:
- values - 파이 차트 작성을 위한 데이터 리스트, 배열 등
- labels - 각 원호(arc)를 위한 문자열 리스트
- autopct - 각 원호 내에 출력할 데이터 형식
- startangle - 첫 번째 호를 그리기 위한 각도
- explode - 각 원호가 중심에서 벗어나는 정도. 반지름 대비 비율.

코드 13.6: 막대 그래프와 파이차트 작성 예

```
1  import numpy as np
2  import matplotlib.pyplot as plt
3  idx0 = np.array([x for x in range(4)])
4  values0 = np.random.randint(0,100,size=4)
5  values1 = np.random.randint(0,100,size=4)
6  plt.bar(idx0, values0, width=0.4, color='#ffd700', label='GOLD')
7  plt.bar(idx0+0.5, values1, width=0.4, color='c', label='CYAN')
8  #plt.pie(values0, labels=["book", "apple", "pen", "can"], \
9  #        explode=[0.0, 0.1, 0.0, 0.0])
10 plt.show()
```

✓ 연습 과제

1. 13.1절과 13.2절 및 13.3절의 연습 과제에서 생성한 ***LectureScore*** 객체의 'korean', 'eng' 교과목의 성적을 이용하여 수직 막대 그래프를 생성하는 프로그램을 작성하라.

2. 13.1절과 13.2절 및 13.3절의 연습 과제에서 생성한 *LectureScore* 객체의 'korean' 교과목의 성적을 이용하여 파이 차트를 생성하는 프로그램을 작성하라.

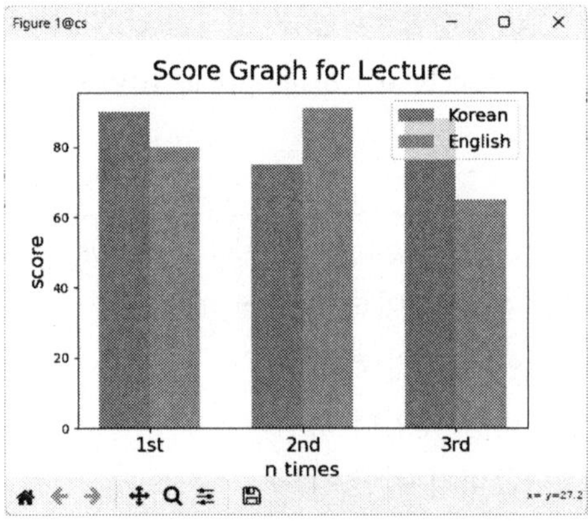

성적 막대 그래프

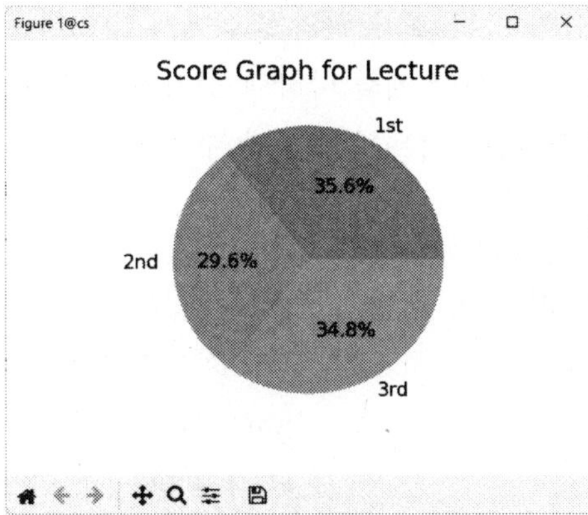

'korean' 성적의 파이 차트

LectureScore 객체가 저장한 성적 그래프

---

1. ***LectureScore*** 객체의 교과목의 성적을 막대 그래프로 생성하는 프로그램.

```
from utility.lecture import LectureScore
import matplotlib.pyplot as plt
mylecture =LectureScore()
mylecture.add_lecture('korean')
mylecture.add_lecture('eng')
mylecture.add_lecture_score('korean', 90)
    ...
soc_korean = mylecture.get_lecture_scores('korean')
soc_eng = mylecture.get_lecture_scores('eng')
```

```
plt.title('Score Graph for Lecture',pad=10, \
        fontdict={'size':20})
plt.xlabel('n times', labelpad=5, fontdict={'size':16})
plt.ylabel('score', labelpad=5, fontdict={'size':16})
plt.bar([0.75, 2.25, 3.75], soc_korean, width=0.5,\
        label='Korean')
plt.bar([1.25, 2.75, 4.25], soc_eng, width=0.5,\
        label='English')
plt.xticks([1.0, 2.5, 4.0],['1st', '2nd', '3rd'], \
        fontdict={'size':15})
plt.legend(fontsize=14)
plt.show()
```

2. ***LectureScore*** 객체가 저장하고 있는 'Korean' 교과목의 성적을 파이 차트로 생성하는 프로그램.

```
from utility.lecture import LectureScore
import matplotlib.pyplot as plt
mylecture =LectureScore()
mylecture.add_lecture('korean')
mylecture.add_lecture('eng')
mylecture.add_lecture_score('korean', 90)
mylecture.add_lecture_score('korean', 75)
    ...
soc_korean = mylecture.get_lecture_scores('korean')
soc_eng = mylecture.get_lecture_scores('eng')
plt.title('Score Graph for Lecture',pad=10, \
        fontdict={'size':20})
plt.pie(soc_korean, labels=['1st','2nd','3rd'], \
        autopct='%.1f%%', textprops={'fontsize':15})
plt.show()
```

13.6 명령행 인자 처리, argparse

명령행 인자(command line argument)는 그림 13.6에 나타낸 것과 같이 윈도즈의 '명령 프롬프트'에서 프로그램 실행을 위해 명령을 입력할 때 프로그램에게 전달할 문자열을 공백 문자로 구분하여 나열한 것이다. 프로그램이 명령행 인자를 전달받아 사용하는 방법은 변수 *sys.argv*를 사용하는 것이다. 변수 *sys.argv*는 모듈 *sys* 내에 정의된 것으로 명령행 인자의 문자열을 원소로 갖는 리스트이다. 이 리스트는 프로그램의 파일명과 함께 공백으로 구분된 문자열을 원소로 저장하고 있다. 코드 13.7은 변수 *sys.argv*를 이용하여 명령행 인자를 사용한 예이다.

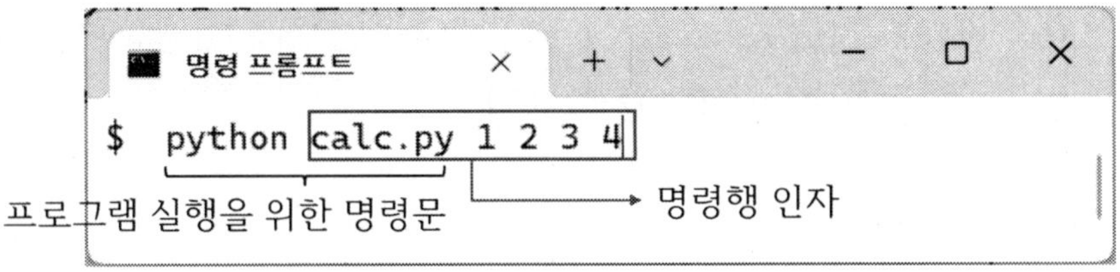

그림 13.6: 명령행 인자의 예

코드 13.7: *sys.argv*를 이용한 간단한 예

```
import sys
total = 0
for v in sys.argv[1:]:    # 리스트의 두 번째 원소부터 데이터
    total += int(v)       # 문자열이므로 정수형으로 변환 후 계산
print(total)
```

단순한 명령행 인자를 사용하는 응용은 변수 *sys.argv* 사용으로 충분하지만, 실행을 위해 다양한 선택사항이 필요한 프로그램은 명령행 인자를 분석하고, 그 결과를 실행에 반영을 해야 한다. 이를 위한 모듈이 *argparse* 이다. 모듈 *argparse*는 명령행 인자를 분석하여, 프로그램 실행을 위해 필요한 선택사항을 효과적으로 사용할 수 있는 클래스 ***ArgumentParser***()를 정의하고 있다. 이 ***ArgumentParser*** 객체를 이용한 명령형 인자 분석은 각 명령행 인자 관련 정보를 메소드 **add_argument**()를 이용하여 등록한 후, 메소드 **parse_args**() 호출하여 수행한다. 분석한 명령행 인자는 그 이름을 이용하여 접근할 수 있다. 아래는 각 단계별 객체 생성 및 사용 방법을 나타내고 있다. 명령행 인자 이름이 'filename'과 같은 것은 필수 인자이지만, 이름이 '−−'로 시작하는 인자는 *required* 속성 값에 따라 필수 또는 선택 인자가 된다.

또, 이름이 '−−'로 시작하는 인자는 '−*o*'와 같이 축약형으로 사용할 수 있다. 속성 *choises* 는 인자의 값이 될 수 있는 값 중 선택할 수 있게 하며, *nargs*는 그 인자에 전달되는 명령행 인자의 수를 설정하는 것이다. 속성 *help*는 해당 인자에 대한 간단한 설명이다.

---

import *argparse*

parser = *argparse*.**ArgumentParser**(*prog*=name, *description*=desc, *epilog*=epilog

사용법: prog - 프로그램 이름. 생략하면 프로그램 파일명이 사용됨.
description - 프로그램에 대한 설명. 생략하면 표시되지 않음.
epilog - 도움말 끝에 추가하는 메시지. 생략하면 표시되지 않음.

parse.**add_argument**('filename', args)

parse.**add_argument**('-o', '–option', args)

사용법: 'filename', 'option' - 명령행 인자 접근을 위한 이름
choises - 특정값 중에 하나 선택. 예; choises=['good', 'bad']
default - 기본값 설정. 예; default=0
nargs - 반복수; 특정값 또는 *(생략 포함 여러 개), +(한 개 이상)
required - 필수 또는 선택 지정. True 또는 False
help - 인자에 대한 설명

argumens = *parser*.**parse_args**()

argumens.*filename* 또는 arguments.*option*

코드 13.8은 이 모듈을 이용한 명령행 인자를 사용한 예이다. 이 코드는 'hw', 'ex', 'do' 중 하나를 값으로 가지는 'filename'과 두 개의 값을 갖는 'count' 이름의 인자를 사용하는 것으로 3, 4번 줄에서 정의하였고, 6번 줄은 그 인자의 값을 출력한다. 이 코드의 실행은 `python sample.py hw -c 1 2` 또는 `python sample.py -h` 와 같이 하면 된다.

코드 13.8: ***ArgumentParser***을 이용한 명령행 인자 사용, sample.py

```
1 import argparse
2 parser = argparse.ArgumentParser(description='sample program')
3 parser.add_argument('filename', choices=['hw', 'ex', 'do'])
4 parser.add_argument('--count', '-c', nargs=2, required=True)
5 args= parser.parse_args()
6 print(args.filename, args.count)
```

✓ 연습 과제

1. 9.4절의 연습 과제 1번(204쪽)에서 생성한 이진 파일에 저장된 정수를 그 위치에 따라 출력하는 프로그램을 작성하라. 이 프로그램은 이진 파일에 저장된 각 정수의 위치(인덱스)를 이용하여 그 정수의 값을 표시할 수 있으며, 확인하고자 하는 정수의 인덱스는 명령행 인자 *-i* 또는 *–index* 뒤에 한 개 이상 지정하면 된다. 만약, 이진 파일에 저장된 모든 정수의 값을 확인하고자 할 경우는 *-a true* 또는 *-all true*와 같이 사용하면 된다.

```
usage: getint.py [-h] [-a ALL] [-i INDEX [INDEX ...]]

direct access to integer number

optional arguments:
  -h, --help            show this help message and exit
  -a ALL, --all ALL     read all data from binary file.
  -i INDEX [INDEX ...], --index INDEX [INDEX ...]
                        index of data(0 for the first
```

[프로그램 사용법]

2. 13.5절의 연습 과제에서는 ***LectureScore*** 객체가 저장하고 있는 성적 정보를 이용하여 막대 그래프 또는 파이 차트를 생성하였다. 이를 응용하여 명령행 인자를 이용하여 선택한 방법으로 객체가 저장하고 있는 성적 정보를 시각화하는 프로그램을 작성하라. 이 프로그램은 모듈 *argparse*의 ***ArgumentParser*** 객체를 이용하여 명령행 인자를 분석, 사용하며 다음과 같은 인자를 제공한다.

-h, –help 프로그램 사용 방법을 표시한다.

-t, –type 생성할 그래프의 종류를 선택하는 것으로 'bar' 또는 'pie' 중 하나를 사용할 수 있다.

-l, –lec 생성할 그래프가 파이 차트이면 파이 차트를 그릴 때 사용할 과목명을 지정하는 것이며, 명령행 인자가 *-t pie* 또는 *–type pie*인 경우만 유효하다.

-, –dir 생성할 그래프가 막대 그래프이면 'vertical' 또는 'horizontal' 중 하나를 지정할 수 있으며, 이것은 각각 수직, 수평 막대 그래프를 의미한다. 이 인자는 명령행 인자가 *-t bar* 또는 *–type bar*인 경우만 유효하다.

1. 명령행 파라미터에서 지정된 위치의 정수를 출력하는 프로그램.

```
import argparse
import struct
parser = argparse.ArgumentParser(prog='getint.py',
description='direct access to integer number')
parser.add_argument('-a', '--all', default='false', \
          choices=['true', 'false'],help='read all data.')
parser.add_argument('-i', '--index', nargs='+', \
          help='index of data(0 for the first')
args = parser.parse_args()
fd = open('int40.dat', 'rb')
if args.all == 'true':
    while True:
        raw_data = fd.read(4)
        if len(raw_data) != 4:
            break
        print(f'{struct.unpack(">i",raw_data)[0]:4d}', \
                end=' ')
elif args.index != None:
    for idx in args.index:
        fd.seek(int(idx)*4, 0)
        raw_data = fd.read(4)
        if len(raw_data) != 4:
            break
        print(f'{struct.unpack(">i", raw_data)[0]:4d}',\
              end=' ')
print()
fd.close()
```

APPENDIX **A**

개발 환경 설치

A.1 Python IDLE

기본적인 파이썬 개발환경은 www.python.org 사이트에서 다운로드할 수 있으며, 그림 A.1은 해당 사이트의 화면을 나타낸 것이다. 파이썬 개발환경은 다운로드한 파일 실행을 통해 설치할 수 있다.

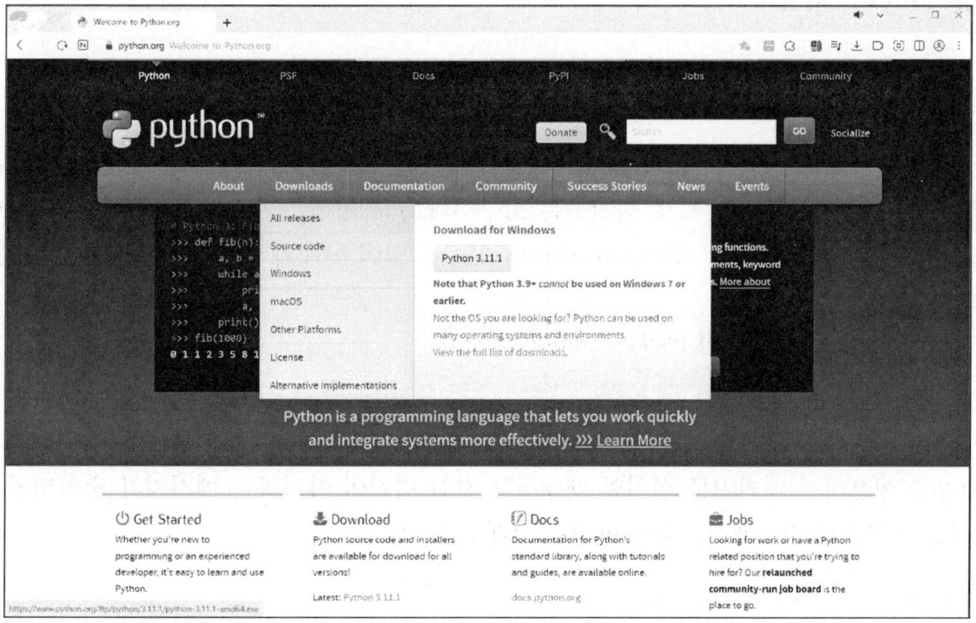

그림 A.1: python.org 사이트에서 python 다운로드

우리는 개발환경 설치를 완료한 후 프로그램 개발 및 실행을 할 수 있다. 그림 A.2는 프로그램 실행 방법을 나타내고 있다. 그림 A.2a는 개발환경을 설치하면 함께 설치되는 IDLE(Integrated Development and Learning Environment)를 이용하여 프로그램을 실행하는 방법이며, 그림 A.2b은 명령 프롬프트에서 *python* 명령어를 이용하여 프로그램을 실행하는 방법을 나타내고 있다.

(a) IDLE를 이용한 실행

(b) 명령 프롬프트를 이용한 실행

그림 A.2: 파이썬 프로그램 실행

A.2 PyCharm

A.3 *pip*를 이용한 패키지 설치

*pip*는 파이썬이 기본 제공하지 않는 패키지가 필요한 경우에 그 패키지 및 패키지 실행을 위해 필요한 추가 패키지를 자동으로 설치하는 도구이다. *pip* 실행은 사용하는 개발 환경에 따라 윈도의 '명령 프롬프트' 또는 PyCharm의 '터미널'을 열어 아래와 같은 형식으로 할 수 있다.

python -m pip install *package_name*

또는,

pip install *package_name*

*pip*를 이용하여 패키지를 설치할 때 *pip*가 최신 버전이 아니라는 메시지가 출력되면 *pip*를 최신 버전으로 업그레이드하는 방법은 아래와 같다.

```
python -m pip install -U pip
```

A.4 *numpy* 패키지 설치

*numpy*는 파이썬이 기본 제공하는 패키지가 아니므로 아래와 같은 방법으로 패키지를 설치한다.

```
pip install -U numpy
    또는,
python -m pip install -U numpy
```

A.5 matplotlib 패키지 설치

*matplotlib*는 파이썬이 기본 제공하는 패키지가 아니므로 아래와 같은 방법으로 패키지를 설치한다.

```
pip install -U matplotlib
    또는,
python -m pip install -U matplotlib
```

Index